Martin Luther King

Un dono d'amore

Sermoni da *La forza di amare* e altri discorsi

Traduzione dall'inglese
Francesca Cosi e Alessandra Repossi

Titolo originale: *A Gift of Love*
© 2012 Beacon Press, Boston - Massachusetts

Copyright © 1963 Martin Luther King, Jr.
Prefazione del 1981: © 1981 Coretta Scott King
Prefazione del 2012: © 2012 Raphael G. Warnock

A Walk through the Holy Land
© The King Center

Tutti i materiali sono pubblicati con il permesso di:
The Estate of Martin Luther King, Jr., and Writers House, LLC.

Per l'edizione italiana
© 2018 Fondazione Terra Santa - Milano
Edizioni Terra Santa - Milano

Progetto grafico: Valeria Gaglioti
Copertina: Elisabetta Ostini
(foto: LBJ Library, photo by Yoichi Okamoto)

Per informazioni rivolgersi a:
Edizioni Terra Santa
Via Giovanni Gherardini, 5 - 20145, Milano
Tel. +39 02 34592679
Fax + 39 02 31801980
www.edizioniterrasanta.it
e-mail: editrice@edizioniterrasanta.it

Finito di stampare nel marzo 2018
da Press Grafica - Gravellona Toce (VB)
per conto di Fondazione Terra Santa
ISBN 978-88-6240-525-6

Indice

*A mia madre e mio padre
la cui profonda devozione alla fede in Cristo
e la cui incrollabile dedizione ai suoi principi eterni
sono state per me esempi ispiratori
della forza dell'amore*

Prefazione

Reverendo Raphael G. Warnock

Nessuno nella storia americana ha trattato con maggiore chiarezza o propugnato con maggiore efficacia gli ideali di libertà, giustizia e uguaglianza del reverendo Martin Luther King Jr. Con le sue parole ha screditato la falsa dottrina della supremazia bianca e, grazie al suo attivismo, ha di fatto cambiato l'America, liberando i figli e le figlie degli "ex schiavi" e degli "ex padroni di schiavi" per fondare quella che chiamava la "Comunità Amata". King ha lasciato a tutti noi un dono d'amore.

Se pensiamo che era solamente un privato cittadino che non si è mai candidato a ricoprire alcuna carica pubblica, né ha mai svolto un ruolo ufficiale all'interno del governo, il suo impatto epocale sul diritto, sul dibattito pubblico e sulla cultura è ancor più sorprendente. Eppure, proprio perché il suo lascito e la sua influenza sono stati superiori a quelli di molti presidenti americani, King viene giustamente considerato uno dei padri moderni della nazione, e oggi il monumento a lui dedicato sorge, com'è giusto, vicino al Mall, il viale di Washington che dal Campidoglio porta al Lincoln Memorial. Sebbene per tutta la vita sia stato salutato come leader dei diritti civili e da morto sia stato onorato con un monumento degno di un presidente, non dobbiamo dimenticare che King era innanzitutto un predicatore. Anzi, il ruolo di predicatore e profeta è stato fondamentale per la sua maturazione e la sua missione.

Era lo stesso King a dirlo:

[In] fondo al cuore, rimango sostanzialmente un uomo di Chiesa, un predicatore battista. Questa è la mia natura e questo sarà il mio lascito, perché sono anche figlio di un predicatore battista, nipote di un predicatore battista e pronipote di un predicatore battista.

Nelle sue osservazioni di apertura, prima del sermone "L'uomo stolto" (cf. p. 115), tenuto in una chiesa di Chicago nel 1967, chiarì come concepiva la propria vocazione:

[...] Non sono venuto a Mount Pisgah per tenere un discorso sui diritti civili; devo farne già tanti... Ma prima di essere un leader dei diritti civili ero un predicatore del Vangelo. Questa è stata la mia prima vocazione e rimane ancora oggi il mio impegno principale. Sapete, tutto ciò che faccio per i diritti civili lo faccio perché lo considero parte del mio ministero. Non desidero altro, nella vita, che diventare un buon ministro cristiano del culto. Non ho intenzione di candidarmi a qualche carica politica. Non ho intenzione di fare altro che rimanere un pastore.

Pertanto, questo volume di sermoni, che comprende tutti quelli contenuti ne *La forza di amare* (tranne uno), è importante perché vi incontriamo il predicatore King e il pastore King. Si tratta di sermoni tenuti presso le chiese battiste di Dexter Avenue e di Ebenezer, congregazioni in cui prestò servizio, rispettivamente, come pastore o co-pastore nel periodo in cui si stava facendo un nome come predicatore, profeta e ministro del culto di un'intera nazione bisognosa di cambiamento.

In questo senso, il suo attivismo per i diritti civili affondava le proprie radici nella sua vocazione di ministro di Dio; a loro volta, entrambi questi aspetti emergevano dalla Chiesa afroamericana, quella che è dovuta diventare l'altra coscienza delle Chiese americane per quanto riguarda il razzismo, il peccato originale americano. Perciò, quando Martin Luther King Jr., il grande predicatore d'America, salì sul pulpito di Dexter Avenue nei giorni del boicottaggio dei bus a Montgomery e in seguito si presentò al fianco del padre nella chiesa battista di Ebenezer, agì senza dubbio *all'interno* della parabola storica del cristianesimo profetico afroamericano. Grazie alla sua eccellente formazione e preparazione accademica, King ampliò tale parabola e le diede una voce universale, tanto che, nel momento di massima espansione, il movimento era davvero multirazziale ed ecumenico e accoglieva fianco a fianco credenti di fedi diverse e non credenti, in un magnifico cammino verso la dignità umana. Quando il leggendario rabbino Abraham Joshua Heschel, amico personale di King, si unì alla marcia del movimento, disse che gli sembrava che persino i suoi piedi stessero pregando! Il profondo desiderio di libertà percepito con tanta forza da Herschel ed espresso in modo così chiaro e vibrante dalla voce di King si manifestava, durante la schiavitù, nei sermoni e negli *spiritual* che hanno interpretato la storia degli schiavi neri alla luce di quella degli ebrei in fuga dall'Egitto. È stato poi istituzionalizzato dal movimento della Chiesa afroamericana indipendente del XVIII e del XIX secolo e incarnato dai ministri del culto venuti prima della predicazione di King, ministri cui questi fa riferimento nella dichiarazione autobiografica riportata sopra.

Il bisnonno da parte di madre, Willis Williams, era un predicatore ai tempi della schiavitù e può darsi benissimo che abbia contribuito alla fondazione di una Chiesa afroamericana locale indipendente. Il nonno, A.D. Williams, secondo pastore della chiesa battista di Ebenezer, era un predicatore e un attivista che contribuì a fondare la sede di Atlanta della NAACP (*National Association for the Advancement of Colored People*, Associazione nazionale per la promozione delle persone di colore) e, in quanto suo presidente, guidò la battaglia per aprire la prima scuola superiore per ragazzi afroamericani. Martin Luther King Jr. e i suoi fratelli frequentarono la Booker T. Washington High School, che esisteva solo grazie al ministero e all'attivismo del nonno. Inoltre, pochi sanno che Martin Luther King Sr., padre di King nonché terzo pastore di Ebenezer, guidò una campagna per il diritto di voto ad Atlanta nel 1935, trent'anni prima che King e altri creassero le condizioni necessarie all'approvazione del Voting Rights Act, la legge che ha permesso ai neri degli Stati Uniti di votare. "Papà King", come veniva chiamato affettuosamente suo padre, si batté anche per la parità salariale degli insegnanti decenni prima che il figlio e altri conducessero una battaglia nonviolenta contro la segregazione.

La tradizione attivista di una Chiesa nata combattendo per la libertà, le cui basi filosofiche sono da rintracciare nelle altre fonti che King cita in "Pellegrinaggio alla nonviolenza" (cf. p. 223), tra cui il "Vangelo sociale" di Walter Rauschenbusch, ci aiuta a capire come mai, per King, la predicazione e l'attivismo fossero inestricabilmente legati fra loro. Anzi, nella sua opera sono così intimamente connessi che è difficile capire dove finisce uno e dove inizia l'altro: entrambi si nutrono e si ispirano a vicenda. Di conseguenza, il fulcro dei sermoni che troverete in questo libro è un'idea di Vangelo che rifiuta quella spiritualità monca o interiorizzata che cerca di salvare le anime disinteressandosi dei corpi o che si concentra in modo miope su questioni di moralità privata ignorando totalmente le implicazioni etiche della nostra politica pubblica. In "L'amore in azione" (cf. p. 67), esprime il proprio rammarico:

> Una delle grandi tragedie della vita è che raramente gli esseri umani colmano l'abisso esistente tra l'atto pratico e la dichiarazione di principi, tra il fare e il dire. Molti di noi si rivoltano contro se stessi a causa di una persistente schizofrenia. Quante volte la nostra vita è caratterizzata da una pressione alta di principi e un'anemia di azioni! Siamo sempre pronti a parlare in modo eloquente del nostro impegno verso i principi del cristianesimo, eppure la nostra vita è satura di pratiche pagane. Ci proclamiamo devoti alla democrazia, ma purtroppo ci comportiamo all'esatto opposto del credo democratico. Parliamo con trasporto della pace, e intanto ci prepariamo assiduamente alla guerra. Lanciamo appelli accorati a favore della buona strada della giustizia, ma percorriamo risoluti la cattiva strada dell'ingiustizia. È questa strana dicotomia, questo angoscioso abisso tra il *dover essere* e l'*essere*, a rappresentare la tragica colonna sonora del pellegrinaggio terreno dell'uomo.

In termini positivi, King propugnava quelle che, in un altro sermone presente in questa raccolta, chiamava "Le tre dimensioni di una vita completa" (cf. p. 255). È il vibrante appello di un maestro spirituale e di una sentinella dalla mente lucida che ci chiede di pregare con le parole e con i piedi, di lavorare con la testa, il cuore e le mani per la Comunità Amata, respingendo con fede la marea costituita da quella che spesso definiva «le tre calamità del razzismo, del materialismo e del militarismo». In un mondo diviso, in mezzo ai tanti proclami religiosi e politici che commettono l'errore di scindere il sé, abbiamo ancora bisogno di questo messaggio. Lo scandalo del sistema carcerario-industriale americano, formato da un numero sproporzionato di persone povere e di colore, che continua ad aumentare a prescindere dai tassi di crescita della criminalità, l'abisso sempre più profondo tra chi ha e chi non ha e il sostegno politico al complesso militare-industriale della Guerra fredda, ingombrante e costoso, decenni dopo la morte di King e la fine della Guerra fredda, suggeriscono che siamo impantanati in una crisi spirituale permanente che ci impone di essere vigili nella lotta contro le tre calamità eloquentemente identificate dal predicatore tanto tempo fa. Abbiamo bisogno dell'amore in azione. A guidarci, c'è il dono d'amore del reverendo Martin Luther King Jr., incarnato in parole e azioni.

Raphael Gamaliel Warnock
Pastore anziano della chiesa battista di Ebenezer
Febbraio 2012

Prefazione all'edizione del 1981

Coretta Scott King

Se c'è un libro di Martin Luther King Jr. che a detta di tante persone ha cambiato la loro vita è proprio *La forza di amare*. Credo che sia perché è quello che spiega meglio l'elemento centrale della filosofia della nonviolenza di Martin Luther King Jr., e cioè la sua fede incrollabile in una presenza divina e amorevole che unisce ogni forma di vita. Era questa convinzione la forza che animava ogni tentativo di mio marito di eliminare il male dalla società, ed era sempre a questa che si riferiva quando parlò «della struttura interdipendente della realtà» nel suo sermone "L'uomo stolto":

Tutti noi siamo presi da un'ineludibile rete di reciprocità, legati da un unico destino. Ciò che riguarda direttamente uno, riguarda indirettamente tutti. Finché non sarete ciò che dovreste essere non potrò mai essere quello che dovrei essere, e finché non sarò ciò che dovrei essere non potrete mai essere quello che dovreste essere.

La visione teologica di Martin Luther King Jr. dell'interdipendenza di ogni forma di vita lo ha portato inevitabilmente ad abbracciare metodi di cambiamento sociale che nobilitavano il lato umano dei sostenitori di tale cambiamento, così come dei loro avversari. «Cristo ci ha assegnato degli obiettivi», affermava spesso King, «e il Mahatma Gandhi ci ha fornito le tattiche».

Fu durante il suo primo incarico come ministro della chiesa battista di Dexter Avenue a Montgomery, in Alabama, che Martin Luther King Jr. unì concretamente per la prima volta teologia e cambiamento sociale. Quando nel 1955 iniziò l'ormai leggendario boicottaggio nonviolento dei bus durato 381 giorni, Martin fu eletto capo dell'associazione che lo organizzava, la Montgomery Improvement Association. Già allora, la sua visione andava ben al di là di quel momento e di quell'occasione specifica. Non solo riuscì a illustrare l'obiettivo immediato del boicottaggio, vale a dire la fine della segregazione sugli autobus cittadini, ma – e questo è il fatto più importante – ci mostrò il vero scopo di quell'azione, e cioè la guarigione e il rinnovamento di un intero popolo:

Il vero conflitto non riguarda gli autobus. Eppure crediamo che, se il metodo che usiamo per affrontare la questione dell'uguaglianza sui bus può eliminare l'ingiustizia dentro di noi, potremo al contempo attaccare le fondamenta stesse dell'ingiustizia, l'ostilità dell'uomo verso i suoi simili. E ciò può avvenire solamente se sfidiamo la comunità dei

16

bianchi a rimettere in discussione i suoi presupposti così come adesso noi siamo disposti a rivedere i nostri.

La non cooperazione e la resistenza nonviolenta erano strumenti per smuovere e risvegliare le verità morali negli avversari, per ridestare quell'umanità che, Martin ne era convinto, alberga in ciascuno di noi. I mezzi, pertanto, dovevano essere coerenti con i fini. E il fine, per come lo concepiva Martin, era superiore alle sue singole parti, più grande di ogni singola questione. «Il fine è la redenzione e la riconciliazione», diceva. «La nonviolenza porta alla creazione di una Comunità Amata, mentre la violenza porta solo a un tragico rancore».

Persino i mali più insolubili di questo mondo – le tre calamità della povertà, del razzismo e della guerra che Martin affrontò in modo così eloquente nel discorso per l'assegnazione del Nobel – si possono eliminare soltanto con mezzi nonviolenti. E l'unica cosa che permette di sradicare anche i mali più ostinati a livello economico, politico e sociale è l'imperativo morale dell'amore. Nel suo discorso del 1967 al gruppo antimilitarista Clergy and Laity Concerned, disse:

Quando parlo d'amore non parlo di una reazione debole e sentimentale, ma della forza che tutte le grandi religioni hanno identificato quale supremo principio unificatore della vita. L'amore è in un certo senso la chiave che apre la porta della realtà ultima. Questo credo induista-musulmano-cristiano-ebraico-buddista sulla realtà ultima è meravigliosamente riassunto nella prima lettera di san Giovanni: «Carissimi, amiamoci gli uni gli altri, perché l'amore è da Dio: chiunque ama è generato da Dio e conosce Dio».

Se l'amore è l'eterno principio religioso, come riteneva Martin Luther King Jr., allora la nonviolenza ne è la controparte esterna e secolare:

Il fulcro della nonviolenza è il principio dell'amore. Chi pratica la resistenza nonviolenta sostiene che, nella lotta per la dignità umana, gli oppressi non devono cedere alla tentazione di provare rancore e di abbandonarsi a campagne denigratorie. Rispondere alle offese con le offese non farebbe altro che accrescere l'odio nell'universo. Nel cammino della vita, qualcuno deve possedere il buonsenso e l'integrità necessari per spezzare la catena dell'odio. E questo può accadere soltanto mettendo l'etica dell'amore al centro della nostra vita.

Così come auspicava l'integrazione tra ciò che è eterno e ciò che è terreno, Martin Luther King Jr. ricercava anche l'integrazione tra spirituale e intellettuale. Nel sermone "L'amore in azione", predicava:

Un giorno impareremo che il cuore non può mai avere pienamente ragione se la testa ha pienamente torto. Solo mettendo d'accordo testa e cuore – intelligenza e bontà – l'uomo potrà elevarsi fino a realizzare la sua vera natura.

E per raggiungere questa pienezza, secondo Martin occorreva non solo integrare l'eterno e il terreno, o lo spirituale e l'intellettuale, ma anche, a un livello più profondo, l'idealismo e il senso pratico.

Martin Luther King Jr. è stato un apostolo dell'amore, ma è stato anche un apostolo dell'azione. Il suo principio cardine per il cambiamento sociale era «la tremenda urgenza dell'*ora*». I suoi amici e colleghi del movimento per i diritti civili scherzano ancora sull'impazienza di Martin durante le loro discussioni, che duravano tutta la notte e che, a suo parere, rischiavano di ingolfare l'azione in sé. Martin parlava scherzando di "paralisi dell'analisi", ma nel profondo era serissimo. Ne *Il fronte della coscienza*, scrisse:

In un mondo che è ormai vicino alla rivolta dei figli di Dio vestiti di stracci e affamati, in un mondo diviso dalle tensioni dell'Occidente e dell'Oriente, dei Bianchi e dei Neri, degli individualisti e dei collettivisti, in un mondo in cui il potere della cultura e dello spirito rimane così indietro rispetto alle conquiste tecnologiche da farci vivere ogni giorno sull'orlo dell'annichilazione nucleare, in questo mondo la non-violenza non è soltanto una scelta teorica da analizzare intellettualmente: è un imperativo all'azione.[1]

---

[1] *Il fronte della coscienza*, a cura di Luigi Giobbio, SEI, Torino 1968, p. 101.

E così il cerchio si chiude. La lotta per eliminare i mali del mondo – mali così palesi ed evidenti che ci guardano negli occhi da ogni strada del ghetto o stamberga di campagna – può scaturire solo da una profonda lotta interiore. Entrando in contatto con il nostro sé e con gli altri, e attingendo alla trascendente etica dell'amore, li sconfiggeremo. Le nostre linee guida nel viaggio della vita dovrebbero essere amore, verità e coraggio di fare ciò che è giusto. Martin Luther King Jr. ci ha mostrato la strada, ci ha mostrato il Sogno – e noi abbiamo risposto con tutto il cuore. Martin era un ottimista, e lo sono anch'io. Sono convinta che un giorno la nostra forza di amare renderà possibile realizzare il Sogno e creare sulla terra una Comunità Amata.

Coretta Scott King
Gennaio 1981

Nota all'edizione italiana

I sermoni di Martin Luther King Jr. contenuti in questo volume sono tratti principalmente da *La forza di amare*, pubblicato per la prima volta da Harper & Row nel 1963, ripubblicato diverse volte da Pocket Books e Fortress Press e tradotto anche in italiano a partire dall'anno di uscita dell'originale. Per volontà della King Estate, sono stati aggiunti due testi: "L'istinto del tamburo maggiore", il discorso che il reverendo ha tenuto nella chiesa battista di Ebezener ad Atlanta il 4 febbraio 1968, e "Le tre dimensioni di una vita completa", tenuto nella chiesa battista di New Covenant a Chicago il 9 aprile 1967. Non è stato inserito invece il sermone "Che idea dovrebbe farsi un cristiano del comunismo?" perché ormai datato e privo di importanza agli occhi del lettore di oggi. Chi fosse interessato, però, può leggerlo in lingua originale sul sito della King Legacy: www.thekinglegacy.org/giftoflove.

All'edizione inglese così strutturata (del 2012), questa edizione italiana presenta in aggiunta un ulteriore testo finora inedito in Italia: il sermone "Una passeggiata in Terra Santa", pronunciato il 29 marzo 1959 nella chiesa di Dexter Avenue a Montgomery, Alabama.

Introduzione

Martin Luther King

In questi burrascosi giorni di incertezza, le calamità della guerra e dell'ingiustizia economica e razziale minacciano la sopravvivenza del genere umano. Viviamo in tempi di profonda crisi. I sermoni che leggerete in questo volume hanno come sfondo la crisi odierna, e sono stati scelti perché, in modo diverso, parlano dei problemi personali e collettivi che tale crisi porta con sé. In questi testi ho cercato di fare in modo che il messaggio cristiano potesse avere un certo peso relativamente ai mali sociali che offuscano la nostra epoca, alla testimonianza personale e al necessario rigore. I sermoni sono stati scritti per i parrocchiani che avevo presso la chiesa battista di Dexter Avenue a Montgomery, in Alabama, e per i miei attuali parrocchiani della chiesa battista di Ebenezer ad Atlanta, in Georgia. In seguito, molti dei sermoni che state per leggere sono stati predicati a diverse congregazioni in tutto il Paese.

I sermoni sono stati pronunciati durante o dopo la protesta contro il boicottaggio dei bus a Montgomery, in Alabama,, e da quel movimento ho tratto un gran numero di esempi, alcuni dei quali sono stati inseriti nel mio libro *Marcia verso la libertà*. I tre sermoni "L'amore in azione", "Amate i vostri nemici" e "Sogni infranti" sono stati scritti mentre ero rinchiuso nelle prigioni della Georgia. "Pellegrinaggio alla nonviolenza" è frutto della revisione e dell'aggiornamento di materiali precedentemente apparsi in *The Christian Century* e in *Marcia verso la libertà*: pur non essendo un sermone, è stato inserito in coda al volume su richiesta dell'editore.

Ero un po' restio a far stampare un volume di sermoni. I miei dubbi nascevano dal fatto che un sermone non è un saggio destinato alla lettura, ma un discorso destinato all'ascolto. Dovrebbe essere un'esortazione convincente, destinata a un'assemblea attenta. È quindi rivolto a un orecchio che ascolta, piuttosto che a un occhio che legge. Anche se ho cercato di riscrivere i sermoni adattandoli alle necessità della lettura, sono convinto che questo mio tentativo non sarebbe mai potuto riuscire alla perfezione. Perciò, persino adesso che questo volume sta andando in stampa, non ho del tutto superato i miei timori, ma pubblico ugualmente questi discorsi per rispetto verso i miei parrocchiani passati e presenti, verso i miei colleghi della Southern Christian Leadership Conference e i numerosi amici sparsi per tutto il Paese che mi hanno chiesto copie di vari sermoni, nella speranza che da queste parole stampate possa scaturire un messaggio per tutti i lettori.

Sono felice di esprimere la mia profonda gratitudine ai tanti amici che mi hanno aiutato. Sono debitore al mio carissimo amico e assistente Wyatt Tee Walker, eccellente predicatore, per aver letto il manoscritto per intero e offerto validi suggerimenti. Sono anche grato al mio maestro e amico Samuel W. Williams per i consigli utili e incoraggianti. Charles L. Wallis ha fornito la sua preziosa assistenza editoriale sul manoscritto definitivo. Ringrazio di cuore anche la mia efficiente segretaria, Dora E. McDonald, che ha sempre avuto parole di incoraggiamento e ha trascritto a macchina le pagine scritte di mio pugno. Ringrazio soprattutto Coretta, moglie devota, che ha letto il testo completo e mi ha offerto consigli e spunti preziosi. Il suo amore e la sua pazienza le hanno permesso di comprendere e accettare la mia lontananza da lei e dai nostri figli durante la stesura di questo volume.

Mente rigorosa e cuore tenero

«Siate dunque prudenti come i serpenti
e semplici come le colombe».
Matteo 10,16

Un filosofo francese ha detto: «Nessun uomo è forte, se nel carattere non presenta antitesi profonde». L'uomo forte possiede un amalgama vitale di opposti fortemente marcati. In genere le persone non raggiungono tale equilibrio di opposti: gli idealisti di solito non sono realisti e i realisti di solito non sono idealisti. I militanti in genere non sono passivi, né le persone passive si dedicano alla militanza. Di rado gli umili sono in grado di farsi valere e chi si fa valere non è umile. Ma una vita piena è una sintesi creativa di opposti che creano un'armonia feconda. Hegel ha affermato che la verità non si trova nella tesi o nell'antitesi, ma nella sintesi che ne deriva e che le concilia entrambe.

Gesù ha riconosciuto quanto fosse necessario unire gli opposti. Sapeva che i suoi discepoli avrebbero dovuto confrontarsi con un mondo difficile e ostile, che li avrebbe portati a scontrarsi con le resistenze dei funzionari politici e l'intransigenza dei custodi dell'ordine costituito. Sapeva che avrebbero incontrato uomini insensibili e arroganti, il cui cuore si era indurito a causa del lungo inverno del tradizionalismo. Per questo disse loro: «Ecco, io vi mando come pecore in mezzo ai lupi», offrendo loro un modello di azione: «[...] Siate dunque prudenti come i serpenti e semplici come le colombe». È difficile immaginare che una sola persona abbia allo stesso tempo le caratteristiche del serpente e quelle della colomba, ma questo è esattamente ciò che Gesù si aspetta da noi. Dobbiamo unire la durezza del serpente alla delicatezza della colomba, una mente rigorosa a un cuore tenero.

I

Consideriamo innanzitutto la necessità di possedere una mente rigorosa, caratterizzata da pensiero incisivo, valutazioni realistiche e giudizio risoluto. La mente rigorosa è acuta e penetrante, è in grado di andare oltre la superficie di miti e leggende, e sa distinguere il vero dal falso. L'individuo dalla mente rigorosa è acuto e dotato di discernimento, ha qualcosa di forte e austero che genera fermezza di propositi e costanza di impegno.

Chi potrebbe mettere in dubbio che tale rigore mentale sia una delle principali necessità dell'essere umano?

È raro trovare uomini che desiderino dedicarsi a riflessioni serrate e complesse. Siamo quasi tutti alla ricerca di risposte facili e di soluzioni improvvisate. Per certe persone non c'è niente di più penoso del dover pensare.

Questa tendenza imperante alla superficialità traspare dall'incredibile dabbenaggine umana. Prendiamo ad esempio il nostro atteggiamento nei confronti della pubblicità: veniamo spinti con estrema facilità ad acquistare un prodotto solo perché un annuncio in tv o alla radio ci dice che è migliore degli altri. I pubblicitari sanno da sempre che gran parte delle persone è superficiale e sfruttano tale inclinazione utilizzando slogan scaltri ed efficaci.

Questa eccessiva ingenuità si manifesta anche nella tendenza di molti lettori ad accettare la parola stampata come oro colato. Pochi si rendono conto che persino i canali ufficiali di informazione – la stampa, il podio e, in molti casi, il pulpito – non ci presentano una verità oggettiva e imparziale. Pochi sono abbastanza rigorosi da riuscire a giudicare in modo critico e a distinguere il vero dal falso, il fatto dall'invenzione. La nostra mente viene costantemente invasa da eserciti di mezze verità, pregiudizi, fatti inventati. Una delle cose di cui l'umanità ha più bisogno è essere sollevata al di sopra del pantano della propaganda.

Gli individui superficiali tendono ad accettare ogni genere di superstizione. Hanno la testa perennemente invasa da timori irrazionali, che vanno dalla paura del venerdì tredici a quella di un gatto nero che attraversa la strada. Una volta, mentre prendevo l'ascensore in un grande albergo di New York, mi sono reso conto che non c'era il tredicesimo piano: dal dodicesimo si passava direttamente al quattordicesimo. Quando ho chiesto spiegazioni, l'addetto all'ascensore mi ha risposto: "È un sistema adottato dalla maggior parte dei grandi alberghi, perché molta gente ha paura di alloggiare al tredicesimo piano". Poi ha aggiunto: "È una paura davvero sciocca, perché il quattordicesimo piano in realtà è il tredicesimo". Paure del genere sfiniscono le menti superficiali di giorno e le tormentano di notte.

Le persone superficiali temono sempre i cambiamenti, si sentono sicure solo se lasciano le cose come stanno e hanno una paura quasi morbosa delle novità. Per loro, non c'è niente di più penoso di un'idea nuova. Si narra che una volta un anziano segregazionista del Sud abbia detto: "Ormai sono giunto a riconoscere che la fine della segregazione è inevitabile, ma prego Dio che abbia luogo solo dopo la mia morte". La persona superficiale ha sempre bisogno di fermare l'attimo presente e mantenere la vita sotto il giogo opprimente dell'immobilità.

Spesso questa superficialità si riversa anche sulla religione. Ecco perché a volte quest'ultima ha respinto con zelo dogmatico ogni nuova verità. Per mezzo di editti e bolle, inquisizioni e scomuniche, la Chiesa ha cercato di ostacolare la verità innalzando un muro impenetrabile sul cammino di chi era alla sua ricerca. Le menti superficiali considerano blasfema la critica storico-filologica della Bibbia e spesso ritengono che la ragione sia espressione di facoltà corrotte. Hanno riscritto le Beatitudini per poter dire: «Beati i puri nell'ignoranza, perché vedranno Dio».

Ciò, inoltre, ha contribuito a diffondere l'idea che esista un conflitto tra scienza e religione, ma non è così. Ci può essere un conflitto tra seguaci della religione dall'atteggiamento superficiale e scienziati dalla mente rigorosa, ma non tra scienza e religione: queste operano in ambiti diversi e hanno metodi differenti. La scienza indaga, la religione interpreta; la scienza fornisce all'uomo la conoscenza, che è potere, mentre la religione gli offre la saggezza, che è controllo; la scienza ha a che fare soprattutto con i fatti, la religione principalmente con i valori. Non sono contrapposte, ma complementari. La scienza impedisce alla religione di cadere nelle spire di un pericoloso irrazionalismo e di un oscurantismo paralizzante, e a sua volta la religione evita alla scienza di affondare nel pantano di un materialismo obsoleto e del nichilismo morale.

Non abbiamo bisogno di guardare lontano per individuare i pericoli causati da un atteggiamento superficiale. I dittatori, facendo tesoro di questo, hanno portato gli uomini a compiere atti di barbarie e terrore impensabili in una società civile. Adolf Hitler sapeva bene che i suoi seguaci erano superficiali, al punto di dire: "Uso l'emotività con i più e riservo la ragione a pochi". Nel *Mein Kampf – La mia battaglia* afferma: "Grazie ad astute bugie, ripetute incessantemente, è possibile far credere alla gente che il paradiso sia l'inferno, e l'inferno il paradiso. Più grossa è la bugia, più prontamente sarà creduta".

La superficialità è una delle cause principali dei pregiudizi razziali. La persona rigorosa esamina sempre i fatti, prima di giungere alle conclusioni; in poche parole, giudica dopo. La persona superficiale, invece, giunge a una conclusione prima ancora di aver esaminato il primo fatto; in poche parole, giudica prematuramente ed è vittima di pregiudizi. Il pregiudizio razziale si basa su timori, sospetti e incomprensioni privi di fondamento. Alcuni individui sono abbastanza superficiali da credere nella superiorità della razza bianca e nell'inferiorità della razza nera, nonostante le ricerche di antropologi rigorosi dimostrino la falsità di tale concetto. Queste persone sostengono che la segregazione razziale dovrebbe continuare perché la gente di colore non tiene il passo in ambito accademico, sanitario e morale. Non hanno abbastanza rigore mentale da rendersi conto che il fatto di non tenere il passo è dovuto alla segregazione e alla discriminazione. Non riconoscono che è razionalmente insensato e sociologicamente insostenibile sfruttare i tragici effetti della segregazione per sostenere che questa debba proseguire. Troppi politici del Sud individuano questa malattia nei loro elettori e, con perfido zelo, rilasciano dichiarazioni provocatorie e diffondono notizie false e mezze verità che provocano timori esagerati e ostilità morbose nei bianchi poveri e ignoranti, confondendoli al punto da spingerli a commettere azioni meschine e violente che nessuna persona normale commetterebbe.

Finché non svilupperemo il rigore mentale necessario per liberarci dalle pastoie di pregiudizi, mezze verità e ignoranza bella e buona, avremo ben poche speranze. Il mondo per come è oggi non ci consente il lusso della superficialità. Una nazione o una civiltà che continui a produrre uomini superficiali sta semplicemente comprando la propria morte spirituale a rate.

II

Non dobbiamo però limitarci a coltivare una mente rigorosa. Il Vangelo esige anche un cuore tenero. Il rigore della mente senza la tenerezza del cuore è qualcosa di freddo e distaccato, e ci fa vivere in un inverno infinito, privo del tepore della primavera e del dolce calore dell'estate. Cosa ci può essere di più tragico del vedere una persona elevarsi fino alle disciplinate vette del rigore mentale e sprofondare al tempo stesso nei gelidi abissi della durezza di cuore?

La persona dal cuore duro non ama mai veramente: è tutta presa da un volgare utilitarismo che valuta gli altri soprattutto in base alla loro utilità. Non vive mai la bellezza dell'amicizia, perché è troppo fredda per provare affetto nei confronti dell'altro e troppo egocentrica per condividere la gioia e il dolore altrui: è un'isola solitaria, che nessuna manifestazione d'amore potrà congiungere al continente dell'umanità.

La persona dura di cuore non è in grado di provare autentica compassione, non si lascia commuovere dalle pene e dalle sofferenze dei suoi fratelli. Passa ogni giorno accanto a uomini sfortunati, ma non li vede mai veramente. Magari regala del denaro a qualche istituto benefico meritevole, ma non offre neanche un briciolo della propria anima.

Il duro di cuore non vede mai le persone come tali, ma come meri oggetti o come anonimi ingranaggi di una ruota in perenne movimento. Per lui gli uomini sono braccia nella gigantesca ruota dell'industria, cifre in mezzo alla moltitudine nell'immensa ruota della vita urbana, numeri di un reggimento nella ruota mortale della vita militare. Il duro di cuore spersonalizza la vita.

Gesù ha parlato spesso delle caratteristiche del duro di cuore. Il ricco stolto non è stato condannato perché era privo di rigore mentale, ma perché non aveva il cuore tenero. Per lui la vita era uno specchio in cui vedeva riflesso solamente se stesso, non una finestra attraverso la quale vedere gli altri. Epulone non è andato all'inferno perché era ricco, ma perché non era abbastanza tenero di cuore da vedere Lazzaro e perché non tentò minimamente di superare l'abisso tra sé e il proprio fratello.

Gesù ci ricorda che una vita giusta unisce la prudenza del serpente alla semplicità della colomba. Possedere le qualità del serpente senza quelle della colomba significa essere freddi, meschini ed egoisti; avere le qualità della colomba senza quelle del serpente significa essere sentimentali, deboli e senza scopo. Dobbiamo riunire opposti fortemente marcati.

Se vogliamo avanzare in maniera creativa verso la meta della libertà e della giustizia, noi, in quanto neri, dobbiamo unire rigore mentale e tenerezza di cuore. Chi di noi ha un atteggiamento superficiale crede che l'unico modo di affrontare l'oppressione sia adattarvisi: accetta rassegnato la segregazione, preferisce rimanere oppresso. Quando Mosè liberò i figli di Israele guidandoli dalla schiavitù d'Egitto alla libertà della Terra Promessa, scoprì che gli schiavi non sempre accolgono volentieri il loro liberatore. Piuttosto che affrontare mali che non conoscono, preferiscono sopportare quelli che hanno, come ha fatto notare Shakespeare. Preferiscono le "piaghe d'Egitto" alle traversie dell'emancipazione. Ma questa non è la soluzione. L'accettazione che deriva da un atteggiamento superficiale è vile. Amici miei, non potremo mai guadagnare il rispetto dei bianchi del Sud o di altre parti finché continuiamo a rinunciare al futuro dei nostri figli pur di garantirci sicurezza e comodità. Non solo: dobbiamo capire che accettare passivamente un sistema ingiusto significa collaborare con quel sistema, e dunque divenire complici del male che incarna.

E in mezzo a noi vi sono individui duri di cuore e amareggiati che vorrebbero combattere l'avversario con la violenza fisica e con l'odio che corrode. Ma la violenza non porta che vittorie fugaci: creando molti più problemi sociali di quanti ne risolva, non genera mai una pace duratura. Sono convinto che, se cediamo alla tentazione di usare la violenza nella nostra lotta per la libertà, le generazioni future dovranno sopportare una lunga e tormentata notte di amarezza e il principale lascito che erediteranno da noi sarà un regno di perenne confusione. Una Voce, echeggiando nei corridoi del tempo, dice a chi è impulsivo come Pietro: «Rimetti la tua spada nel fodero» (Giovanni 18,11). La storia è costellata dal crollo delle nazioni che non hanno seguito il comandamento di Cristo.

III

La nostra ricerca della libertà ha a disposizione una terza via, vale a dire la resistenza nonviolenta, che unisce il rigore della mente alla tenerezza del cuore evitando la noncuranza e l'apatia dei superficiali e la violenza e l'amarezza dei duri di cuore. Sono convinto che, nell'attuale crisi dei rapporti tra razze, sia questo metodo a dover guidare le nostre azioni. Per mezzo della resistenza nonviolenta potremo opporci a un sistema ingiusto e, al tempo stesso, amare coloro che portano avanti tale sistema. Dobbiamo sforzarci con passione, incessantemente, di raggiungere la levatura di cittadini, ma che non si possa mai dire, amici miei, che per ottenerla abbiamo usato gli infimi sotterfugi della falsità, della malizia, dell'odio e della violenza.

Non posso concludere senza accostare i contenuti di questo testo alla natura di Dio. La grandezza del nostro Dio sta nel fatto che possiede al tempo stesso rigore mentale e tenerezza di cuore: in lui albergano austerità e dolcezza. La Bibbia, sempre chiara nell'insistere su entrambi gli attributi di Dio, ne esprime il rigore mentale nella giustizia e nell'ira, e la tenerezza di cuore nell'amore e nella grazia. Dio ha le braccia tese: un braccio è abbastanza forte da circondarci di giustizia, l'altro è abbastanza delicato da abbracciarci con la grazia. Da un lato, è un Dio di giustizia che ha punito Israele per la sua condotta ribelle, dall'altro è un padre indulgente, il cui cuore si è colmato di gioia indicibile quando il figliol prodigo è tornato a casa.

Sono riconoscente di poter adorare un Dio che possiede al tempo stesso rigore mentale e tenerezza di cuore. Se Dio fosse soltanto rigoroso, sarebbe un despota freddo e distaccato che "contempla tutto" da un cielo lontano, come lo immagina Tennyson nel suo poema *Il palazzo dell'arte*: sarebbe il "motore immobile" di Aristotele, che conosce se stesso ma non ama nessuno. Se però Dio fosse solo tenero di cuore, sarebbe troppo debole e sentimentale per poter agire quando le cose vanno male, e incapace di controllare la propria creazione. Sarebbe simile all'amabile Dio di H.G. Wells in *Dio, il re invisibile*, che desidera ardentemente creare un mondo buono, ma si scopre impotente di fronte all'attacco delle forze del male. Dio non ha né un cuore duro né una mente superficiale: è abbastanza rigoroso da trascendere il mondo e abbastanza tenero di cuore da abitarlo. Non ci abbandona alle nostre sofferenze e alle nostre battaglie, ma al contrario ci cerca in luoghi bui e soffre per noi e con noi per il tragico modo in cui sprechiamo la nostra vita.

A volte abbiamo bisogno di sapere che il Signore è un Dio di giustizia. Quando i giganti addormentati dell'ingiustizia si levano sulla terra, abbiamo bisogno di sapere che vi è un Dio potente che può falciarli come erba e come erba verde lasciarli appassire. Quando i nostri sforzi instancabili non riescono ad arrestare l'imminente ondata di oppressione, abbiamo bisogno di sapere che in questo universo vi è un Dio la cui forza impareggiabile è la giusta antitesi della debolezza dell'essere umano. A volte, però, abbiamo anche bisogno di sapere che il nostro è un Dio di amore e misericordia. Quando i gelidi venti delle avversità ci fanno barcollare e le tempeste della delusione si abbattono su di noi, e quando, dibattendoci nella follia e nel peccato, vaghiamo in qualche lontana terra di perdizione e ci sentiamo frustrati perché proviamo una strana nostalgia di casa, abbiamo bisogno di sapere che vi è Qualcuno che ci ama, che ha cura di noi, che ci comprende e ci offrirà un'altra possibilità. Quando i giorni si fanno bui e le notti tetre, possiamo essere riconoscenti perché, per sua natura, il nostro Dio presenta una sintesi creativa di amore e giustizia che ci condurrà, per le oscuri valli della vita, fino ai luminosi sentieri della speranza e della realizzazione.

Un anticonformista trasformato

«Non conformatevi alla mentalità di questo secolo,
ma trasformatevi rinnovando la vostra mente [...]».
ROMANI 12,2

«Non conformatevi» è un consiglio difficile da dare,
in un'epoca in cui le pressioni della massa hanno inconsciamente condizionato la nostra mente e i nostri piedi
a muoversi al ritmico rullo di tamburo dello *status quo*.
Sono molte le voci e le forze che ci spingono a scegliere
la via più facile esortandoci a non batterci mai per una
causa impopolare e a non entrare mai a far parte di una
patetica minoranza composta da due o tre persone.

Persino alcune delle nostre discipline intellettuali ci
convincono della necessità di conformarsi. Alcuni sociologi della filosofia suggeriscono che la morale non
è altro che consenso di gruppo e che i modi di fare più
comuni sono quelli giusti. Alcuni psicologi sostengono che, pensando e agendo come gli altri, otteniamo di
adattarci dal punto di vista mentale ed emotivo.

Successo, apprezzamento e conformismo sono le parole d'ordine del mondo moderno, in cui tutti paiono aspirare all'anestetizzante sicurezza dell'identificazione con la maggioranza.

I

Nonostante questa tendenza prevalente a conformarsi, noi, in quanto cristiani, abbiamo il dovere di essere anticonformisti. L'apostolo Paolo, che conosceva gli aspetti interiori della fede cristiana, diceva: «Non conformatevi alla mentalità di questo secolo, ma trasformatevi rinnovando la vostra mente». Siamo chiamati a essere persone che seguono le proprie convinzioni, non il conformismo; a essere moralmente nobili, non socialmente rispettabili. Ci è stato comandato di vivere diversamente e nei termini di una fedeltà superiore.

Ogni vero cristiano è cittadino di due mondi, quello del tempo e quello dell'eternità. Paradossalmente, siamo nel mondo ma non del mondo. Ai Filippesi, Paolo scriveva: «La nostra patria [...] è nei cieli» (Filippesi 3,20). E loro capivano che cosa intendesse, perché la città di Filippi era una colonia romana. Quando Roma voleva inglobare una provincia, vi stabiliva una piccola colonia di persone che vivevano secondo la legge e i costumi romani e che, anche se in un altro Paese, si manteneva fedelissima a Roma. Questa minoranza potente e creativa diffondeva la dottrina della cultura romana. Sebbene l'analogia sia imperfetta (i coloni romani vivevano in un sistema basato su ingiustizie e sfruttamento, in una parola, nel colonialismo), l'apostolo sottolinea che i cristiani si sono assunti il compito di diffondere in un mondo non cristiano gli ideali di un ordine più alto e nobile. Vivendo nella colonia del tempo, siamo in sostanza responsabili nei confronti dell'impero dell'eternità. In quanto cristiani, non dobbiamo mai essere troppo fedeli a un sistema o ideale terreno, perché al centro del nostro universo vive una realtà più alta, cioè Dio e il suo regno d'amore, ed è a questa che dobbiamo conformarci.

Tale comandamento a non conformarsi non deriva soltanto da Paolo, ma anche dal nostro Signore e Maestro Gesù Cristo, il più scrupoloso anticonformista del mondo, il cui anticonformismo etico mette ancora a dura prova la coscienza dell'umanità.

Laddove una società opulenta vorrebbe indurci a credere che la felicità consista nella dimensione delle nostre automobili, nella grandiosità delle nostre case e nella sontuosità dei nostri abiti, Gesù ci ricorda che «[anche se uno è nell'abbondanza], la sua vita non dipende dai suoi beni» (Luca 12,15).

Quando stiamo per cedere alla tentazione di un mondo in cui dilaga la promiscuità sessuale e nel quale impera la filosofia dell'esprimere se stessi, Gesù ci dice che: «Chiunque guarda una donna per desiderarla ha già commesso adulterio con lei nel suo cuore» (Matteo 5,28).

Quando rifiutiamo di soffrire per la virtù e scegliamo di imboccare il sentiero della comodità, invece che quello delle convinzioni, Gesù ci ricorda: «Beati i perseguitati per causa della giustizia, perché di essi è il regno dei cieli» (Matteo 5,10).

Quando nella nostra superbia spirituale ci vantiamo di aver raggiunto il culmine della perfezione morale, Gesù ci ammonisce: «[...] I pubblicani e le prostitute vi passano avanti nel regno di Dio» (Matteo 21,31).

Quando, con spietato distacco e arrogante individualismo, tralasciamo di rispondere alle necessità dei più bisognosi, il Maestro dice: «[...] Ogni volta che avete fatto queste cose a uno solo di questi miei fratelli più piccoli, l'avete fatto a me» (Matteo 25,40).

Quando permettiamo che la scintilla della vendetta che custodiamo nell'animo degeneri in odio verso i nostri nemici, Gesù ci ricorda: «[...] Amate i vostri nemici, fate del bene a coloro che vi odiano, benedite coloro che vi maledicono, pregate per coloro che vi maltrattano» (Luca 6,27-28).

Ovunque e in ogni tempo, l'etica d'amore di Gesù è una luce radiosa che mette in risalto la meschinità del nostro conformismo obsoleto.

Ignorando questo monito a vivere diversamente, abbiamo coltivato una mentalità di massa e siamo passati dall'estremo di un marcato individualismo a un altro estremo, ben peggiore, di un marcato collettivismo. Non facciamo la storia, è la storia a fare noi. Longfellow diceva: «A questo mondo, ciascuno dev'essere incudine o martello», intendendo che o si è artefici della società o si è forgiati dalla società. Chi potrebbe dubitare che oggi gli uomini sono quasi tutti incudini e sono forgiati dalle tendenze della maggioranza? Oppure, per cambiare immagine, si potrebbe dire che i più, e in particolare i cristiani, sono termometri che misurano o registrano la temperatura dell'opinione maggioritaria, non termostati che trasformano e regolano la temperatura della società.

Ciò che molti temono sopra ogni cosa è assumere una posizione che si distingua in modo chiaro e netto dall'opinione corrente. Queste persone preferiscono adottare un punto di vista così ambiguo da includere tutto, e così condiviso da comprendere tutti. Oltre a ciò, si è diffuso sempre più un culto spropositato della grandezza. Viviamo in un'epoca di "gigantismo", in cui tutti trovano sicurezza in ciò che è grande e vasto: grandi città, grandi edifici, grandi aziende. Questo culto della grandezza ha spinto molte persone a temere di essere identificate con un'idea minoritaria. Non sono poche quelle che, pur coltivando ideali nobili ed elevati, li nascondono sotto il tappeto per paura di essere considerate diverse. In privato, molti bianchi del Sud sono contrari alla segregazione e alla discriminazione, ma temono di essere condannati pubblicamente. Milioni di cittadini sono profondamente turbati dal fatto che troppo spesso il complesso militare-industriale diriga la politica nazionale, ma non vogliono essere considerati poco patriottici. Tantissimi americani pensano sinceramente che un organismo mondiale come le Nazioni Unite dovrebbe comprendere anche paesi come la Cina comunista, ma temono di essere visti come simpatizzanti del comunismo. Una schiera di persone assennate ammette che, affinché la nostra grande ricchezza nazionale sia distribuita in modo più equo, il capitalismo tradizionale dovrebbe subire continue trasformazioni, ma teme che le proprie critiche la farebbero sembrare anti-americana. E sono molti i giovani in gamba e di sani principi che si lasciano trascinare in passatempi malsani che non approvano e nemmeno gli interessano, perché si vergognano di dire no quando il gruppo dice sì. Sono *pochi* quelli che hanno il coraggio di esprimere pubblicamente le proprie convinzioni, e *tanti* coloro che invece permettono a se stessi di sentirsi "astronomicamente minacciati"!

Il cieco conformismo ci rende così sospettosi verso chiunque insista nell'affermare ciò che realmente pensa da indurci a minacciarne sconsideratamente le libertà civili. Se un uomo che crede fermamente nella pace è abbastanza sciocco da esibire un cartello a una manifestazione, o se un bianco del Sud, credendo nel sogno americano della dignità e del valore della persona, osa invitare un nero a casa propria e sposarne la lotta per la libertà, può essere convocato dagli organismi investigativi: se sposa la causa della fratellanza tra gli esseri umani è sicuramente un comunista!

Thomas Jefferson scrisse: «Ho giurato sull'altare di Dio eterna guerra a qualsiasi forma di tirannia sulla mente dell'uomo»[1]. Agli occhi del conformista e di coloro che forgiano la mentalità conformista, dev'essere una dottrina estremamente pericolosa e radicale. Abbiamo dunque permesso che la luce del pensiero indipendente e dell'individualismo si affievolisse al punto che, se Jefferson dovesse scrivere oggi queste parole e metterle in pratica, lo perseguiteremmo e lo processeremmo? Se gli Americani accettano che questo controllo del pensiero, degli affari e della libertà continui, senz'altro ci ritroveremo a camminare all'ombra del fascismo.

II

In nessun ambiente la drammatica tendenza al conformismo è più evidente che nella Chiesa, un'istituzione che spesso è servita a cristallizzare, preservare e persino benedire l'opinione della maggioranza. L'iniziale approvazione della Chiesa nei confronti della schiavitù, della segregazione razziale, della guerra e dello sfruttamento economico è la prova del fatto che ha dato più ascolto all'autorità del mondo che all'autorità di Dio. Chiamata a essere la custode morale della comunità, a volte la Chiesa ha salvaguardato ciò che è immorale e disonesto. Chiamata a lottare contro i mali

---

[1] *Writings*, vol. X, p. 173.

della società, si è trincerata nel silenzio dietro le sue vetrate. Chiamata a guidare gli uomini sulla via maestra della fratellanza e a invitarli a superare gli angusti confini di razza e di classe, ha enunciato e praticato l'esclusione razziale.

Anche noi predicatori siamo stati tentati dall'allettante culto del conformismo. Sedotti dai simboli mondani del successo, abbiamo misurato le nostre conquiste dalle dimensioni della nostra parrocchia. Siamo diventati intrattenitori per compiacere i gusti e i capricci del pubblico. Facciamo prediche rassicuranti evitando di dire dal pulpito qualunque cosa possa disturbare le rispettabili opinioni degli agiati membri delle nostre comunità. Abbiamo dunque noi, ministri di Gesù Cristo, sacrificato la verità sull'altare dell'interesse egoistico e, al pari di Pilato, piegato le nostre convinzioni alle esigenze della folla?

Dobbiamo riconquistare lo splendore evangelico dei primi cristiani, che erano anticonformisti nel senso più autentico della parola e si rifiutavano di plasmare la loro testimonianza in base ai paradigmi terreni. Sacrificavano volentieri fama, beni e la vita stessa pur di difendere una causa che sapevano essere giusta. Pochi come quantità, erano dei giganti in senso qualitativo. Il loro Vangelo rigoroso mise fine a usanze barbare come l'infanticidio e le lotte sanguinose tra gladiatori. E alla fine i cristiani conquistarono l'Impero romano in nome di Gesù Cristo.

Poi, però, la Chiesa si trincerò a tal punto dietro le ricchezze e il prestigio che cominciò ad annacquare i severi requisiti del Vangelo e a conformarsi alle usanze del mondo. Da quel momento, è stata una tromba debole e asfittica dal suono incerto. Se la Chiesa di Gesù Cristo vuole riconquistare forza, riappropriarsi del suo messaggio e ritrovare la sua voce autentica, dovrà conformarsi esclusivamente ai requisiti del Vangelo.

La speranza di un mondo sicuro e vivibile è riposta negli anticonformisti disciplinati, che si battono per la giustizia, la pace e la fratellanza. I pionieri della libertà umana, accademica, scientifica e religiosa sono sempre stati degli anticonformisti. In ogni causa che riguardi il progresso dell'umanità, riponete sempre la vostra fiducia negli anticonformisti!

Nel suo saggio *La fiducia in se stessi*, Emerson scrisse: «Chiunque voglia essere un uomo deve essere non-conformista». L'apostolo Paolo ci ricorda che anche chiunque voglia dirsi cristiano dev'essere anticonformista. Qualunque cristiano che accetti ciecamente le opinioni della maggioranza e, per paura o soggezione, imbocchi la strada della convenienza e dell'approvazione sociale, è schiavo nella mente e nello spirito. Notate bene le parole che seguono, uscite dalla penna di James Russell Lowell:

Sono schiavi quelli che temono di parlare
per il peccatore e il debole;
sono schiavi quelli che evitano
odio, scherno e oltraggio
per rifuggire in silenzio

dalla verità sulla quale sono costretti a soffermarsi;
sono schiavi quelli che non osano essere
nel giusto insieme ad altri due o tre.[2]

III

L'anticonformismo in quanto tale, comunque, può non essere necessariamente positivo e, a volte, può non avere il potere di trasformare né di redimere. L'anticonformismo, di per sé, non ha un valore salvifico e può essere, in alcuni casi, poco più che una forma di esibizionismo. Paolo, nella seconda parte del testo citato, ci offre la formula di un anticonformismo costruttivo: «Trasformatevi rinnovando la vostra mente». L'anticonformismo è creativo quando è controllato e guidato da una vita trasformata, ed è costruttivo quando sposa una nuova mentalità. Schiudendo la nostra vita a Dio in Cristo, diventiamo creature nuove. Se vogliamo essere anticonformisti trasformati e liberati da quella fredda durezza di cuore e da quell'arroganza che tanto spesso caratterizzano l'anticonformismo, questa esperienza, che Gesù definì una rinascita, è fondamentale. Qualcuno ha detto: «Amo le riforme, ma odio i riformatori». Un riformatore può essere un anticonformista non trasformato, la cui rivolta contro le ingiustizie del-

---

[2] Da *Stanzas on Freedom*.

la società lo ha reso sgradevolmente rigido e irragione-
volmente impaziente.

Solo attraverso una trasformazione spirituale acquisiamo la forza per combattere con vigore i mali del
mondo, in spirito di umiltà e di amore. L'anticonformista trasformato, inoltre, non cede mai a quella sorta
di sopportazione passiva che è solo una scusa per non
fare niente. Ed è proprio questa trasformazione a impedirgli di pronunciare parole avventate, che allontanano
senza riconciliare, e di esprimere giudizi affrettati che
non tengono conto della necessità di un progresso sociale. L'anticonformista trasformato comprende che il
cambiamento sociale non si verifica dall'oggi al domani, ma si dà da fare come se fosse imminente.

Questo momento storico richiede l'impegno di un
gruppo di anticonformisti trasformati. Il nostro pianeta vacilla sull'orlo della distruzione atomica; nella nostra vita si sono ormai insinuati pericolosi sentimenti
di orgoglio, odio ed egoismo; la verità giace sfinita sulle accidentate colline di indicibili calvari e gli uomini
si prostrano davanti ai falsi dèi del nazionalismo e del
materialismo. Non salveremo il nostro mondo dalla catastrofe imminente adattandoci compiacenti alla maggioranza conformista, ma grazie al "disadattamento"
creativo di una minoranza anticonformista.

Qualche anno fa il professor Bixler ci ammoniva
contro il pericolo insito nel sopravvalutare l'importanza di una vita ben adattata. Tutti cercano disperatamente di conseguirla. Certo, se vogliamo evitare di

sviluppare una personalità nevrotica o schizofrenica, dobbiamo adattarci ed essere assennati, ma nel nostro mondo esistono cose dalle quali gli uomini di buona volontà devono "disadattarsi". Confesso che non intendo adattarmi mai alle ingiustizie della segregazione e ai disastrosi effetti della discriminazione, alla degenerazione morale del bigottismo religioso e agli effetti corrosivi di un angusto settarismo, alle condizioni economiche che privano gli esseri umani del lavoro e del pane, alle follie del militarismo e agli effetti controproducenti della violenza fisica.

La salvezza dell'umanità è nelle mani delle persone creativamente disadattate. Oggi più che mai abbiamo bisogno di uomini disadattati come Azaria, Anania e Misaele, i quali, avendo ricevuto dal re Nabucodonosor l'ordine di inginocchiarsi dinanzi a un simulacro d'oro, dissero in termini inequivocabili: «[...] Sappi però che il nostro Dio, che serviamo, può liberarci. [...] Ma anche se non ci liberasse, sappi, o re, che noi non serviremo mai i tuoi dei [...]» (Daniele 3,17-18); come Thomas Jefferson, che, in un'epoca in cui ci si era adattati alla schiavitù, scriveva: «Noi riteniamo che le seguenti verità siano di per se stesse evidenti; che tutti gli uomini sono stati creati uguali, che essi sono dotati dal loro Creatore di alcuni Diritti inalienabili, che fra questi sono la Vita, la Libertà e la ricerca della Felicità»[3]; come

---

[3] Dalla *Dichiarazione di indipendenza* degli Stati Uniti d'America.

Abraham Lincoln, il quale fu tanto saggio da comprendere che questa nazione non poteva sopravvivere mezza schiava e mezza libera; e più di tutti come nostro Signore che, vivendo circondato dal complesso apparato militare dell'Impero romano, ammoniva i discepoli dicendo: «[...] Tutti quelli che mettono mano alla spada periranno di spada» (Matteo 26,52). Grazie a un disadattamento di questo tipo, una generazione ormai decadente può essere riavvicinata a ciò che genera la pace.

L'onestà mi impone di ammettere che l'anticonformismo trasformato, che è sempre oneroso e mai del tutto agevole, può voler dire avanzare nella valle di lacrime della sofferenza, perdere il lavoro o sentirsi chiedere dalla figlia di sei anni: "Papà, perché devi andare in prigione tanto spesso?". Ma commetteremmo un gravissimo errore se pensassimo che il cristianesimo ci protegga dal dolore e dall'agonia dell'esistenza terrena. Il cristianesimo ha sempre insistito sul fatto che la croce che portiamo è l'anticipazione della corona che indosseremo. Per essere cristiani, dobbiamo prendere la nostra croce, con tutte le sue difficoltà e la sua dose di agonia e di tragedia, e portarla finché non lascia i suoi segni su di noi e ci redime elevandoci a quella condotta superiore che si raggiunge esclusivamente con la sofferenza.

In questi giorni di confusione universale, vi è un tremendo bisogno di uomini e di donne che combattano con coraggio in nome della verità. Abbiamo bisogno di cristiani che facciano riecheggiare le parole dette da John Bunyan al suo carceriere quando, dopo aver passato dodici anni in prigione, gli fu promessa la libertà se avesse accettato di smettere di predicare:

> [...] Ma se ancora non basterà, a meno di non fare della mia coscienza una continua strage e carneficina, a meno che, cavandomi gli occhi, non mi affidi al cieco perché mi guidi, cosa che dubito qualcuno potrebbe desiderare, ho deciso, con l'aiuto e la protezione di Dio Onnipotente, di continuare a soffrire, se questa fragile vita durerà ancora a lungo, anche fin quando sulle mie sopracciglia dovesse crescere il muschio, piuttosto che tradire in tal modo la mia fede e i miei principi.[4]

Dobbiamo operare una scelta. Continueremo a marciare al rullo di tamburo del conformismo e della rispettabilità, oppure, ascoltando il battito di un tamburo più lontano, ci muoveremo al ritmo della sua eco? Marceremo solo seguendo la musica del tempo, oppure, rischiando di subire critiche e insulti, seguiremo la musica dell'eternità che salva l'anima? Oggi più che mai, siamo messi alla prova dalle parole di ieri: «Non conformatevi alla mentalità di questo secolo, ma trasformatevi rinnovando la vostra mente» (Romani 12,2).

---

[4] William Hamilton Nelson, *Tinker and Thinker: John Bunyan*, 1928.

Dell'essere un buon prossimo

«E chi è il mio prossimo?».
LUCA 10,29

Vorrei parlarvi di un uomo buono, la cui vita esemplare sarà sempre un pungolo capace di tormentare la sonnacchiosa coscienza dell'umanità. La sua bontà non consisteva in una passiva adesione a un particolare credo, ma nell'impegno attivo in un'azione salvifica; non in un pellegrinaggio morale teso a raggiungere la propria meta, ma nell'etica d'amore che permeava il suo viaggio lungo la strada maestra della vita. Era buono perché era un buon prossimo.

La preoccupazione etica di quest'uomo è ben espressa in un meraviglioso racconto che inizia con una discussione teologica sul significato della vita eterna e finisce con una concreta dimostrazione di compassione su una strada pericolosa. Un uomo istruito alle finezze della legge giudaica chiede a Gesù: «Maestro, che devo fare per ereditare la vita eterna?». Gesù risponde prontamente: «Che cosa sta scritto nella Legge? Che cosa vi leggi?». Dopo un momento, il dottore della legge replica: «*Amerai il Signore Dio tuo con tutto il tuo cuore, con tutta la tua anima, con tutta la tua forza e con tutta la tua mente e il prossimo tuo come te stesso*». Ed ecco che Gesù pronuncia la frase decisiva: «Hai risposto bene; fa' questo, e vivrai».

Il dottore della legge era in imbarazzo. Perché mai, ci si potrebbe chiedere, un esperto della legge avrebbe dovuto fare una domanda a cui avrebbe saputo rispondere anche un novizio? Volendosi giustificare e dimostrare che la risposta di Gesù era tutt'altro che decisiva, il dottore della legge chiede: «E chi è il mio prossimo?». L'uomo aveva ormai impugnato le armi della polemica che avrebbe potuto trasformare la conversazione in un'astratta disputa teologica. Ma Gesù, deciso a non lasciarsi catturare dalla "paralisi dell'analisi", coglie la domanda sospesa a mezz'aria e la colloca su una curva pericolosa tra Gerusalemme e Gerico.

Narra infatti la storia di "un uomo" il quale, scendendo da Gerusalemme a Gerico, incappò nei briganti che lo spogliarono, lo bastonarono e ripartirono lasciandolo mezzo morto. Per caso, passò di là un sacerdote, ma, pur vedendolo, tirò dritto per la propria strada; poi anche un levita, che fece lo stesso. Infine comparve un samaritano, un mezzosangue di un popolo con cui gli ebrei non avevano rapporti. Quando vide l'uomo ferito, fu mosso a compassione, gli fornì i primi soccorsi, lo caricò sul suo animale e «lo portò a una locanda e si prese cura di lui».

Chi è il mio prossimo? "Non so come si chiami", risponde in pratica Gesù. "È ogni persona alla quale mostrate gentilezza, è chiunque si trovi nel bisogno al margine della strada della vita. Non è giudeo né gentile, né russo né americano, né nero né bianco. È solo 'un uomo' – chiunque si trovi nel bisogno – su una delle tante strade di Gerico della vita". È così che Gesù definisce il prossimo, non dal punto di vista teologico, ma in una situazione di vita reale.

In che cosa consiste la bontà del buon samaritano? Perché sarà sempre un modello delle virtù del buon vicinato? Mi pare che la bontà di quest'uomo si possa riassumere in una sola parola: altruismo. Il buon samaritano era altruista nell'intimo. Ma che cos'è l'altruismo? Il dizionario lo definisce la "considerazione e attenzione per l'interesse altrui". Il samaritano era buono perché faceva della premura per gli altri la prima legge della sua vita.

I

Il samaritano era animato da un *altruismo universale*. Aveva uno sguardo che riusciva ad andare oltre gli eterni conflitti di razza, religione e nazionalità. Una delle più grandi tragedie del lungo viaggio dell'umanità sui sentieri della storia è stata confinare la cura del prossimo alla tribù, alla razza, alla classe o alla nazione. Il Dio degli inizi dell'Antico Testamento era un dio tribale, e anche la morale era di stampo tribale. «Non uccidere» voleva dire: "Non uccidere un confratello israelita, ma, per amor di Dio, uccidi un filisteo". La democrazia greca riguardava una certa aristocrazia, ma non le orde di schiavi greci che con le loro fatiche costruirono le città-stato. L'universalismo che sta al centro della Dichiarazione d'Indipendenza è stato vergognosamente rinnegato dalla tragica propensione dell'America a sostituire "tutti" con "alcuni". Molti, al Nord come al Sud, pensano ancora che la frase «Tutti gli uomini sono stati creati uguali» significhi: "Tutti gli uomini bianchi sono stati creati uguali". La nostra incrollabile devozione al capitalismo monopolistico ci rende più sensibili alla sicurezza economica dei capitani d'industria che a quella degli operai, i quali, con il loro sudore e le loro capacità, mandano avanti l'industria.

Qual è la tragica conseguenza di questa visione limitata e centrata sugli interessi di un gruppo? La conseguenza è che ciò che accade a chi non fa parte del nostro gruppo non ci interessa. Se un americano si preoccupa solo del suo Paese, non si interesserà ai popoli di Asia, Africa o Sudamerica. Non è forse questo il motivo per cui le nazioni si lanciano nella follia della guerra senza mostrare il minimo segno di pentimento? Non è forse questa la ragione per cui l'assassinio di un cittadino della vostra nazione viene chiamato delitto, mentre quello dei cittadini di un altro Paese in guerra è un atto di eroica virtù? Se gli industriali si preoccupano solo del loro interesse personale, nel vedere migliaia di lavoratori privati del proprio lavoro e abbandonati su qualche strada di Gerico a causa dell'automazione, tireranno dritto dicendo che ogni passo verso una più equa distribuzione della ricchezza e una vita migliore per i lavoratori si chiama socialismo. Se un bianco si preoccupa solo della propria razza, vedendo un nero derubato del suo status di persona, privato del senso di dignità e lasciato a morire sul ciglio di qualche strada, passerà oltre con indifferenza.

Qualche anno fa, quando un'auto con a bordo diversi membri della squadra di pallacanestro di un college per neri ebbe un incidente su una statale del Sud, tre giovani rimasero gravemente feriti. Venne subito chiamata un'ambulanza ma, giunto sul luogo dell'incidente, l'autista, che era un bianco, disse senza nemmeno scusarsi che non era sua abitudine servire dei neri e se ne andò. Fu il tizio che guidava un'auto di passaggio a portare generosamente i ragazzi al più vicino ospedale. Quando li vide, il medico di turno si mise sul piede di guerra e disse: "Non accettiamo negri in questo ospedale". Quando finalmente i ragazzi arrivarono a un ospedale "per gente di colore" in una città a circa ottanta chilometri dal luogo dell'incidente, uno era già deceduto, mentre gli altri due morirono trenta e cinquanta minuti più tardi. Probabilmente, se avessero ricevuto cure immediate, si sarebbero potuti salvare tutti e tre. Questo è soltanto uno dei mille episodi disumani che si verificano ogni giorno nel Sud, inammissibile espressione delle barbare conseguenze di qualunque etica ponga al centro la tribù, la nazione, la razza.

La vera tragedia di un provincialismo così limitato è che consideriamo le persone come entità o addirittura come oggetti. Raramente le consideriamo persone nella loro vera *umanità*. È questa miopia spirituale a limitare la nostra visione delle disgrazie altrui: per noi gli uomini sono ebrei o gentili, cattolici o protestanti, cinesi o americani, neri o bianchi; non li consideriamo esseri umani uguali a noi, fatti della stessa sostanza fondamentale, modellati sulla stessa immagine divina. Il sacerdote e il levita videro solo un corpo sanguinante, non un essere umano come loro. Ma il buon samaritano ci ricorderà sempre di rimuovere dai nostri occhi spirituali le cataratte del provincialismo e di vedere gli uomini come uomini. Se il samaritano avesse considerato l'uomo ferito innanzitutto come un giudeo, non si sarebbe fermato, perché giudei e samaritani non avevano rapporti tra loro: ma lui lo vide prima di tutto come un essere umano che solo per caso era giudeo. Il buon prossimo è capace di guardare oltre i casi fortuiti e riesce a cogliere le qualità interiori che rendono tutti gli uomini umani e dunque fratelli.

II

Il samaritano era capace di un *altruismo pericoloso*. Rischiò la vita per salvare un suo fratello. Quando ci chiediamo perché il sacerdote e il levita non si fermarono ad aiutare il ferito, ci vengono in mente diverse ipotesi. Forse non potevano arrivare in ritardo a un'importante riunione ecclesiastica, forse le regole religiose vietavano loro di toccare un corpo umano per diverse ore prima di espletare le proprie funzioni al tempio. O forse erano diretti a una riunione organizzativa dell'Associazione per il miglioramento viario di Gerico. Certo, questa sarebbe stata una necessità oggettiva, dato che non basta aiutare un uomo ferito sulla strada di Gerico, ma è anche importante cambiare le condizioni che rendono possibili le rapine: la filantropia è encomiabile, ma non deve spingere chi la pratica a ignorare il contesto di ingiustizia economica che la rende necessaria. Forse il sacerdote e il levita credevano che fosse meglio eliminare alla radice la causa dell'ingiustizia piuttosto che soffermarsi su un singolo effetto di tale ingiustizia.

Queste sono solo alcune delle probabili ragioni per cui non si sono fermati, ma vi è anche un'altra possibilità, che spesso viene trascurata, e cioè che avessero paura. La via di Gerico era pericolosa. Quando io e mia moglie siamo andati in Terra Santa, abbiamo noleggiato una macchina e siamo andati da Gerusalemme a Gerico. Mentre scendevamo lentamente lungo quella tortuosa strada di montagna, le ho detto: "Adesso capisco perché Gesù ha scelto questa strada per ambientare la sua parabola". Gerusalemme è a circa 750 metri sul livello del mare, mentre Gerico è a quasi 300 metri sotto il livello del mare. La discesa si compie in poco più di 30 chilometri. Sono molte le curve a gomito perfette per un'imboscata, che espongono il viaggiatore ad attacchi improvvisi. Anticamente, la strada era chiamata "Sentiero maledetto". Perciò è possibile che il sacerdote e il levita temessero che, fermandosi, sarebbero stati assaliti anche loro. Magari i briganti erano ancora in zona, o magari l'uomo a terra ferito stava fingendo, perché voleva far avvicinare eventuali passanti per poterli rapinare in modo facile e veloce. Immagino che la prima domanda che il prete e il levita si sono posti sia stata: "Se mi fermo ad aiutare quest'uomo, che ne sarà di me?". Ma, per la natura stessa del suo interessamento, il buon samaritano si è posto la domanda contraria: "Se non mi fermo ad aiutare quest'uomo, che ne sarà di lui?". Il buon samaritano ha praticato un altruismo pericoloso.

Ci chiediamo spesso: "Che ne sarà del mio lavoro, del mio prestigio o del mio status sociale se prendo posizione su questo argomento? La mia casa sarà forse bombardata, la mia vita minacciata, verrò forse messo in prigione?". L'uomo buono si pone sempre la domanda opposta. Albert Schweitzer non si chiese: "Che ne sarà del mio prestigio, della mia sicurezza come professore universitario e del mio ruolo di organista esecutore di Bach se lavoro con gli africani?", ma al contrario: "Che ne sarà di questi milioni di persone colpite dalla forza dell'ingiustizia, se non le aiuto?". Abraham Lincoln non si chiese: "Che ne sarà di me, se emetto il Proclama di emancipazione e pongo fine alla schiavitù?", ma al contrario: "Che ne sarà dell'Unione e di milioni di neri, se non lo faccio?". Il professionista di colore non si chiede: "Che ne sarà della mia posizione sicura, del mio status di cittadino della classe media o della mia sicurezza personale, se prendo parte al movimento per mettere fine alla segregazione?", ma al contrario: "Che ne sarà della causa della giustizia e delle masse di neri che non hanno mai sperimentato il benessere della sicurezza economica, se non partecipo attivamente e coraggiosamente al movimento?".

Un uomo non si misura per come agisce nei facili momenti di benessere, ma per come si comporta in quelli di sfida e contrasto. Il vero prossimo rischierà la sua posizione, il prestigio e anche la vita per il benessere altrui. Per valli pericolose e sentieri rischiosi, eleverà il fratello ferito e sconfitto a una vita più alta e nobile.

III

Il samaritano era anche caratterizzato da un *altruismo eccessivo*. Fasciò le ferite dell'uomo con le sue stesse mani, poi lo fece montare in groppa al suo animale: sarebbe stato più facile pagare un'ambulanza perché portasse lo sfortunato all'ospedale, invece che rischiare di macchiarsi di sangue l'abito di buon taglio.

Il vero altruismo va oltre la capacità di provare pietà: significa essere capaci di solidarietà. La pietà può essere poco più della premura indifferente che spinge a inviare un assegno, ma la vera solidarietà è il coinvolgimento personale che esige il dono della propria anima. La pietà può nascere dall'interesse per un concetto astratto di umanità, ma la solidarietà nasce dalla premura per un certo essere umano bisognoso che giace ai margini della strada della vita. La solidarietà è un sentimento di vicinanza nei riguardi di una persona che si trova nel bisogno: per il suo dolore, la sua angoscia, i suoi fardelli. Se sono fondati sulla pietà, piuttosto che sulla vera solidarietà, i nostri sforzi missionari falliscono. Invece di cercare di fare qualcosa *con* le popolazioni africane e asiatiche, troppo spesso abbiamo cercato soltanto di fare qualcosa *per* loro. Lo sfoggio di pietà privo di autentica solidarietà genera una nuova forma di paternalismo che nessuna persona dotata di amor proprio dovrebbe accettare. Il denaro avrà anche il potenziale per aiutare i figli di Dio feriti sulla strada di Gerico della vita, ma se non viene distribuito da mani compassionevoli non arricchirà né chi lo offre né chi lo riceve. In Africa sono stati inviati milioni di dollari per mano di gente di Chiesa che morirebbe milioni di volte prima di concedere a un solo africano il privilegio di unirsi alla sua congregazione. In Africa vengono investiti milioni di dollari dei Corpi di Pace grazie al voto di uomini che lottano senza sosta per impedire agli ambasciatori africani di venire ammessi nei loro circoli diplomatici o di stabilire la residenza nel loro quartiere esclusivo. Se cercheranno di fare qualcosa *per* i popoli svantaggiati del mondo, i Corpi di Pace falliranno, ma se cercheranno creativamente di fare qualcosa *con* loro, riusciranno nell'intento. Falliranno nella manovra negativa per sconfiggere il comunismo, avranno successo solo nello sforzo positivo di spazzare via dalla terra povertà, ignoranza e malattia. Il denaro senza amore è come il sale senza sapore, buono solo per essere calpestato dagli uomini. Il vero amore per il prossimo implica un coinvolgimento personale. Il samaritano usò le proprie mani per fasciare le ferite del corpo dell'uomo derubato, ma dispensò anche un amore traboccante per lenire le ferite del suo spirito affranto.

Un'altra manifestazione di altruismo eccessivo da parte del samaritano fu la sua disponibilità ad andare ben oltre il dovuto. Dopo aver curato le ferite dell'uomo, lo fece montare sul suo animale, lo portò in una locanda e lasciò dei soldi affinché venisse curato, mettendo in chiaro che, nel caso si fossero rese necessarie altre spese, le avrebbe sostenute con piacere. «[...] Ciò che spenderai in più, te lo rifonderò al mio ritorno». Anche se non fosse arrivato a tanto, avrebbe più che adempiuto a ogni possibile precetto relativo al dovere verso uno sconosciuto ferito. Si spinse ben oltre un'azione caritatevole: il suo amore era completo.

Il dottor Harry Emerson Fosdick ha operato una distinzione calzante tra obblighi vincolanti e obblighi non vincolanti. I primi sono regolati dai codici della società e fatti energicamente rispettare dalle forze dell'ordine. L'infrazione di tali obblighi, analizzata in migliaia di pagine di testi legali, ha riempito tante carceri. Ma gli obblighi non vincolanti rimangono fuori dalla portata delle leggi della società: riguardano gli atteggiamenti interiori, i rapporti autentici tra le persone e le manifestazioni di compassione che i libri di legge non possono regolare né le carceri correggere. Tali obblighi vengono onorati affidandosi a una legge interiore, scritta nel cuore. Le leggi fatte dall'uomo garantiscono la giustizia, ma è una legge più elevata a produrre l'amore. Nessun codice di condotta ha mai spinto un padre ad amare i propri figli o un marito a dimostrare affetto alla moglie. Il tribunale può costringerlo a pagare gli alimenti alla famiglia, ma non potrà mai indurlo a donarle il pane dell'amore. Un buon padre obbedisce a un qualcosa che non è vincolante. Il buon samaritano rappresenta la coscienza dell'umanità, perché anche lui obbediva a qualcosa che non poteva essere vincolante. Nessuna legge al mondo avrebbe potuto produrre una compassione così autentica, un amore così genuino, un così totale altruismo.

Oggi, nel nostro Paese si svolge una lotta immensa, una lotta per sconfiggere un demone malvagio chiamato segregazione e il suo inseparabile gemello, chiamato discriminazione, un demone che ha vagato per questo Paese per quasi un centinaio d'anni, privando milioni di persone di colore della loro dignità e derubandole del diritto alla libertà.

Non cediamo mai alla tentazione di credere che leggi e sentenze svolgano un ruolo secondario nella soluzione di questo problema. L'etica non può essere regolamentata per legge, ma il comportamento sì. Le sentenze non possono trasformare i cuori, ma possono tenere a freno i senza cuore. La legge non può obbligare un datore di lavoro ad amare i suoi dipendenti, ma può impedirgli di rifiutarsi di assumermi a causa del colore della mia pelle. Le consuetudini, se non i cuori, delle persone sono state e sono ogni giorno modificate da atti legislativi, decisioni giudiziarie e ordini esecutivi. Non lasciamoci fuorviare da chi sostiene che la fine della segregazione non si può imporre per legge.

Pur riconoscendo tutto questo, però, dobbiamo ammettere che la soluzione definitiva al problema razziale sta nella disponibilità degli uomini a obbedire a mandati non vincolanti. Le ordinanze dei tribunali e le forze di polizia sono preziosissime per mettere fine alla segregazione, ma la desegregazione è solo il primo, indispensabile passo verso la meta finale che cerchiamo di raggiungere, e cioè un modo di vivere davvero interrazziale e interpersonale. La desegregazione abbatterà le barriere legali e avvicinerà fisicamente le persone, ma affinché si incontrino sul piano spirituale, perché è naturale e giusto, qualcosa dovrà toccare loro il cuore e l'anima. La rigorosa applicazione delle leggi sui diritti civili metterà fine alla segregazione nei luoghi pubblici, che è un ostacolo a una società veramente desegregata, ma non può mettere fine a paure, pregiudizi, superbia e irrazionalità, ostacoli a una società autenticamente integrata. Tali atteggiamenti cupi e diabolici verranno cancellati solo quando gli uomini saranno guidati dall'invisibile legge interiore che incide nei loro cuori la convinzione che tutti gli uomini sono fratelli e che l'amore è l'arma più potente che l'umanità ha a disposizione per giungere a una trasformazione personale e sociale. La vera integrazione si realizzerà grazie a persone che diventino il vero "prossimo" e obbediscano di buon grado a obblighi non vincolanti.

Come mai prima d'ora, cari amici, gli uomini di ogni razza e nazionalità sono oggi chiamati a essere il "prossimo" altrui. L'appello a una politica mondiale di buon vicinato è ben più che un'effimera parola d'ordine: è un appello a uno stile di vita in grado di trasformare l'imminente lamento funebre planetario in un salmo di realizzazione creativa. Non possiamo più permetterci il lusso di tirare dritto e continuare per la nostra strada. Se un tempo una follia del genere veniva definita fallimento morale, oggi condurrebbe al suicidio universale. Non possiamo più sopravvivere spiritualmente divisi in un mondo geograficamente unito. In ultima analisi, non devo ignorare l'uomo ferito sulla strada di Gerico della vita, perché è parte di me e io sono parte di lui. La sua agonia mi mortifica, la sua salvezza mi eleva.

Nel nostro tentativo di rendere l'amore dei buoni vicini una realtà, oltre che dall'esempio illuminante del buon samaritano, possiamo farci guidare dalla nobile vita di nostro Signore. Il suo altruismo era universale, perché considerava tutti gli uomini fratelli, pubblicani e peccatori compresi. Il suo altruismo era pericoloso, perché scelse di percorrere strade rischiose in nome di una causa che riteneva giusta. Il suo altruismo era eccessivo perché scelse di morire sul Calvario, nella più sublime espressione di obbedienza agli obblighi non vincolanti della storia.

L'amore in azione

Allora Gesù diceva: «Padre, perdonali,
perché non sanno quello che fanno».
LUCA 23,34

Ben poche parole del Nuovo Testamento esprimono in modo più chiaro e solenne la generosità di Gesù della sua sublime invocazione dalla croce: «Padre, perdonali, perché non sanno quello che fanno». Questa è la forma più alta di amore.

Non comprenderemo appieno il profondo significato della preghiera di Gesù finché non noteremo innanzitutto che il testo si apre con la parola "allora". Il versetto immediatamente precedente dice così: «Quando giunsero al luogo detto Calvario, là crocifissero lui e i due malfattori, uno a destra e l'altro a sinistra». Allora Gesù diceva: «Padre, perdonali». *Allora*, mentre veniva sprofondato nell'abisso di un'insopportabile agonia. *Allora*, quando l'uomo aveva dato il peggio di sé. *Allora*, mentre stava per affrontare la più ignobile delle morti. *Allora*, quando le mani empie della creatura avevano osato crocifiggere l'unigenito Figlio del Creatore. Allora Gesù disse: «Padre, perdonali». Quell'"allora" avrebbe potuto essere qualcosa di molto diverso. Gesù avrebbe potuto dire: "Padre, vendicati di loro", oppure: "Padre, scaglia i potenti fulmini della tua giusta ira e distruggili", o ancora: "Padre, spalanca le cateratte della giustizia e lascia che l'inarrestabile valanga del castigo si abbatta su di loro". Eppure non reagì in nessuno di questi modi: benché sottoposto a un'inesprimibile agonia, pur soffrendo tormenti inenarrabili, per quanto disprezzato e reietto, nonostante tutto gridò: «Padre, perdonali».

Concentriamoci su due lezioni fondamentali che si possono trarre da questo testo.

I

Innanzitutto, si tratta di una meravigliosa espressione della capacità di Gesù di combinare azioni e parole. Una delle grandi tragedie della vita è che raramente gli esseri umani colmano l'abisso esistente tra l'atto pratico e dichiarazione di principi, tra il fare e il dire. Molti di noi si rivoltano contro se stessi a causa di una persistente schizofrenia. Quante volte la nostra vita è caratterizzata da una pressione alta di principi e un'anemia di azioni! Siamo sempre pronti a parlare in modo eloquente del nostro impegno verso i principi del cristianesimo, eppure la nostra vita è satura di pratiche pagane. Ci proclamiamo devoti alla democrazia, ma purtroppo ci comportiamo all'esatto opposto del credo democratico. Parliamo con trasporto della pace, e intanto ci prepariamo assiduamente alla guerra. Lanciamo appelli accorati a favore della buona strada della giustizia, ma percorriamo risoluti la cattiva strada dell'ingiustizia. È questa strana dicotomia, questo angoscioso abisso tra il *dover essere* e l'*essere*, a rappresentare la tragica colonna sonora del pellegrinaggio terreno dell'uomo.

Nella vita di Gesù, invece, vediamo che il divario è stato colmato. Mai nella storia vi fu esempio più sublime di coerenza tra parole e azioni. Durante il suo ministero negli assolati villaggi della Galilea, Gesù parlò con fervore del perdono. Quella strana dottrina destò la mente curiosa di Pietro: «Signore, quante volte dovrò perdonare al mio fratello, se pecca contro di me? Fino a sette volte?» (Matteo 18,21). Pietro voleva attenersi alla legge e alla matematica. Ma Gesù gli rispose affermando che non vi sono limiti al perdono: «Non ti dico fino a sette, ma fino a settanta volte sette». In altre parole, il perdono non è una questione di quantità, ma di qualità. Non si può perdonare quattrocentonovanta volte senza che il perdono entri a far parte del proprio schema di abitudini. Il perdono non è un atto sporadico, è un atteggiamento costante.

Gesù ammoniva i suoi seguaci ad amare anche i nemici e a pregare per coloro che li trattavano con disprezzo. Questo insegnamento giunse all'orecchio di molti di loro come una strana musica proveniente da una terra straniera. Le loro orecchie non erano abituate alla melodia di un amore così sorprendente. Avevano imparato ad amare gli amici e a odiare i nemici, la loro vita era stata condizionata a cercare giustizia nell'antica consuetudine della vendetta: ed ecco che Gesù insegnava loro che solo provando un amore costruttivo per i propri nemici potevano dirsi figli del Padre che stava nei cieli, e che amore e perdono erano necessità fondamentali per la maturità spirituale.

Arriva dunque il momento della prova. Cristo, l'innocente Figlio di Dio, viene inchiodato in dolorosa agonia a una croce. Quanto spazio rimane, adesso, per l'amore e il perdono? Come reagirà Gesù? Che cosa dirà? La risposta a queste domande si manifesta in tutto il suo splendore: Gesù solleva la testa coronata di spine e grida parole di proporzioni cosmiche: «Padre, perdonali, perché non sanno quello che fanno». Quella fu l'ora suprema di Gesù; quella fu la sua celestiale risposta al suo appuntamento terreno con il destino.

Avvertiamo la grandezza di questa preghiera mettendola a confronto con la natura, la quale, imbrigliata nell'imprescindibilità della propria struttura impersonale, non perdona. Nonostante le disperate invocazioni di uomini colti di sorpresa da un uragano o il grido d'angoscia di un operaio che cade dall'impalcatura, la natura manifesta solo una fredda, serena e spassionata indifferenza. Deve onorare eternamente le proprie leggi fisse e immutabili, e quando queste vengono violate, non ha altra alternativa che proseguire inesorabilmente sul suo cammino sempre uguale. La natura non perdona, né può perdonare.

Possiamo anche mettere a confronto la preghiera di Gesù con la lentezza dell'uomo nel perdonare. Viviamo in base alla convinzione che nella vita si debbano pareggiare i conti e salvare la faccia. Ci inchiniamo davanti all'altare della vendetta. Sansone, cieco a Gaza, prega con fervore per i propri nemici, ma solo perché vengano completamente distrutti. La potenziale bellezza della vita umana è costantemente sciupata dal ricorrente canto di vendetta dell'uomo.

Potemmo infine mettere a confronto quella preghiera con una società che è ancora meno incline al perdono. La società deve avere i suoi principi, le sue regole e le sue usanze. Deve avere leggi e vincoli giudiziari. Chi non rispetta questi principi o disobbedisce alle leggi spesso viene abbandonato in un cupo abisso di condanna, senza nemmeno la speranza di una seconda possibilità. Chiedete a una giovane innocente che, dopo un momento di passione irrefrenabile, diventa madre di un figlio illegittimo: vi dirà che la società è lenta a perdonare. Chiedete a un funzionario pubblico che, in un attimo di disattenzione, tradisce la fiducia della gente: vi dirà che la società è lenta a perdonare. Andate in qualunque prigione e chiedete ai detenuti, che hanno scritto parole vergognose sulle pagine della loro vita: da dietro le sbarre vi diranno che la società è lenta a perdonare. Avvicinatevi alle celle del braccio della morte e parlate con le infelici vittime della criminalità: mentre si preparano a compiere il breve e penoso tragitto che li porterà alla sedia elettrica, vi grideranno disperati che la società non perdona. La pena capitale è la conferma definitiva, da parte della società, che non perdonerà mai.

Questa è la sempiterna storia della vita mortale. Gli oceani della storia sono agitati dalle maree costanti della vendetta. L'uomo non si è mai innalzato al di sopra del comandamento della *lex talionis*: «Vita per vita: occhio per occhio, dente per dente, mano per mano, piede per piede» (Esodo 21,23-24). Sebbene la legge del taglione non risolva alcun problema sociale, gli uomini continuano a piegarsi ai suoi disastrosi dettami. La storia è cosparsa dalle macerie di nazioni e individui che hanno seguito questa strada controproducente.

Dalla croce, Gesù affermò con eloquenza una legge superiore. Sapeva che l'antica filosofia dell'occhio per occhio avrebbe reso tutti ciechi e non cercò di vincere il male con il male: lo vinse con il bene. Per quanto crocifisso dall'odio, rispose con un amore bellicoso.

Che lezione magnifica! Intere generazioni nasceranno e periranno, gli esseri umani continueranno ad adorare il dio della vendetta prostrandosi dinanzi all'altare della ritorsione, ma questa mirabile lezione del Calvario sarà sempre lì a ricordarci che solo la bontà può eliminare il male e solo l'amore può sconfiggere l'odio.

II

Dalla preghiera di Gesù sulla croce deriva una seconda lezione. Ci dice quanto Gesù fosse consapevole della cecità intellettuale e spirituale dell'uomo. «Non sanno quello che fanno», disse. Gli uomini erano ciechi e avevano bisogno dell'illuminazione. Dobbiamo riconoscere che Gesù non fu inchiodato sulla croce solo dal peccato, ma anche dalla cecità. Gli uomini che gridavano «Crocifiggilo» non erano cattivi, ma ciechi. La folla in subbuglio assiepata ai margini della via che portava al Calvario non era composta da gente cattiva, ma da gente cieca. Non sapevano quello che facevano. Che tragedia!

La storia trabocca di testimonianze di questa vergognosa tragedia. Molti secoli fa, un saggio di nome Socrate fu costretto a bere la cicuta. Quelli che lo mandarono a morte non erano uomini cattivi nelle cui vene scorreva il sangue del demonio, anzi: erano onesti e rispettabili cittadini greci. Pensavano sinceramente che Socrate fosse ateo, perché la sua idea di Dio aveva una profondità filosofica che andava oltre i concetti tradizionali. Non fu la malvagità a uccidere Socrate, ma la cecità. Nel perseguitare i cristiani, Saulo non aveva cattive intenzioni: era un seguace sincero e coscienzioso della fede di Israele e pensava di essere nel giusto. Non perseguitava i cristiani perché privo di integrità morale, ma di illuminazione. I cristiani che hanno intrapreso persecuzioni infami e inquisizioni vergognose non erano cattivi, ma in errore. Gli uomini di chiesa che ritenevano di aver ricevuto l'editto divino di opporsi al progresso della scienza, sia nella forma della rivoluzione copernicana, sia in quella della teoria darwiniana della selezione naturale non erano cattivi, solo male informati. Così le parole di Gesù dalla croce sono incise a fondo su alcune delle tragedie più inesprimibili della storia: «Non sanno quello che fanno».

Questa tragica cecità si manifesta in molte forme nefaste anche ai giorni nostri. Vi sono uomini che pensano ancora che la guerra sia la risposta ai problemi del mondo. Non sono malvagi, anzi, sono cittadini buoni e rispettabili le cui idee sono ammantate di patriottismo. Parlano di politica del rischio calcolato e di equilibrio del terrore; pensano sinceramente che proseguire la corsa agli armamenti avrà più conseguenze positive che negative, perciò chiedono a gran voce bombe più potenti, scorte nucleari più ricche e missili balistici più veloci.

La saggezza che nasce dall'esperienza dovrebbe insegnarci che la guerra è antiquata. Forse un tempo è servita come bene negativo per evitare la diffusione e la crescita di una forza malvagia, ma il potere di distruzione delle armi moderne elimina la minima possibilità che la guerra possa fungere da bene negativo. Se ammettiamo che la vita è degna di essere vissuta e che l'uomo ha il diritto di sopravvivere, dobbiamo trovare un'alternativa alla guerra. In un'epoca in cui le navicelle sfrecciano nello spazio cosmico e i missili balistici telecomandati aprono strade di morte nella stratosfera, nessuna nazione può cantare vittoria in un conflitto. Una guerra cosiddetta limitata avrebbe un tragico lascito di sofferenza umana, disordini politici e sconforto spirituale. Una guerra mondiale – che Dio ce ne scampi! – si lascerebbe dietro solo ceneri ardenti, quale muta testimonianza del fatto che la follia della razza umana ha portato inesorabilmente a una morte prematura. Eppure, qualcuno crede davvero che il disarmo sia un male e i negoziati internazionali una deprecabile perdita di tempo. Il nostro mondo è minacciato dalla tremenda prospettiva della distruzione atomica perché vi sono ancora troppe persone che non sanno quello che fanno.

Notiamo inoltre quanto siano vere queste parole in riferimento ai rapporti interrazziali. La schiavitù in America è stata perpetuata non solo dalla cattiveria, ma anche dalla cecità umana. Certo, la causa principale dello schiavismo dev'essere in larga misura ricondotta al fattore economico. Gli uomini si erano convinti che un sistema così conveniente dal punto di vista economico dovesse essere giustificabile da quello etico. Hanno quindi formulato elaborate teorie della superiorità razziale, servendosi di giustificazioni che nascondevano evidenti iniquità sotto le mentite spoglie della giustizia. Questo tragico tentativo di convalidare moralmente un sistema economicamente vantaggioso ha dato luogo alla dottrina della supremazia bianca. Per cristallizzare lo *status quo* sono state tirate in ballo la religione e la Bibbia. La scienza è stata costretta a dimostrare l'inferiorità biologica dei neri. Persino la logica filosofica è stata manipolata per dare credibilità intellettuale allo schiavismo. Qualcuno ha persino teorizzato l'inferiorità dei neri applicando lo schema del sillogismo aristotelico:

> Tutti gli uomini sono fatti a immagine di Dio;
> Dio, come tutti sanno, non è nero;
> quindi, i neri non sono uomini.

Così facendo hanno comodamente distorto le nozioni derivate dalla religione, dalla scienza e dalla filosofia per affermare la dottrina della supremazia bianca. In breve tempo, quest'idea è comparsa su tutti i libri di testo ed è stata predicata da quasi tutti i pulpiti; è diventata parte integrante della cultura. E a quel punto gli uomini hanno accettato questa dottrina, non in quanto giustificazione di una bugia, ma come espressione di una verità inconfutabile. Sono arrivati a credere davvero che i neri fossero inferiori per natura e che la schiavitù fosse stata decretata da Dio. Nel 1857, lo schiavismo ha ottenuto un forte sostegno giuridico grazie ai provvedimenti della Suprema Corte di giustizia degli Stati Uniti nel caso Dred Scott contro Sandford. La Corte ha dichiarato che i neri non detenevano diritti che i bianchi fossero obbligati a rispettare. I giudici che hanno emesso questa sentenza non erano uomini malvagi, ma persone devote e perbene, le quali tuttavia erano vittime della cecità spirituale e intellettuale. Non sapevano quello che facevano. L'intero apparato dello schiavismo è stato in gran parte perpetuato da persone sincere ma spiritualmente ignoranti.

Questa tragica cecità si ritrova anche nella segregazione razziale, cugina non troppo alla lontana della schiavitù. Alcuni dei più convinti difensori della segregazione hanno convinzioni sincere e motivazioni oneste. Sebbene alcuni siano segregazionisti solo per ragioni di convenienza politica e vantaggio economico, non tutta la resistenza all'integrazione è opposta da fanatici di professione. Alcuni credono davvero che il loro tentativo di preservare la segregazione sia la soluzione migliore per sé, i loro figli e il loro Paese. Per lo più si tratta di brave persone di chiesa, radicate nella fede religiosa delle madri e dei padri. Costrette a giustificare le loro convinzioni dal punto di vista religioso, arrivano a sostenere che il primo segregazionista della storia sia stato nientemeno che Dio. Dicono: "Gli uccelli rossi e quelli azzurri non volano insieme". La loro idea di segregazione, insistono, può essere spiegata razionalmente e giustificata dal punto di vista etico. Costretti a difendere la convinzione che i neri siano inferiori, ricorrono a qualche testo pseudoscientifico e sostengono che il cervello dei neri è più piccolo di quello dei bianchi. Non sanno, o non vogliono sapere, che l'idea di una razza inferiore o superiore è stata confutata su basi solide dalla scienza dell'antropologia. Grandi antropologi come Ruth Benedict, Margaret Mead e Melville J. Herskovits concordano nel sostenere che, sebbene in tutte le razze vi possano essere individui inferiori e individui superiori, non esiste una razza superiore o inferiore. E i segregazionisti rifiutano di riconoscere che la scienza ha dimostrato l'esistenza di quattro gruppi sanguigni, i quali si trovano in ogni gruppo razziale. Credono ciecamente alla perenne validità di una sciagura chiamata segregazione e all'eterna verità di una chimera chiamata supremazia bianca. Che tragedia! Milioni di neri sono stati crocifissi da una coscienziosa cecità. Come Gesù sulla croce, dobbiamo guardare con amore i nostri oppressori e dire: «Padre, perdonali, perché non sanno quello che fanno».

III

In base a tutto quello che ho tentato di spiegare dovrebbe ormai essere chiaro che sincerità e coscienziosità di per sé non bastano. La storia ha dimostrato che queste nobili virtù possono degenerare in tragici vizi. Niente al mondo è più pericoloso dell'ignoranza sincera e della stupidità coscienziosa. Shakespeare ha scritto:

Perché le cose più dolci diventano le più aspre con i loro atti: gigli che marciscono puzzano assai peggio che erbacce.[1]

---

[1] *Sonetto* XCIV.

In quanto suprema custode morale della comunità, la Chiesa deve esortare gli uomini a essere buoni e benintenzionati, e deve esaltare le virtù della gentilezza e della coscienziosità. Ma a un certo punto deve anche ricordare agli uomini che, private dell'intelligenza, bontà e coscienziosità diventano forze brute che portano a vergognose crocifissioni. La Chiesa non deve mai stancarsi di ricordare agli uomini che hanno la responsabilità morale di essere intelligenti.

Non dobbiamo forse riconoscere che la Chiesa ha spesso trascurato la necessità etica di tale dote illuminata? A volte si è espressa come se l'ignoranza fosse una virtù e l'intelligenza un delitto. Con il suo oscurantismo, la sua chiusura mentale e l'ostinata resistenza a ogni nuova verità, senza rendersene conto la Chiesa ha spesso incoraggiato i fedeli a guardare con sospetto l'intelligenza.

Ma se vogliamo dirci cristiani, faremmo meglio a evitare la cecità intellettuale e morale. Nel Nuovo Testamento siamo continuamente avvertiti di quanto sia necessaria un'illuminazione. Ci viene comandato di amare Dio non solo con il cuore e con l'anima, ma anche con la mente. Quando l'apostolo Paolo notò la cecità di molti dei suoi oppositori, disse: «Rendo infatti loro testimonianza che hanno zelo per Dio, ma non secondo una retta conoscenza» (Romani 10,2). La Bibbia ci ammonisce incessantemente dei pericoli insiti nello zelo privo di conoscenza e nella sincerità priva di intelligenza.

Abbiamo dunque il duplice mandato di vincere il peccato e sconfiggere l'ignoranza. In questo momento l'uomo moderno sta incontrando il caos, non solo per colpa della cattiveria umana, ma anche per via della stupidità. Se la civiltà occidentale continuerà a degenerare finché, come le ventiquattro che l'hanno preceduta, precipiterà disperatamente in un vuoto senza fondo, non sarà solo per la sua innegabile immoralità, ma anche per la sua tremenda cecità. E se la democrazia americana si disintegrerà poco a poco, ciò avverrà per mancanza sia di comprensione sia di impegno verso ciò che è giusto. Se l'uomo moderno continuerà a flirtare con la guerra e alla fine trasformerà il suo ambiente naturale in un inferno che nemmeno la mente di Dante avrebbe potuto concepire, la colpa sarà della malvagità, ma anche di una stupidità bella e buona.

«Non sanno quello che fanno», ha detto Gesù. La cecità era il male che li affliggeva. E il punto cruciale della questione è questo: scegliamo di essere ciechi. A differenza della cecità fisica, che in genere colpisce per cause naturali che sono al di fuori del nostro controllo, la cecità intellettuale e morale è un dilemma che purtroppo gli esseri umani si autoinfliggono facendo cattivo uso della libertà e trascurando di utilizzare la mente al massimo delle sue capacità. Un giorno impareremo che il cuore non può mai avere pienamente ragione se la testa ha pienamente torto. Solo mettendo d'accordo testa e cuore – intelligenza e bontà – l'uomo potrà elevarsi fino a realizzare la sua vera natura. Con questo non si vuole dire che per poter condurre una buona vita si debba essere filosofi o possedere una vasta cultura accademica. Conosco molte persone che hanno frequentato poco la scuola ma possiedono grande intelligenza e perspicacia. L'invito all'intelligenza è un appello all'apertura mentale, al buonsenso e all'amore per la verità. È un appello a sollevarsi al di sopra della palude della chiusura mentale e della paralisi della credulità. Non è necessario essere insigni studiosi per avere una mente aperta, né brillanti accademici per impegnarsi nell'assidua ricerca della verità.

La luce è giunta nel mondo. Una voce che grida attraverso i secoli invita gli esseri umani a camminare nella luce. Se l'uomo non ascolta questo appello, la sua vita terrena diventerà un tragico lamento funebre planetario. «E il giudizio è questo», dice Giovanni, «la luce è venuta nel mondo, ma gli uomini hanno preferito le tenebre alla luce» (Giovanni 3,19).

Gesù aveva ragione riguardo agli uomini che lo crocifissero: non sapevano quello che facevano; erano afflitti da una terribile cecità.

Ogni volta che guardo la croce, ripenso alla grandezza di Dio e alla potenza redentrice di Gesù Cristo. Penso alla bellezza dell'amore sacrificale e alla grandiosità di un'incrollabile devozione alla verità. E questo mi fa dire con John Bowring:

Nella croce di Cristo gioisco,
torreggiante sulle rovine del tempo;

tutta la luce della storia sacra
si raccoglie intorno alla sua cima sublime.

Sarebbe meraviglioso se dovessi guardare la croce e provare solo una commozione tanto intensa. In un modo o nell'altro, invece, non riesco mai a distogliere gli occhi dalla croce senza rendermi anche conto che rappresenta una strana mescolanza di grandezza e meschinità, di bene e di male. Contemplando quella croce, non ripenso solo all'illimitato potere di Dio, ma anche alla debolezza dell'uomo. Non penso solo allo splendore del divino, ma anche alla meschinità dell'uomo. Non penso solo al Cristo nel suo momento più alto, ma all'uomo al suo peggio.

Dobbiamo considerare la croce il simbolo magnifico di un amore che vince l'odio e della luce che vince le tenebre, ma mentre pronunciamo queste parole non dimentichiamo mai che il nostro Signore e Maestro fu inchiodato a quella croce a causa della cecità umana. Coloro che lo hanno crocifisso non sapevano quello che facevano.

Amate i vostri nemici

«Avete inteso che fu detto:
Amerai il tuo prossimo e odierai
il tuo nemico; ma io vi dico: amate
i vostri nemici e pregate per i vostri persecutori,
perché siate figli del Padre vostro celeste [...]».
MATTEO 5,43-45

Forse nessun comandamento di Gesù e stato così difficile da seguire quanto «amate i vostri nemici». Alcuni hanno sinceramente pensato che metterlo in pratica fosse impossibile. È facile, dicono, amare quelli che ci amano, ma come possiamo amare quelli che apertamente e insidiosamente cercano di distruggerci? Altri, come il filosofo Nietzsche, sostengono che l'esortazione di Gesù ad amare i propri nemici dimostra che la morale cristiana è concepita per i deboli e i vili e non per i forti e i coraggiosi. Gesù, dicono, era un idealista privo di senso pratico.

Nonostante queste domande insistenti e queste continue obiezioni, il comandamento di Gesù ci chiama con urgenza nuova. Una serie ininterrotta di catastrofi ci ha fatto capire che l'uomo moderno è in cammino su una strada che si chiama odio, in un viaggio che lo porterà alla distruzione e alla dannazione. Ben lungi dall'essere la pia raccomandazione di un sognatore utopista, il comandamento di amare i propri nemici è una necessità assoluta per la nostra sopravvivenza. Dare amore persino ai nemici è la chiave per risolvere i problemi del nostro mondo. Gesù non è un idealista privo di senso pratico, è un realista pratico.

Sono certo che Gesù comprendeva bene quanto fosse difficile amare i propri nemici. Non è mai stato tra le fila di coloro che parlano con leggerezza di quanto sia facile condurre una vita etica. Si rendeva conto che ogni autentica espressione d'amore nasce dal profondo e totale abbandono a Dio. Perciò, quando ha detto «amate i vostri nemici», non dimenticava certo le drastiche implicazioni di queste parole. Eppure, ha pronunciato ogni parola con convinzione. In quanto cristiani, è nostra responsabilità scoprire il significato di questo comandamento e cercare di viverlo con ardore nella nostra vita quotidiana.

I

Cerchiamo di essere pratici e chiediamoci: *in che modo possiamo amare i nostri nemici?*

Innanzitutto, dobbiamo sviluppare e coltivare la capacità di perdonare. Chi è incapace di perdono è anche incapace di amore. È impossibile anche solo iniziare ad amare i propri nemici senza prima accettare la necessità continua di perdonare chi ci fa del male e ci offende. Dobbiamo anche renderci conto che l'atto del perdono deve sempre partire dalla persona che ha ricevuto il torto, da chi ha patito qualche grave offesa, da chi ha subito un'ingiustizia o un'orribile prevaricazione. Colui che ha commesso la cattiva azione può chiedere perdono, tornare in sé e, come il figliol prodigo, mettersi in cammino su una strada polverosa, con il cuore palpitante per il desiderio del perdono. Ma solo il suo prossimo offeso, il padre amorevole che si trova a casa può davvero versare le calde acque del perdono.

Perdonare non significa ignorare quanto è accaduto, né definire l'atto malvagio in altro modo. Significa invece che l'atto malvagio non è più una barriera che impedisce il rapporto. Il perdono è un catalizzatore che crea l'atmosfera necessaria a uno slancio inedito e a un nuovo inizio. Significa sollevare da un peso o cancellare un debito. La frase: "Ti perdono, ma non dimenticherò mai quello che hai fatto" non esprime la vera natura del perdono. È chiaro che non si dimentica, intendendo con questo il cancellare totalmente qualcosa dalla propria mente. Quando perdoniamo, però, dimentichiamo, nel senso che l'azione malvagia non costituisce più un blocco mentale che impedisce una nuova relazione. Allo stesso modo, non possiamo dire: "Ti perdono, ma non voglio più avere a che fare con te". Perdono significa riconciliazione, riunione. Senza questo elemento, nessuno può amare i propri nemici. La misura in cui siamo capaci di perdonare determina quella in cui riusciamo ad amare i nostri nemici.

In secondo luogo, dobbiamo riconoscere che l'azione malvagia del prossimo-nemico, la cosa che fa male, non esprime mai interamente tutti gli aspetti della persona. È possibile riscontrare una traccia di bontà anche nel nostro peggiore nemico. Ciascuno di noi ha in qualche misura una personalità schizofrenica, tragicamente frammentata da lotte intestine. Nelle nostre vite è in atto una perenne guerra civile. Qualcosa dentro di noi ci spinge a lamentarci insieme a Ovidio, il poeta latino: «Vedo il meglio e l'approvo, ma mi appiglio al peggio»[1]; o ad affermare con Platone che la personalità umana è simile a un cocchiere che guida due cavalli testardi, ciascuno dei quali vuole andare in una direzione diversa; o a ripetere con l'apostolo Paolo: «Non compio il bene che voglio, ma il male che non voglio» (Romani 7,19).

Ciò significa semplicemente che vi è qualcosa di buono anche nel peggiore di noi, e qualcosa di malvagio anche nel migliore. Una volta capito questo, saremo meno inclini a odiare i nostri nemici. Quando guardiamo sotto la superficie, al di là della cattiva azione commessa d'impulso, scorgiamo nel nostro

---

[1] *Le metamorfosi*, libro VII, vv. 20-21.

prossimo-nemico una certa dose di bontà e comprendiamo che la brutalità e la malvagità del suo atto non rappresentano interamente il suo carattere. Lo vediamo in una nuova luce; riconosciamo che il suo odio nasce da paura, orgoglio, ignoranza, pregiudizio e incomprensione, e ciononostante sappiamo che l'immagine di Dio è ineffabilmente scolpita nel suo essere. A quel punto amiamo i nostri nemici, comprendendo che non sono del tutto cattivi, né al di là della portata dell'amore salvifico di Dio.

In terzo luogo, non dobbiamo cercare di sconfiggere e umiliare il nemico, ma di conquistarne l'amicizia e la comprensione. A volte arriviamo a umiliare il nostro peggior nemico. Logicamente, anche lui ha i suoi momenti di debolezza, e noi siamo subito pronti a infilargli nel fianco la lancia della sconfitta. Ma questo è esattamente ciò che non dobbiamo fare. Ogni parola e ogni azione devono puntare a una comprensione reciproca con il nemico e a liberare i vasti giacimenti di buona volontà che sono stati imprigionati dalle impenetrabili mura dell'odio.

L'amore vero non va confuso con una sorta di sfogo emotivo: l'amore è un sentimento ben più profondo. Forse la lingua greca può chiarirci la confusione che permane su questo punto. Nel Nuovo Testamento greco si usano tre parole per definire l'amore. La parola *eros* indica una sorta di amore estetico o romantico. Nei *Dialoghi* di Platone, *eros* è il desiderio dell'anima per il regno del divino. Il secondo termine è *philia*, amore reciproco, intimo affetto e amicizia tra amici: amiamo quelli che ci piacciono e amiamo perché siamo amati. La terza parola è *agape*, ossia la benevolenza creativa e salvifica per tutti gli esseri umani. Amore traboccante che nulla pretende in cambio, *agape* è amore di Dio che agisce nel cuore degli esseri umani. A questo livello, amiamo gli altri non perché ci piacciono, né perché in qualche modo hanno modi accattivanti e nemmeno perché in loro alberga una sorta di scintilla divina; li amiamo perché Dio li ama. A questo livello, amiamo anche chi commette un atto malvagio, pur disapprovando l'azione compiuta.

A questo punto siamo in grado di capire ciò che intendeva Gesù nel dire: «Amate i vostri nemici». Dovremmo essere contenti che non abbia detto "Apprezzate i nemici", perché è quasi impossibile provare simpatia per certe persone. "Simpatia" è una parola sentimentale e affettuosa, ma come possiamo provare affetto per qualcuno che dichiara di volerci schiacciare e di voler porre infiniti ostacoli sul nostro cammino? Come potrebbe piacerci chi minaccia i nostri figli e bombarda la nostra casa? È impossibile. Ma Gesù riconosce che l'*amore* è qualcosa di più grande dell'*affetto*. Quando ci invita ad amare i nostri nemici, non parla né di *eros* né di *philia*, ma di *agape*, la benevolenza creativa e salvifica per tutti gli esseri umani. Solo seguendo questa via e rispondendo con questo tipo di amore possiamo essere figli del Padre nostro che è nei cieli.

II

Passiamo ora dal *come* pratico al *perché* teorico: *perché dovremmo amare i nostri nemici?* La prima ragione è alquanto ovvia. Rispondere all'odio con l'odio non fa che moltiplicarlo, dipingendo una notte già priva di stelle di un'oscurità ancor più profonda. Le tenebre non possono scacciare altre tenebre, solo la luce può farlo. L'odio non può scacciare altro odio, solo l'amore può farlo. L'odio moltiplica l'odio, la violenza moltiplica la violenza, la crudeltà moltiplica la crudeltà, in una spirale discendente di distruzione. Perciò, quando Gesù dice: «Amate i vostri nemici», ci offre un ammonimento cruciale e in ultima analisi ineluttabile. Non siamo forse giunti, nel mondo moderno, a un punto morto, tanto da essere costretti ad amare i nostri nemici, volenti o nolenti? La reazione a catena del male – odio che genera odio, guerre che producono altre guerre – dev'essere spezzata, altrimenti precipiteremo nell'oscuro abisso della distruzione.

Un altro motivo per cui dobbiamo amare i nostri nemici è che l'odio sfregia l'anima e altera la personalità. Sapendo che l'odio è una forza maligna e pericolosa, troppo spesso pensiamo a ciò che fa alla persona odiata, e questo è comprensibile, perché l'odio produce un danno irreparabile alle sue vittime. Ne abbiamo visto le terribili conseguenze nell'ignobile morte inflitta a sei milioni di ebrei da un pazzo di nome Hitler, ossessionato dall'odio, nell'indicibile violenza perpetrata a danno dei neri da folle assetate di sangue, negli orrori della guerra e negli oltraggi e iniquità inflitti a milioni di figli di Dio da oppressori del tutto privi di scrupoli.

Ma c'è anche un altro aspetto della questione che non dobbiamo mai trascurare. L'odio è altrettanto dannoso per chi odia. Come un cancro nascosto, corrode la personalità divorandone la coesione vitale. L'odio distrugge in noi il senso dei valori e l'obiettività, ci porta a descrivere il bello come brutto e il brutto come bello, a confondere il vero con il falso e il falso con il vero.

Il dottor E. Franklin Frazier, in un interessante saggio intitolato "La patologia del pregiudizio di razza", parla diffusamente di bianchi che nelle loro quotidiane relazioni con altri bianchi si comportavano in modo normale, amabile e simpatico, ma che, invitati a pensare ai neri come uguali o anche a discutere la questione dell'ingiustizia razziale, reagivano con incredibile irrazionalità e con un'anomala mancanza di equilibrio. Ciò accade quando nella nostra mente ristagna l'odio. Gli psichiatri sostengono che molte delle strane dinamiche che avvengono nel subconscio, molti dei nostri conflitti interiori, sono radicati nell'odio, e affermano: "O si ama, o si muore". La psicologia moderna di fatto riconosce ciò che Gesù ha insegnato secoli fa: l'odio divide la personalità mentre l'amore, in maniera sorprendente e inesorabile, la ricompone.

Un terzo motivo per cui dovremmo amare i nostri nemici è che l'amore è l'unica forza capace di trasformare un nemico in amico. Non ci libereremo mai di un nemico rispondendo all'odio con altro odio: riusciremo a farlo solo liberandoci dell'ostilità. Per sua stessa natura, l'odio distrugge e lacera; per sua stessa natura, l'amore crea e costruisce. Grazie al suo potere salvifico, l'amore è in grado di trasformare.

Lincoln scelse l'amore e lasciò in eredità alla storia un magnifico esempio di riconciliazione. Mentre conduceva la campagna per candidarsi alla presidenza, uno dei suoi nemici più sfegatati era un uomo di nome Stanton. Per qualche ragione, Stanton odiava Lincoln e sfruttava ogni pizzico della propria energia per sminuirlo agli occhi di tutti. Il suo odio per Lincoln era così profondo da spingerlo a fare apprezzamenti sgarbati sul suo aspetto fisico e a tentare di metterlo continuamente in imbarazzo con accese polemiche. Eppure, nonostante ciò, Lincoln venne eletto Presidente degli Stati Uniti. Arrivò quindi il momento di scegliere il Gabinetto presidenziale, composto dai collaboratori più stretti che l'avrebbero aiutato a realizzare il programma di governo. Lincoln cominciò a selezionare qua e là i vari membri, finché venne il momento di scegliere un uomo per ricoprire la carica più importante, quella di Segretario alla Guerra. Sapete chi scelse? Nientemeno che Stanton. Quando la notizia iniziò a diffondersi, la cerchia dei collaboratori più stretti andò in subbuglio. Un consigliere dopo l'altro gli disse: "Signor presidente, state commettendo un errore. Sapete chi è questo Stanton? Siete a conoscenza delle cose terribili che ha detto su di voi? È vostro nemico, cercherà di sabotare il programma di governo. Ci avete pensato bene, signor presidente?". La risposta di Lincoln fu decisa e andò dritta al punto: "Sì, so bene chi è il signor Stanton e sono al corrente delle cose terribili che ha detto su di me. Ma, dopo aver esaminato tutti i possibili candidati del Paese, ritengo che sia l'uomo più adatto a svolgere questo incarico". E così Stanton diventò Segretario alla Guerra di Abraham Lincoln e rese un servizio preziosissimo alla nazione e al presidente. Non molti anni dopo, Lincoln fu assassinato e su di lui furono pronunciati molti elogi. Ancora oggi milioni di persone lo adorano, ritenendolo l'americano più grande, e H.G. Wells lo definì uno dei sei grandi uomini della storia. Ma di tutte le dichiarazioni roboanti su Abraham Lincoln, le parole di Stanton rimangono tra le più memorabili. In piedi accanto al corpo dell'uomo che un tempo odiava, Stanton lo definì uno dei più grandi che fossero mai esistiti e disse: "Ora appartiene alla storia". Se Lincoln avesse odiato Stanton, entrambi si sarebbero portati nella tomba il proprio odio reciproco di acerrimi nemici. Ma con il potere dell'amore, Lincoln riuscì a trasformare un nemico in amico. È lo stesso atteggiamento che gli permise di spendere una buona parola per il Sud durante la Guerra civile, proprio nel momento in cui il risentimento era più amaro. Quando una donna scandalizzata gli chiese come potesse spingersi a tanto, Lincoln le rispose: "Signora, non distruggo forse i miei nemici, nel farmeli amici?". Questo è il potere dell'amore salvifico.

Dobbiamo affrettarci ad aggiungere, però, che non sono queste le ragioni ultime per cui dobbiamo amare i nostri nemici. Un motivo ancor più imprescindibile per cui ci è comandato di amare trova esplicita espressione nelle parole di Gesù: «Amate i vostri nemici [...] *perché siate figli del Padre vostro celeste*». Siamo chiamati a questo difficile compito per poter vivere una relazione unica con Dio. Tutti siamo potenzialmente figli di Dio e, attraverso l'amore, questa potenzialità diventa realtà. Dobbiamo amare i nostri nemici perché solo amandoli possiamo conoscere Dio e sperimentare la bellezza della sua santità.

Dovrebbe essere chiaro, a questo punto, quanto sia importante ciò che ho detto a proposito della crisi nei rapporti razziali. Il problema razziale non verrà risolto in via definitiva finché gli oppressi non svilupperanno la capacità di amare i propri nemici. La tenebra dell'ingiustizia razziale potrà essere dissipata solamente dalla luce dell'amore che perdona. Per più di tre secoli i neri americani sono stati percossi dalla spranga di ferro dell'oppressione, osteggiati di giorno e disorientati di notte da un'ingiustizia intollerabile e oppressi dall'orribile fardello della discriminazione. Costretti a vivere in queste condizioni infami, siamo tentati di farci prendere dall'amarezza e di vendicarci con altrettanto odio. Ma, così facendo, il nuovo ordine che vogliamo sarà poco più che un duplicato di quello vecchio. Dobbiamo, con forza e umiltà, rispondere all'odio con l'amore.

Certo, non è una soluzione *pratica*. La vita è tutta un rendere pan per focaccia, un reagire a un'offesa, una lotta all'ultimo sangue. Sto forse dicendo che Gesù ci ordina di amare chi ci offende e ci opprime? Vi sembro come la maggior parte dei predicatori, idealista e privo di senso pratico? Forse, direte voi, in qualche terra lontana chiamata Utopia l'idea funzionerà, ma non nel mondo difficile e freddo nel quale viviamo.

Amici miei, abbiamo seguito la cosiddetta via pratica per troppo tempo, ormai, e ci ha condotti inesorabilmente a una confusione e a un caos ancor più profondi. La storia è costellata di comunità distrutte che hanno ceduto all'odio e alla violenza. Per salvare la nostra nazione e l'umanità occorre seguire un'altra via. Questo non significa che dobbiamo abbandonare i nostri sforzi legittimi: è necessario continuare a liberare questo Paese dall'incubo della segregazione con ogni briciola della nostra energia. Nel far questo, però, non dobbiamo rinunciare al privilegio e al dovere di amare. Pur detestando la segregazione, dobbiamo amare i segregazionisti: è questo l'unico modo per fondare la comunità amata.

Ai nostri più accaniti oppositori diciamo: "Uguaglieremo la vostra capacità di infliggere sofferenze con la nostra capacità di sopportare le sofferenze; affronteremo la vostra forza fisica con la nostra forza d'animo. Fateci quello che volete, noi continueremo ad amarvi. Non possiamo, in coscienza, obbedire alle vostre leggi ingiuste, perché la non cooperazione con il male è un imperativo morale quanto la collaborazione con il bene. Metteteci in prigione, e noi vi ameremo ancora. Mandate i vostri uomini violenti incappucciati nelle nostre case a mezzanotte, picchiateci e lasciateci mezzi morti, e noi vi ameremo ancora. Ma state certi che la nostra capacità di soffrire vi sfinirà. Un giorno conquisteremo la libertà, ma non soltanto per noi stessi. Faremo appello al vostro cuore e alla vostra coscienza fino a vincere su di *voi*, e la nostra vittoria sarà duplice".

L'amore è il potere più duraturo al mondo. Questa forza creativa, così ben esemplificata nella vita di nostro Signore Gesù Cristo, è lo strumento più potente a disposizione dell'umana ricerca di pace e sicurezza. Si dice che, ripensando al tempo delle sue conquiste, Napoleone Bonaparte, il grande genio militare, abbia detto: "Io, Alessandro, Cesare e Carlo Magno abbiamo costruito grandi imperi, ma su che cosa si fondavano? Sulla forza. Secoli fa Gesù diede inizio a un impero costruito sull'amore e ancora oggi milioni di persone sono pronte a morire per lui". Chi potrebbe mai dubitare della veridicità di queste parole? I grandi condottieri del passato sono scomparsi, i loro imperi sono crollati e ridotti in cenere, ma l'impero di Gesù, che sorge saldo e maestoso dalle fondamenta dell'amore, non smette di crescere. È iniziato con un manipolo di uomini devoti che, ispirati dal Signore, sono stati capaci di scardinare le porte dell'Impero romano e di diffondere il Vangelo in tutto il mondo. Oggi l'immenso regno terreno di Cristo conta più di novecento milioni di persone e si estende su ogni terra e tribù. Oggi udiamo di nuovo la promessa della vittoria:

Gesù regnerà ovunque il sole
compia i suoi viaggi;
il suo regno si estende da una riva all'altra
finché la luna smetterà di sorgere e di tramontare.[2]

E un altro coro risponde gioioso:

In Cristo non esistono est e ovest,
in Lui non vi sono nord e sud,
ma una grande comunione d'amore
in tutta e per tutta la terra.[3]

Gesù ha ragione da sempre, e sempre l'avrà. La storia è piena delle ossa sbiancate dei popoli che si sono rifiutati di ascoltarlo. Spero che noi, nel ventesimo secolo, sapremo ascoltare e seguire le sue parole, prima che sia troppo tardi, e renderci conto fino in fondo che non saremo mai veri figli del nostro Padre celeste finché non ameremo i nostri nemici e non pregheremo per coloro che ci perseguitano.

---

[2] Inno di Isaac Watts.
[3] Da *"No East or West"*. *Selected Poems of John Oxenham*, a cura di Charles L. Wallis.

Qualcuno bussa a mezzanotte

«[...] Se uno di voi ha un amico e va
da lui a mezzanotte a dirgli:
"Amico, prestami tre pani, perché è giunto da me
un amico da un viaggio e
non ho nulla da mettergli davanti"».

LUCA 11,5-6

Sebbene questa parabola parli della forza di una preghiera costante, può anche servire come spunto per la nostra riflessione su molti problemi contemporanei e sul ruolo della Chiesa nell'affrontarli. Nella parabola è mezzanotte, e lo è anche nel nostro mondo, e le tenebre sono così fitte che a stento riusciamo a vedere da che parte andare.

I

È mezzanotte anche nell'ordine sociale. A livello internazionale i Paesi sono impegnati in una lotta aspra e immane per la supremazia. Nell'arco di una sola generazione si sono combattute due guerre mondiali e all'orizzonte incombono pericolose le nubi di una nuova guerra. Oggi l'umanità ha a disposizione armi atomiche e nucleari che potrebbero annientare in pochi secondi le principali città del mondo. Eppure la corsa agli armamenti non accenna a diminuire e l'atmosfera è ancora satura a causa degli esperimenti nucleari, con la spaventosa prospettiva che persino l'aria che respiriamo venga inquinata dalle scorie radioattive. Queste circostanze e queste armi porteranno all'annientamento della razza umana?

Quando, in passato, ci siamo trovati alla mezzanotte dell'ordine sociale, abbiamo chiesto aiuto alla scienza. E non c'è da stupirsi che in tante occasioni la scienza ci abbia salvati. Quando eravamo nella mezzanotte delle limitazioni e dei disagi fisici, la scienza ci ha risollevati al chiaro mattino delle comodità materiali. Quando ci dibattevamo nella mezzanotte di un'ignoranza e di una superstizione paralizzanti, la scienza ci ha condotti all'alba della mente libera e aperta. Quando eravamo nella mezzanotte di terribili contagi e malattie, la scienza, con la chirurgia, l'igiene e i farmaci miracolosi, ha inaugurato il luminoso giorno della salute fisica, prolungando la nostra vita e promuovendo una maggiore sicurezza e il benessere fisico. È dunque del tutto naturale che ci rivolgiamo alla scienza in un'epoca in cui i problemi del mondo sono così spaventosi e nefasti.

Ma ahimè, in questo momento la scienza non può salvarci, perché anche gli scienziati sono persi nell'oscura mezzanotte della nostra epoca. Anzi, è stata proprio la scienza a fornirci gli strumenti che minacciano di provocare un suicidio universale. Così l'uomo moderno si trova di fronte a una cupa e spaventosa mezzanotte dell'ordine sociale.

La mezzanotte della vita esteriore collettiva va di pari passo con quella della vita interiore individuale dell'uomo. È la mezzanotte dell'ordine psicologico. Dappertutto, le persone sono tormentate di giorno e perseguitate di notte da una serie di paure paralizzanti. Nei nostri cieli mentali sono sospese dense nubi di ansia e depressione. Oggi vi sono molte più persone con turbe emotive che in ogni altro periodo della storia dell'umanità. I reparti psichiatrici dei nostri ospedali sono affollati, e gli psicologi più in voga oggi sono gli psicoanalisti. Tra i libri di psicologia più venduti vi sono *Man Against Himself* (L'uomo contro se stesso), *La personalità nevrotica del nostro tempo*, e *Modern Man in Search of a Soul* (L'uomo moderno in cerca di un'anima). Tra quelli di religione, vanno a ruba libri come *Pace dello spirito* e *La pace nell'anima*. Il pastore più seguito è quello che predica sermoni rassicuranti su "Come essere felici" e "Come rilassarsi". Alcuni sono tentati di modificare il comandamento di Gesù, trasformandolo in: "Andate in tutto il mondo, tenete sotto controllo la pressione sanguigna, ed ecco, farò di voi personalità equilibrate". Tutto ciò è indicativo della mezzanotte nella vita interiore di uomini e donne.

Ed è mezzanotte anche nell'ordine morale. A mezzanotte i colori perdono i propri caratteri distintivi e si fondono in una cupa tonalità grigiastra. Anche i principi morali hanno perso i loro caratteri distintivi: per l'uomo moderno, la ragione assoluta e il torto assoluto dipendono da ciò che fa la maggioranza. Il giusto e lo sbagliato sono legati ai gusti e alle abitudini di una particolare comunità. Abbiamo inconsciamente applicato la teoria della relatività di Einstein, che descriveva correttamente l'universo fisico, al campo morale ed etico.

Mezzanotte è l'ora in cui gli esseri umani cercano disperatamente di ubbidire all'undicesimo comandamento: "Non farti beccare". Secondo l'etica della mezzanotte, il peccato mortale consiste nel farsi beccare, mentre la virtù cardinale sta nel cavarsela. Mentire è lecito, purché si menta con vera maestria; rubare è lecito, a patto di avere un contegno tale che, nel caso qualcuno ci becchi, l'accusa diventi appropriazione indebita, non rapina. Persino odiare è lecito, purché travestiamo l'odio da amore, in modo che odiare sembri amare. Il concetto darwiniano della sopravvivenza del più adatto è stato sostituito dalla filosofia della sopravvivenza del più scaltro. Questa mentalità ha determinato un tragico degrado delle norme morali, e la mezzanotte della degenerazione morale si fa più profonda.

II

Come nella parabola, anche nel nostro mondo odierno la profonda oscurità della mezzanotte è interrotta da qualcuno che bussa alla porta. Sono milioni le persone che bussano alla porta della Chiesa. In questo Paese la lista dei suoi membri è più lunga che mai: oltre centoquindici milioni di persone, per lo meno sulla carta, fanno parte di qualche chiesa o sinagoga. Si tratta di un incremento del 100 per cento dal 1929, sebbene la popolazione sia cresciuta solo del 31 per cento.

Chi si reca nella Russia sovietica, la cui politica ufficiale prevede l'ateismo, riferisce che non solo le chiese sono affollate, ma l'affluenza continua ad aumentare. In un articolo pubblicato sul *New York Times*, Harrison Salisbury afferma che le autorità comuniste sono infastidite dal fatto che tanti giovani manifestino un crescente interesse per la Chiesa e la religione. Dopo quarant'anni di sforzi immani per sopprimere la religione, la gerarchia del partito comunista si trova oggi di fronte al fatto indiscutibile che milioni di persone stanno bussando alla porta della Chiesa.

Questo aumento numerico, però, non dev'essere sopravvalutato. Non dobbiamo essere tentati di confondere potere spirituale e grandezza numerica. Il "gigantismo", come qualcuno l'ha definito, è un mezzo alquanto ingannevole per misurare il potere reale. L'aumento della quantità non determina necessariamente un aumento della qualità. Un maggior numero di fedeli non rappresenta necessariamente un incremento direttamente proporzionale della dedizione a Cristo. Storicamente, a rendere il mondo migliore è stata quasi sempre una minoranza creativa e impegnata. Però, sebbene la crescita numerica dei membri della Chiesa non rifletta necessariamente una concomitante crescita dell'impegno etico, resta il fatto che milioni di persone credono che la Chiesa possa offrire una risposta al profondo smarrimento che domina la loro vita. È ancora l'unico punto di riferimento noto al quale può giungere lo stanco viandante a mezzanotte; è l'unica casa che rimane dov'è sempre stata, la casa che il viaggiatore notturno raggiunge o si rifiuta di raggiungere. Alcuni decidono di non venirci, ma i molti che vengono a bussare alla porta sono disperatamente in cerca di un pezzetto di pane che li aiuti ad andare avanti.

Il viaggiatore chiede tre tipi di pane. Vuole il pane della fede. In una generazione che ha subìto tante enormi delusioni, le persone hanno perso la fede in Dio, la fede nell'uomo e la fede nel futuro. Molti la pensano come William Wilberforce, che nel 1801 disse: «Non oso sposarmi: il futuro è così incerto», o come William Pitt, che nel 1806 affermò: «Intorno a noi c'è ben poco, a parte rovina e disperazione». In mezzo a tante sconvolgenti delusioni, molti chiedono a gran voce il pane della fede.

Vi è inoltre un profondo desiderio del pane della speranza. Nei primi anni di questo secolo, pochi avevano fame di questo pane. L'epoca dei primi telefoni, delle prime automobili e dei primi aeroplani riempiva di ottimismo le persone, che si prostravano dinanzi all'altare di un progresso inarrestabile. Erano convinte che ogni nuova conquista scientifica innalzasse l'uomo a livelli di perfezione superiori. Poi, però, una serie di conseguenze tragiche, che hanno svelato l'egoismo e la corruzione umana, hanno dimostrato con impressionante chiarezza quanto fosse vera la massima di lord Acton: «Il potere tende a corrompere, e il potere assoluto corrompe in modo assoluto»[1]. Questa tremenda scoperta ha portato a una delle più colossali crisi di ottimismo della storia. Tante persone, giovani e vecchie, si videro portar via la luce della speranza e presero a vagare stancamente nelle buie stanze del pessimismo. Molti conclusero che la vita non aveva senso, alcuni abbracciarono la tesi del filosofo Schopenhauer, e cioè che la vita è una pena interminabile con una fine dolorosa, la stessa, identica tragicommedia recitata ogni giorno da capo con minimi cambiamenti di costume e scenografia. Altri gridavano con il Macbeth di Shakespeare che la vita

è una storia raccontata da un idiota,
piena di rumore e furore,
che non significa nulla!

Ma anche negli inevitabili momenti in cui tutto sembra inutile, gli uomini sanno che senza la speranza

---

[1] *Essays on Freedom and Power*, 1948.

non possono vivere, e in un'agonia disperata invocano piangendo il pane della speranza.

E vi è anche un desiderio profondo del pane dell'amore. Tutti vogliono amare ed essere amati. Chi sente di non essere amato, sente di non contare nulla. Nel mondo moderno sono accadute molte cose che hanno spinto gli uomini a pensare di essere degli esclusi. Vivendo in un mondo che è diventato impersonale e opprimente, molti di noi si sono convinti di essere poco più che numeri. In una sbalorditiva descrizione di un mondo in cui i numeri hanno sostituito le persone, Ralph Borsodi scrive che oggi una madre diventa spesso la "maternità n. 8434", e suo figlio, dopo che gli sono state prese le impronte digitali e quelle dei piedi, diventa il "n. 8003", e che un funerale in una grande città è un evento che si tiene nella Sala B, con fiori e decorazioni di Classe B, celebrato dal sacerdote n. 14 e in cui il Cantore n. 84 intona la Melodia n. 174. Sconvolti da questa tendenza a ridurre gli esseri umani a schede di un immenso archivio, gli uomini cercano disperatamente il pane dell'amore.

III

Quando l'uomo della parabola bussò alla porta dell'amico e gli chiese tre pani, ricevette una risposta impaziente: «Non m'importunare, la porta è già chiusa e i miei bambini sono a letto con me, non posso alzarmi per darteli». Quante volte gli uomini hanno provato una simile delusione quando, nel cuore della notte, hanno bussato alla porta della Chiesa. Milioni di africani, che bussano pazientemente alla porta della Chiesa cristiana, in cerca del pane della giustizia sociale, sono stati del tutto ignorati o invitati a ripresentarsi più tardi, il che quasi sempre significa mai. Milioni di neri americani, affamati del pane della libertà, hanno bussato e ribussato alla porta delle cosiddette chiese bianche, ma sono stati quasi sempre accolti con fredda indifferenza o con palese ipocrisia. Persino quei leader religiosi bianchi che hanno un sincero desiderio di aprire la loro porta e offrire il pane, sono spesso più cauti che coraggiosi, e più inclini a seguire la via della convenienza che quella della morale. Una delle tragedie più vergognose della storia è che proprio l'istituzione che dovrebbe sottrarre l'uomo alla mezzanotte della segregazione razziale contribuisce a crearla e perpetuarla.

Nella terribile mezzanotte della guerra, gli uomini hanno bussato alla porta della Chiesa per chiedere il pane della pace, ma questa li ha spesso delusi. Che cosa rivela l'inconsistenza della Chiesa nelle questioni del mondo moderno più del suo atteggiamento di fronte alla guerra? In un mondo impazzito a causa dell'accumulo di armi, del fervore sciovinistico e dello sfruttamento imperialistico, la Chiesa ha avallato tali attività o si è trincerata dietro uno sconcertante silenzio. Nelle ultime due guerre mondiali, le Chiese americane hanno perfino agito da lacchè dello Stato, aspergendo di acqua santa le navi da guerra e intonando insieme al potente esercito: *Praise the Lord and Pass the Ammunition* (Loda il Signore e passa le munizioni). Un mondo stanco, che invocava disperatamente la pace, ha spesso scoperto che la Chiesa giustificava la guerra sul piano morale.

E chi ha bussato alla Chiesa per cercare il pane della giustizia economica è stato abbandonato alla frustrante mezzanotte della privazione economica. In molti casi, la Chiesa si è schierata a tal punto con le classi privilegiate e ha talmente difeso lo *status quo* da non voler rispondere a chi bussava alla sua porta a mezzanotte. In Russia la Chiesa greco-ortodossa si era alleata con lo *status quo* e legata al dispotico regime zarista in maniera così indissolubile che era diventato impossibile liberarsi del corrotto sistema politico e sociale senza liberarsi della Chiesa. Questo è il destino di qualunque organizzazione ecclesiastica si allei con lo *status quo*.

La Chiesa deve ricordarsi che non è padrona né serva dello Stato, ma piuttosto è la coscienza dello Stato: dev'essere la sua guida e il suo critico, mai il suo strumento. Se la Chiesa non ritroverà il suo fervore profetico, diventerà un inutile consesso sociale privo di autorità morale o spirituale. Se non parteciperà attivamente alla lotta per la pace e per la giustizia economica e razziale, perderà la fiducia di milioni di persone e spingerà i fedeli ad annunciare ai quattro venti che la sua volontà è atrofizzata. Ma se sarà capace di liberarsi dai ceppi di uno *status quo* opprimente e, recuperando la sua grande missione storica, parlerà e agirà senza paura e con costanza in termini di pace e giustizia, accenderà l'immaginazione dell'umanità e infiammerà gli animi, suscitando nelle persone un amore puro e ardente per la verità, la giustizia e la pace. Uomini e donne di ogni dove vedranno la Chiesa come una grande comunità basata sull'amore, che fornisce luce e pane ai viaggiatori solitari di mezzanotte.

Parlando del lassismo della Chiesa, non devo trascurare il fatto che anche la cosiddetta Chiesa nera ha deluso gli uomini di mezzanotte. Dico "cosiddetta Chiesa nera", perché idealmente non può essere nera né bianca. Sono stati i cristiani bianchi, e di questo dovrebbero vergognarsi in eterno, a sviluppare all'interno della Chiesa un sistema di segregazione razziale e a infliggere così tanti oltraggi ai propri membri neri che questi hanno dovuto organizzarsi le loro Chiese.

Le Chiese nere che non sono riuscite a offrire il pane sono di due tipi. Il primo ribolle di emozioni, il secondo è congelato nel classismo. Il primo, riducendo il culto a un mero intrattenimento, pone l'accento più sulla quantità che sul contenuto e confonde la spiritualità con la combattività. Il pericolo insito in questo tipo di Chiesa è che i suoi membri possano avere più religione nelle mani e nei piedi che nel cuore e nell'animo. A mezzanotte, questo tipo di Chiesa non ha né la vitalità né la parola adatta a nutrire le anime affamate.

L'altro tipo di Chiesa nera che non nutre i viandanti di mezzanotte ha sviluppato un sistema di classe e si vanta della propria dignità, dei suoi membri appartenenti al ceto dei professionisti e della sua esclusività. In una Chiesa simile, le funzioni sono fredde e prive di significato, la musica è noiosa e incapace di ispirare i fedeli, e il sermone poco più che una predica sui fatti del giorno. Se il pastore parla troppo di Gesù Cristo, i fedeli pensano che stia togliendo dignità al pulpito; se il coro canta uno *spiritual* nero, i fedeli si lamentano perché gli pare di ricevere un affronto al loro status sociale. Questo tipo di Chiesa è tragicamente incapace di riconoscere che il culto, nella sua espressione migliore, è un'esperienza comunitaria in cui persone di ogni estrazione sociale si riuniscono per affermare la loro unità e la loro coesione in Dio. A mezzanotte, gli uomini vengono del tutto ignorati perché poco istruiti oppure ricevono del pane indurito dall'inverno di una morbosa coscienza di classe.

IV

Nella parabola notiamo che, dopo un'iniziale delusione, l'uomo continua a bussare alla porta dell'amico. Con il suo comportamento importuno, con la sua insistenza, alla fine lo convince ad aprirgli la porta. Molti uomini continuano a bussare alla porta della Chiesa a mezzanotte, anche dopo che questa li ha amaramente delusi, perché sanno che lì si custodisce il pane della vita. Oggi la Chiesa è chiamata a proclamare che il Figlio di Dio, Gesù Cristo, è la speranza degli uomini che si dibattono nei loro problemi personali e sociali. Molti continueranno a venire in cerca di risposte ai problemi della vita. Molti giovani che bussano alla porta sono perplessi di fronte alle incertezze della vita, confusi da delusioni quotidiane e sgomenti davanti alle ambiguità della storia. Alcuni di loro sono stati tolti dalla scuola e dalla carriera professionale e costretti a fare la parte dei soldati: dobbiamo offrire loro il pane fresco della speranza e far loro comprendere che Dio ha il potere di trarre il bene dal male. Tra quelli che bussano c'è chi è tormentato da un disperato senso di colpa perché vaga nella mezzanotte del relativismo morale e si abbandona alla dottrina dell'espressione di sé: dobbiamo condurre queste persone a Cristo, che offrirà loro il pane fresco del perdono. Tra quelli che bussano c'è chi è straziato dalla paura della morte, poiché si avvia verso la fine della vita: dobbiamo offrirgli il pane della fede nell'immortalità, in modo che possa rendersi conto che questa vita terrena è solo il preludio a un nuovo risveglio.

La mezzanotte è un'ora di turbamento, in cui è difficile conservare la fede. La parola più ispiratrice che la Chiesa possa offrire è che nessuna mezzanotte dura a lungo. In realtà, lo stanco viandante di mezzanotte che chiede il pane è in cerca dell'alba: il nostro eterno messaggio di speranza è che l'alba arriverà. I nostri progenitori ridotti in schiavitù l'avevano capito. Non dimenticavano mai la realtà della mezzanotte, perché a ricordargliela c'era sempre la cruda sferza del guardiano e le vendite all'asta in cui le famiglie venivano smembrate. Ogni volta che pensavano alle strazianti tenebre di mezzanotte, cantavano:

Oh, nobody knows de trouble I've seen
Glory Hallelujah!
Sometimes I'm up, sometimes I'm down
Oh, yes, Lord
Sometimes I'm almost to de groun'
Oh, yes, Lord
Oh, nobody knows de trouble I've seen
Glory Hallelujah![2]

Oh, nessuno sa i guai che ho passato;
Gloria, Alleluia!
A volte sto bene, a volte mi sento giù,
Oh, sì, Signore,
A volte sono quasi a terra,
Oh, sì, Signore,
Oh, nessuno sa i guai che ho passato,
Gloria, Alleluia!

Avvolti da una sconcertante mezzanotte, ma fiduciosi che il mattino sarebbe arrivato, cantavano:

---

[2] Così citato in Howard Thurman, *Deep River*, 1955.

I'm so glad trouble don't last always.
O my Lord, O my Lord, what shall I do?[3]

Sono contento che i miei guai non dureranno in eterno.
O mio Signore, o mio Signore, che cosa devo fare?

La loro fede assoluta nell'alba costituiva il raggio sempre più ampio della speranza che manteneva gli schiavi fiduciosi pur nelle circostanze più tragiche e difficili.

La fede nell'alba deriva dal credere che Dio è buono e giusto. Se crediamo in questo, sappiamo anche che le contraddizioni della vita non sono finali né definitive e che possiamo attraversare la notte oscura con la radiosa convinzione che tutto concorre al bene di coloro che amano Dio. Anche una mezzanotte priva di stelle può annunciare l'alba di una grande conquista.

Quando è iniziato il boicottaggio degli autobus a Montgomery, in Alabama, abbiamo organizzato un servizio di trasporto volontario per accompagnare le persone al lavoro e poi andare a riprenderle. Per undici lunghi mesi il nostro servizio ha funzionato a meraviglia. Poi il sindaco Gayle ha introdotto una delibera che ordinava all'ufficio legale della città di adottare gli opportuni provvedimenti per far cessare il nostro servizio volontario e qualunque sistema di

---

[3] Ivi.

trasporto organizzato in seguito al boicottaggio degli autobus. L'udienza è stata fissata per martedì 13 novembre 1956.

Al nostro consueto raduno, in programma per la sera prima dell'udienza, avevo la responsabilità di avvertire la gente che probabilmente il servizio di trasporto sarebbe stato cancellato dalle autorità cittadine. Sapevo che tutti erano stati disposti a soffrire per quasi dodici mesi, ma potevamo forse chiedere alle persone di andare e tornare a piedi dal lavoro? E, se non potevamo farlo, saremmo stati costretti ad ammettere che la protesta era fallita? Per la prima volta, volevo quasi tirarmi indietro per non comparire davanti a loro.

Alla sera, avevo trovato il coraggio necessario per dire loro la verità. Ho tentato comunque di concludere su una nota di speranza: "In tutti questi mesi", ho detto, "ci siamo mossi nell'audace convinzione che Dio ci affianca nella nostra lotta. Le numerose esperienze dei giorni passati hanno avvalorato quella convinzione in modo esemplare. Stasera dobbiamo credere che emergerà una via d'uscita laddove non ve n'è alcuna". Tuttavia riuscivo a sentire la gelida brezza del pessimismo percorrere l'uditorio. La notte era più buia che mai. La luce della speranza era sul punto di svanire e la lampada della fede stava per spegnersi.

Poche ore dopo, dinanzi al giudice Carter, il Comune ha sostenuto che stavamo gestendo un'"impresa privata" senza autorizzazione. I nostri avvocati hanno brillantemente ribattuto che il servizio di trasporto era semplicemente "un passaggio" su base volontaria, un servizio fornito gratuitamente dalle Chiese nere. È apparso subito evidente che il giudice Carter avrebbe deciso in favore del Comune.

A mezzogiorno, durante un breve intervallo, nell'aula del tribunale ho notato un'insolita agitazione. Il sindaco Gayle è stato convocato nella stanza sul retro, dalla quale entravano e uscivano freneticamente diversi giornalisti. A un certo punto, un giornalista si è avvicinato al tavolo al quale sedevo con gli avvocati in qualità di principale imputato: "Ecco la decisione che stavate aspettando" ha detto. "Leggete la sentenza".

Agitato e speranzoso, ho letto queste parole: «La Corte Suprema degli Stati Uniti ha oggi deciso all'unanimità che la segregazione sugli autobus a Montgomery, in Alabama, è incostituzionale». Avevo il cuore che scoppiava di una gioia inesprimibile. L'ora più buia della nostra battaglia si era trasformata nella prima ora della vittoria. Qualcuno, dal fondo dell'aula, ha gridato: "Dio Onnipotente ha parlato da Washington!".

L'alba verrà. Delusione, dolore e disperazione nascono a mezzanotte, ma poi viene il mattino. «Alla sera sopraggiunge il pianto», dice il salmista, «e al mattino, ecco la gioia» (Salmi 30(29),6). Questa convinzione sospende i lavori della disperazione e porta una luce nuova nelle buie aule del pessimismo.

L'uomo stolto

«Stolto, questa notte stessa ti sarà richiesta la tua vita».

LUCA 12,20

Mi piacerebbe raccontarvi una breve storia commovente, che riveste estrema importanza per le sue implicazioni ed è profondamente significativa nelle conclusioni. È la storia di un uomo che, in base ai criteri moderni, sarebbe considerato di grande successo. Eppure, Gesù l'ha chiamato stolto.

Il personaggio centrale del dramma è «un uomo ricco», i cui poderi producevano raccolti così abbondanti che decise di costruire granai nuovi e più grandi, dicendo: «[...] Vi raccoglierò tutto il grano e i miei beni. Poi dirò a me stesso: Anima mia, hai a disposizione molti beni, per molti anni; riposati, mangia, bevi e datti alla gioia». Ma Dio gli disse: «Stolto, questa notte stessa ti sarà richiesta la tua vita». E così fu. Al culmine della ricchezza, l'uomo morì.

Pensate a quell'uomo. Se vivesse oggi nella nostra comunità, sarebbe considerato "di grande successo".

Godrebbe di un enorme prestigio sociale e del rispetto di tutti; sarebbe uno dei pochi privilegiati nella gerarchia del potere economico. Eppure, un contadino della Galilea fu tanto audace da chiamarlo stolto.

Gesù non lo definì stolto solamente perché era ricco, non ha mai scagliato accuse generiche contro la ricchezza. Condannava, piuttosto, il cattivo uso che se ne faceva. Il denaro, come qualunque altra forza, ad esempio l'elettricità, non è morale né immorale e può essere usato a fin di bene o a fin di male. È vero che Gesù ha ordinato al giovane ricco di "vendere tutto", ma in quel caso, come ha affermato George A. Buttrick, Gesù stava prescrivendo un intervento chirurgico individuale, non stava facendo una diagnosi universale. Non vi è niente di intrinsecamente vizioso nella ricchezza, così come non vi è niente di intrinsecamente virtuoso nella povertà.

Gesù non condannò l'uomo perché si era arricchito in modo disonesto: a quanto pare, si era conquistato le sue ricchezze con il duro lavoro, le capacità concrete e la lungimiranza del bravo uomo d'affari. Perché, allora, era uno stolto?

I

L'uomo ricco era stolto perché aveva confuso i fini per i quali viveva con i mezzi dei quali viveva. Il suo destino era determinato dall'assetto economico della sua vita. Ciascuno di noi vive in due regni, quello interiore e quello esteriore: quello interiore è il regno dei fini spirituali, espressi dall'arte, dalla letteratura, dalla morale e dalla religione; quello esteriore è l'insieme di congegni, tecniche, meccanismi e strumenti che impieghiamo per vivere. Tra questi vi sono la casa in cui viviamo, l'auto che guidiamo, gli abiti che indossiamo, le risorse economiche che acquisiamo, tutti gli oggetti materiali che dobbiamo possedere per poter stare al mondo. Il rischio che si corre sempre è permettere ai mezzi di cui viviamo di sostituirsi ai fini per i quali viviamo, e cioè all'interiorità di perdersi nell'esteriorità. L'uomo ricco era stolto perché non ha saputo mantenere una netta distinzione fra mezzi e fini, fra struttura e destino. La sua vita era immersa nelle acque vorticose dei suoi mezzi di sussistenza. Questo non significa che l'aspetto esteriore nella nostra vita non sia importante: abbiamo il privilegio e insieme il dovere di cercare di soddisfare le necessità materiali fondamentali della vita. Solo una religione insignificante evita di preoccuparsi del benessere economico dell'essere umano. La religione nella sua migliore espressione sa benissimo che, finché il corpo rimane dilaniato dagli spasmi della fame e straziato dal bisogno di un tetto sopra la testa, l'anima è soffocata. Gesù capiva bene che abbiamo bisogno di cibo, abiti, riparo e sicurezza economica. Diceva, in termini chiari e concisi: «[…] Il Padre vostro sa di quali cose avete bisogno» (Matteo 6,8). Ma sapeva anche che l'uomo era qualcosa di più di un cane che è soddisfatto da pochi "ossi economici", sapeva che l'aspetto interiore della vita di un uomo è importante quanto quello esteriore. Ecco perché aggiungeva: «Cercate prima il regno di Dio e la sua giustizia, e tutte queste cose vi saranno date in aggiunta» (Matteo 6,33). La tragedia dell'uomo ricco consisteva nel fatto di ricercare innanzitutto i mezzi, perciò i fini venivano soffocati.

Più quest'uomo diventava ricco dal punto di vista materiale, più diventava povero da quello intellettuale e spirituale. Può darsi che fosse sposato, ma probabilmente non sapeva amare la moglie. Forse la ricopriva di doni materiali, ma non sapeva darle ciò di cui aveva più bisogno, cioè amore e affetto. Può darsi che avesse dei figli, ma probabilmente non li apprezzava. Può darsi che possedesse i grandi libri di tutti i tempi allineati in bell'ordine nella sua biblioteca, ma non li leggeva mai. Forse aveva la possibilità di ascoltare la grande musica, ma non la sentiva. I suoi occhi non contemplavano il maestoso splendore dei cieli, le sue orecchie non erano sintonizzate sulla melodiosa dolcezza delle armonie celesti, la sua mente era chiusa alle visioni di poeti, profeti e filosofi. Quell'epiteto era ben meritato: «Stolto!».

II

L'uomo ricco era stolto perché non si rendeva conto di dipendere dagli altri. Il suo monologo contiene circa sessanta parole, eppure "io" e "mio" appaiono ben dodici volte. Ormai era così abituato a dire "io" e "mio" che aveva perso la capacità di dire "noi" e "nostro". Vittima del cancro dell'egoismo, non si rendeva conto che la ricchezza è sempre un prodotto della comunità. Parlava come se potesse arare campi e costruire granai da solo. Non si rendeva conto di essere l'erede di un grande tesoro di idee e lavoro a cui avevano contribuito tanto i vivi quanto i morti. Quando una persona o una nazione non riesce a cogliere questa interdipendenza, ne riscontriamo la tragica stupidità.

È facile applicare il contenuto di questa parabola all'attuale crisi mondiale. L'ingranaggio produttivo del nostro Paese sforna costantemente una tale abbondanza di cibo che dobbiamo costruire granai sempre più grandi e spendere più di un milione di dollari al giorno per immagazzinare le eccedenze. Anno dopo anno, ci chiediamo: "Che farò, poiché non ho dove riporre i miei raccolti?". Ho trovato una risposta sui volti di milioni di uomini e donne vinti dalla povertà in Asia, Africa e America del Sud. Ho trovato una risposta nella tremenda povertà che affligge il Delta del Mississippi e nella drammatica insicurezza dei disoccupati nelle grandi città industriali del Nord. Che cosa possiamo fare? La risposta è semplice: dar da mangiare agli affamati, vestire gli ignudi e curare gli infermi. Dove possiamo riporre i nostri beni? Di nuovo la risposta è semplice: possiamo riporre il cibo in eccesso, senza spendere un soldo, nello stomaco avvizzito di milioni di figli di Dio che la sera vanno a letto affamati. Possiamo usare le nostre grandi scorte di ricchezza per cancellare la povertà dalla faccia della terra.

Tutto questo ci dice qualcosa di fondamentale sull'interdipendenza di uomini e nazioni. Che ce ne rendiamo conto o meno, ciascuno di noi è costantemente "in rosso": siamo eternamente debitori di uomini e donne conosciuti e sconosciuti. Prima ancora di finire la colazione dipendiamo già da più di mezzo mondo. Quando ci alziamo al mattino, andiamo in bagno e afferriamo una spugna che ci è stata fornita da un abitante delle isole del Pacifico, prendiamo un sapone prodotto per noi da un francese, mentre l'asciugamano è stato fatto da un turco. A tavola, poi, beviamo un caffè, che ci viene fornito da un sudamericano, oppure un tè, fornitoci da un cinese, o una cioccolata, per gentile concessione di un africano occidentale. Prima di uscire per andare al lavoro, siamo in debito con più di mezzo mondo.

Ogni vita è letteralmente interdipendente. Tutti noi siamo presi in un'ineludibile rete di reciprocità, legati da un unico destino. Ciò che riguarda direttamente uno, riguarda indirettamente tutti. Finché non sarete ciò che dovreste essere, non potrò mai essere quello che dovrei, e finché non sarò ciò che dovrei essere non potrete mai essere quello che dovreste. Questa è la struttura interdipendente della realtà.

L'uomo ricco, purtroppo, non se ne rendeva conto. Pensava di poter vivere e prosperare nel suo piccolo mondo egocentrico. Era un individualista impazzito. Di fatto, uno stolto!

III

Gesù definì stolto l'uomo ricco perché non si rendeva conto di quanto dipendesse da Dio. Parlava come se fosse lui a governare le stagioni e a rendere fertile la terra, a controllare il sorgere e il tramontare del sole e a regolare i processi naturali che producono la pioggia e la rugiada. Inconsciamente credeva di essere il Creatore, non una creatura.

Questa idiozia antropocentrica ha regnato a lungo e spesso disastrosamente nella storia dell'umanità. A volte viene elaborata a livello teorico nella dottrina del materialismo, la quale sostiene che la realtà può essere spiegata in termini di materia in movimento, che la vita è "un processo fisiologico con un significato fisiologico", che l'uomo nasce dallo scontro transitorio di protoni ed elettroni in movimento casuale, che il pensiero è un prodotto temporaneo della materia grigia e che gli eventi della storia sono frutto dell'interazione fra materia e movimento, operante secondo il principio di necessità. Non essendoci posto né per Dio né per l'idea di eternità, il materialismo si oppone sia al teismo che all'idealismo.

Questa filosofia materialista porta inevitabilmente a un vicolo cieco, in un mondo intellettualmente privo di senso. Credere che la personalità umana sia il risultato dell'interazione fortuita di atomi ed elettroni è assurdo quanto credere che una scimmia, battendo a caso sui tasti di una macchina da scrivere, riesca a produrre un'opera di Shakespeare: pura magia! È molto più sensato dire, con il fisico Sir James Jeans, che «l'universo comincia a somigliare più a un gran pensiero che a una grande macchina», e con il filosofo Arthur Balfour che «ormai sappiamo troppe cose sulla materia per essere materialisti». Il materialismo è una debole fiamma che viene subito spenta dal soffio di un pensiero maturo.

Un altro tentativo di rendere Dio irrilevante è quello dell'umanesimo non teistico, una dottrina filosofica che deifica l'uomo affermando che l'umanità è Dio. L'uomo è la misura di tutte le cose. Molti nostri contemporanei che hanno abbracciato questa filosofia sostengono, come Rousseau, che la natura umana è essenzialmente buona. Il male si annida solamente nelle istituzioni e, se povertà e ignoranza fossero eliminate, tutto andrebbe a meraviglia. Il ventesimo secolo si è aperto con questo luminoso ottimismo. Tutti credevano che la civiltà si stesse evolvendo verso un paradiso terrestre. Herbert Spencer ha fatto abilmente rientrare la teoria darwiniana dell'evoluzione nell'idea esaltante del progresso automatico. Le persone si sono convinte che esista una legge sociologica del progresso non meno valida della legge fisica della gravità.

Dominato da questo spirito ottimistico, l'uomo moderno si è tuffato nei magazzini della natura e ne è riemerso con tante intuizioni scientifiche e migliorie tecnologiche che hanno completamente rivoluzionato la terra. Le conquiste della scienza sono state meravigliose, tangibili e concrete.

Di fronte ai sorprendenti progressi scientifici, l'uomo moderno ha esclamato:

> La scienza è il mio pastore: non manco di nulla;
> su pascoli erbosi mi fa riposare,
> ad acque tranquille mi conduce.
> Mi rinfranca [...]
> Non temerò alcun male perché la scienza è con me.
> Il suo bastone e il suo vincastro mi danno sicurezza.

L'uomo non aspirava più a Dio e al paradiso. I suoi pensieri erano limitati a se stesso e alla terra. E gli esseri umani recitavano una strana parodia del Padre Nostro: "Fratelli nostri che siete sulla terra, sia santificato il nostro nome. Venga il nostro regno. Sia fatta la nostra volontà sulla terra, poiché non vi è cielo". Coloro che, un tempo, per trovare una soluzione ai loro problemi si rivolgevano a Dio, cominciarono a rivolgersi alla scienza e alla tecnologia, convinti di possedere ormai gli strumenti necessari per fondare una nuova società.

Poi questo mito esplose, culminando negli orrori di Nagasaki e Hiroshima e nella furia cieca delle bombe da cinquanta megatoni. Ormai abbiamo capito che la scienza può fornirci solo un potere fisico, il quale, se non viene controllato dal potere spirituale, porterà inevitabilmente alla rovina cosmica. Le parole di Alfredo il Grande valgono ancora oggi: «Il potere non è mai un bene, a meno che non sia buono colui che lo possiede». Abbiamo bisogno di qualcosa che ci sostenga a livello spirituale e ci domini a livello morale più della scienza. Quest'ultima è uno strumento che, sottomesso al potere dello spirito divino, può condurre l'umanità a una maggiore sicurezza fisica, ma che, se da questo viene separata, è un'arma micidiale che porterà a un caos ancora più grande. Perché ingannare noi stessi pensando che il progresso sia automatico e che l'uomo sia in grado di salvarsi da solo? Dobbiamo alzare la mente e gli occhi ai monti da cui verrà il vero aiuto. Allora, e solo allora, i progressi della scienza moderna saranno una benedizione invece che una maledizione.

Se non dipendono da Dio, i nostri sforzi si riducono in cenere e le nostre aurore si trasformano in notti nere come la pece. Se il suo spirito non pervade la nostra vita, avremo solo quelle che G.K. Chesterton ha definito «cure che non curano, benedizioni che non benedicono e soluzioni che non risolvono». «Dio è per noi un rifugio e una forza, un aiuto sempre pronto nelle difficoltà» (Salmi 46,2).

Purtroppo l'uomo ricco non se n'è reso conto. Come molti uomini del ventesimo secolo, si è lasciato coinvolgere a tal punto da grossi affari e piccole banalità da dimenticare Dio. Ha dato a ciò che è finito un significato infinito e ha considerato come punto di arrivo quella che doveva essere soltanto una considerazione preliminare.

Dopo avere accumulato immense ricchezze – nel momento in cui le sue azioni stavano maturando gli interessi più alti e il palazzo in cui viveva era sulla bocca di tutti – l'uomo ricco fece quell'esperienza che è l'irriducibile comune denominatore di tutti gli uomini: la morte. Il fatto che sia morto in quel particolare momento conferisce energia e drammaticità alla storia, ma la verità fondamentale della parabola sarebbe rimasta la stessa anche se fosse vissuto fino all'età di Matusalemme. Anche se non fosse morto fisicamente, spiritualmente lo era già. La cessazione del respiro è stato l'annuncio tardivo di una morte già avvenuta. Il ricco è morto quando non ha saputo tracciare una linea di separazione tra i mezzi dei quali viveva e i fini per i quali viveva, e non è stato in grado di riconoscere la propria dipendenza dagli altri e da Dio.

Ma quell'«uomo ricco» non potrebbe forse essere la civiltà occidentale? Ricchi come siamo di beni e risorse materiali, abbiamo un'idea di successo che è inestricabilmente legata alla smania di possesso. I mezzi di cui viviamo sono davvero meravigliosi, eppure manca qualcosa. Abbiamo imparato a volare in aria come uccelli e a nuotare nel mare come pesci, ma non abbiamo appreso la semplice arte di vivere insieme come fratelli. L'abbondanza di cui ci circondiamo non ci ha portato né pace mentale né serenità di spirito. Uno scrittore orientale ha descritto il nostro dilemma con parole schiette:

Chiamate le vostre mille invenzioni materiali "macchine per lavorare meno", eppure siete sempre "indaffarati". Con il moltiplicarsi delle macchine, diventate sempre più stanchi, ansiosi, nervosi, insoddisfatti. Qualunque cosa abbiate, volete di più, e ovunque siate, volete andare altrove. Avete una macchina per estrarre le materie prime al posto vostro... una macchina per lavorarle... una macchina per trasportarle... una macchina per spazzare e spolverare, una per inoltrare messaggi, una per scrivere, una per parlare, una per cantare, una per proiettare film al cinema, una per votare, una per cucire... e un centinaio di altre macchine per fare un centinaio di altre cose al posto vostro, eppure siete gli uomini più indaffarati e nervosi del mondo... le vostre invenzioni non sono macchine per risparmiare tempo né per salvare l'anima. Sono un'infinità di frecce appuntite che vi spingono a inventare altre macchine e a fare altri affari.[1]

Tutto ciò è profondamente vero e a proposito della civiltà occidentale ci dice una cosa che non può essere accantonata etichettandola come l'accusa carica di pregiudizi di un pensatore orientale che è geloso della prosperità occidentale. Non possiamo sfuggire a quest'accusa. I mezzi dei quali viviamo hanno di gran lunga superato i fini per i quali viviamo. Il nostro po-

---

[1] Abraham Mitrie Rihbany, *Wise Men from the East and from the West*, 1922, p. 137.

tere scientifico ha superato quello spirituale. Abbiamo guidato bene i missili e male l'umanità. Come il ricco della parabola, abbiamo stupidamente soffocato l'interiorità della nostra vita e dato il massimo risalto all'esteriorità. Abbiamo lasciato che la vita finisse per coincidere con i mezzi di sussistenza. La nostra generazione non troverà pace finché non saremo in grado di reimparare che «anche se uno è nell'abbondanza la sua vita non dipende dai suoi beni» (Luca 12,15), ma da quei tesori interiori dello spirito «dove i ladri non arrivano e la tignola non consuma» (Luca 12,33).

La speranza di condurre una vita creativa risiede nella nostra capacità di rifondare i fini spirituali della nostra vita sul carattere individuale e sulla giustizia sociale. Senza questo nuovo risveglio spirituale e morale, ci autodistruggeremo facendo cattivo uso dei nostri stessi strumenti. La nostra generazione non può eludere la domanda del Signore: «E che giova all'uomo se guadagna tutto il mondo – esteriore: aeroplani, luce elettrica, automobili, tv a colori – e perde – quello interiore – l'anima sua?».

La morte del male
sulla riva del mare

«[...] E Israele vide gli egiziani morti sulla riva del mare».

ESODO 14,30

C'è qualcosa di più evidente della presenza del male nell'universo? I suoi fastidiosi tentacoli prensili si insinuano a ogni livello dell'esistenza umana. Possiamo anche discutere dell'origine del male, ma solo chi è vittima di un superficiale ottimismo ne metterebbe in dubbio l'esistenza. Il male è semplice, cupo, terribilmente reale.

Affermando la realtà del male in termini inequivocabili, la Bibbia rappresenta simbolicamente le azioni subdole di un serpente che semina discordia nell'armoniosa sinfonia della vita di un giardino, denuncia profeticamente l'ingiustizia e l'ipocrisia, e ritrae in maniera straordinaria una folla di gente malaccorta che inchioda a una croce, fra due ladroni, la Persona più grande di tutte. La percezione biblica del male è limpida come l'acqua. E nemmeno Gesù dimenticava la realtà del male: anche se non ha mai fornito una spiegazione teologica della sua origine, non ha neanche mai tentato di minimizzarne il senso. Nella parabola della zizzania, Gesù dice che la zizzania è zizzania, non un'illusione o un errore del pensiero. È un'erbaccia vera e propria, che arresta la regolare crescita del nobile frumento. Che sia seminata da Satana o dal cattivo uso che gli uomini fanno della libertà, rimane sempre velenosa e mortale. Parlando delle erbacce che soffocano, Gesù in sostanza dice: "Non tento di spiegarne l'origine, ma a ogni modo sono opera del nemico". Riconosceva che la forza del male era reale quanto quella del bene.

Nel vasto teatro della vita quotidiana, vediamo il male in tutte le sue brutte declinazioni. Lo vediamo espresso nella concupiscenza e nell'egoismo smisurato; lo vediamo nelle alte sfere, dove gli uomini sono disposti a sacrificare la verità sull'altare del loro interesse personale; lo vediamo nelle nazioni imperialiste, che schiacciano gli altri popoli con l'implacabile ariete dell'ingiustizia sociale; lo vediamo sotto forma di guerre disastrose che lasciano uomini e nazioni fisicamente e moralmente a terra.

In un certo senso, la storia dell'uomo è la storia della lotta tra il bene e il male. Tutte le grandi religioni hanno riconosciuto che al centro dell'universo è presente una tensione. L'induismo, ad esempio, ritiene che questa tensione nasca dal conflitto tra illusione e realtà, lo zoroastrismo, dal conflitto tra il dio della luce e il dio delle tenebre, e l'ebraismo e il cristianesimo tradizionali, dal conflitto tra Dio e Satana. Tutte queste dottrine ammettono che accanto alla spinta verso l'alto del bene vi è la spinta verso il basso del male.

Il cristianesimo afferma chiaramente che, nella lunga lotta tra bene e male, alla fine vincerà il bene. Il male verrà infatti condannato dalle potenti e inesorabili forze del bene. Il Venerdì Santo deve cedere il passo alla musica trionfale della Pasqua. La zizzania soffoca la crescita dei germogli di frumento per una stagione, ma quando la messe è raccolta, le erbe cattive vengono separate dal buon frumento. Cesare visse in un palazzo e Gesù venne appeso a una croce, ma quest'ultimo ha suddiviso la storia in un "prima" e un "dopo", e in seguito persino il regno di Cesare è stato datato in riferimento a Cristo. Molto tempo fa la religione biblica accolse le parole di William Cullen Bryant: «La verità schiacciata a terra risorgerà»[1] e anche quelle di Thomas Carlyle: «Non si può pronunciare o mettere in atto una menzogna senza che, dopo aver circolato più o meno a lungo, questa si riveli una cambiale emessa nei confronti della Realtà della Natura con richiesta di pagamento, e ottenga la risposta: Niente di vero»[2].

---

[1] *The Battle-Field.*
[2] *The French Revolution*, libro III, vol. I.

I

Un esempio evidente di questa verità si trova nella storia antica del popolo ebraico. Quando i figli di Israele erano stritolati dalla morsa della schiavitù in Egitto, questo Paese rappresentava il male sotto forma di oppressione, sfruttamento e dominio, mentre gli israeliti rappresentavano il bene sotto forma di devozione e dedizione al Dio di Abramo, Isacco e Giacobbe. L'Egitto lottava per mantenere il suo giogo oppressivo, mentre Israele lottava per conquistare la libertà. Il faraone si rifiutò ostinatamente di rispondere alle invocazioni di Mosè, anche quando a minacciare il suo regno giunsero una piaga dopo l'altra. Questo ci dice qualcosa a proposito del male che non dobbiamo mai dimenticare, e cioè che è ribelle e ostinato e non rinuncia mai spontaneamente alla sua presa senza opporre una resistenza tenace e quasi esasperata. Ma l'universo pone dei limiti: il male non può riorganizzarsi in eterno. Perciò, dopo una lotta lunga e difficile, gli israeliti, con l'aiuto della provvidenza divina, attraversarono il mar Rosso. Ma, come la vecchia guardia che non si arrende mai, gli egiziani, nel disperato tentativo di impedire la fuga, lanciarono i loro eserciti nel mar Rosso dietro agli israeliti. Non appena gli egiziani entrarono nel mare asciutto, le acque divise si richiusero su di loro e la foga e la spinta delle onde li fecero annegare tutti. Quando gli israeliti si voltarono a guardare, l'unica cosa che riuscirono a vedere furono pochi miseri corpi annegati che venivano sbattuti qua e là sulla riva del mare. Per gli israeliti fu un momento importante: sanciva la conclusione di un periodo terribile della loro storia. Era un'alba gioiosa, venuta a porre fine alla lunga notte della prigionia. Il significato di questa storia non è da ricercare nell'annegamento dei soldati egiziani, perché non ci si deve rallegrare della morte o della sconfitta di un altro essere umano. Questa storia simboleggia la morte del male, di un'oppressione disumana e di uno sfruttamento ingiusto.

La morte degli egiziani sulla riva del mare serve a ricordarci con forza che c'è qualcosa nella natura stessa dell'universo che supporta il bene nella sua perenne lotta con il male. Il Nuovo Testamento dice giustamente: «Certo, ogni correzione, sul momento, non sembra causa di gioia, ma di tristezza; *dopo però* arreca un frutto di pace e di giustizia [...]» (Ebrei 12,11). Il faraone sfrutta i figli di Israele, *dopo però*...! Pilato cede alla folla che crocifigge Gesù, *dopo però*...! I primi cristiani furono gettati ai leoni e trascinati al ceppo, *dopo però*...! In questo universo c'è qualcosa che giustifica le parole di Shakespeare:

Una divinità dà forma ai nostri piani
comunque noi li abbozziamo.[3]

---

[3] *Amleto*, atto V, scena II.

133

E di Lowell:

Sebbene la causa del male prosperi,
solo la verità è forte.[4]

E di Tennyson:

Non posso non credere che il bene infine,
nel futuro lontano, infine, vincerà,
e ogni inverno in primavera si muterà.[5]

II

La verità di questo testo si riscontra nella presente lotta tra il bene, sotto forma di libertà e giustizia, e il male, sotto forma di oppressione e colonialismo. Dei circa tre miliardi di persone che abitano il nostro mondo, oltre un miliardo e novecento milioni – una larga maggioranza – vive nel continente asiatico e in quello africano. Meno di vent'anni fa, quasi tutti gli abitanti di questi due continenti erano sudditi delle colonie, soggiogati politicamente, sfruttati economicamente, segregati e umiliati da potenze straniere. Per anni hanno protestato contro queste gravi ingiustizie: in quasi tutti

---

[4] Da *The Present Crisis.*
[5] Da *In Memoriam.*

i Paesi dell'Asia e dell'Africa c'è stato un Mosè coraggioso che ha perorato appassionatamente la causa della libertà per il suo popolo. Per oltre vent'anni il Mahatma Gandhi ha incalzato senza sosta viceré, governatori generali, primi ministri e monarchi inglesi perché concedessero la libertà al suo popolo. Come i faraoni dell'antichità, i governanti inglesi sono rimasti sordi a quegli appelli disperati. Persino il grande Winston Churchill ha risposto alla richiesta di indipendenza di Gandhi dicendo: «Non sono stato nominato Primo ministro del re per presiedere alla liquidazione dell'impero britannico»[6]. Il conflitto tra due forze determinate, le potenze coloniali e i popoli asiatici e africani, è stato tra i più rilevanti e critici del ventesimo secolo.

Nonostante le resistenze e la riluttanza delle potenze coloniali, però, l'esercito della giustizia e della dignità umana sta conquistando poco a poco la vittoria. Venticinque anni fa, l'intero continente africano contava solo tre Paesi indipendenti, mentre oggi ne conta trentadue. Appena quindici anni fa l'impero britannico dominava politicamente più di seicentocinquanta milioni di persone in Asia e Africa, mentre oggi il loro numero è sceso a meno di sessanta milioni. Il mar Rosso si è spalancato. Le masse oppresse in Asia e in Africa hanno conquistato la libertà dall'Egitto del colonialismo e stanno avanzando verso la Terra Promessa della

---

[6] Discorso alla Mansion House, 10 novembre 1942.

stabilità economica e culturale. Questi popoli vedono morire il male del colonialismo e dell'imperialismo sulla riva del mare.

Anche noi in America, nella nostra lotta per la libertà e la giustizia, stiamo intravedendo la fine del male. Nel 1619 i neri furono portati in America dalle terre africane. Per oltre duecento anni l'Africa fu violata e saccheggiata, i suoi regni indigeni furono smembrati e le popolazioni e i loro governanti oppressi. In America, lo schiavo nero non era altro che un ingranaggio spersonalizzato dell'immensa macchina della piantagione.

Ma c'erano anche persone tormentate dalla loro coscienza, le quali sapevano che un sistema tanto ingiusto rappresentava un singolare paradosso in una nazione fondata sul principio che tutti gli uomini sono creati uguali. Nel 1820, sei anni prima di morire, Thomas Jefferson scrisse queste malinconiche parole:

Ma la grave questione (della schiavitù), come una palla di fuoco nella notte, si risvegliò, riempiendomi di terrore. La considerai a un tratto come la campana a morto dell'Unione. [...] Rimpiango di dovere ormai morire con la convinzione che il sacrificio della generazione del 1776 per conquistare autogoverno e felicità per il Paese sia destinato a rimanere vano [...] e la mia unica consolazione è che non vivrò abbastanza a lungo da piangerci sopra.[7]

---

[7] Lettera a John Holmes, 22 aprile 1820.

Come Jefferson, anche molti altri abolizionisti erano straziati dalla questione della schiavitù. Con grande perspicacia, si rendevano conto che l'immoralità della schiavitù umiliava anche il padrone bianco, non solo lo schiavo nero.

Poi venne il giorno in cui Abraham Lincoln affrontò apertamente l'argomento. Ne conosciamo bene i tormenti e le indecisioni, ma il succo della sua ricerca è racchiuso in queste parole: «Nel concedere la libertà allo schiavo, garantiamo la libertà al libero, ugualmente onorevoli in ciò che diamo e in ciò che difendiamo»[8]. Su questo fondamento morale, Lincoln redasse il Proclama di Emancipazione, un ordine esecutivo che metteva fine alla schiavitù. L'importanza del Proclama fu descritta in toni vivaci da un grande americano, Frederick Douglass:

Riconosce e dichiara la vera natura del contendere e pone il Nord dalla parte della giustizia e della civiltà. [...] Senza dubbio, il 1° gennaio 1863 diventerà il giorno più memorabile negli annali di storia americana. Il 4 luglio è stato importante, ma il 1° gennaio, se lo consideriamo in ogni sua implicazione e conseguenza, lo è incomparabilmente di più. Il primo celebrava semplicemente la nascita politica di una nazione, ma il secondo ne celebra la vita e il carattere, e dovrà determinare se quella vita e quel caratte-

---

[8] Messaggio annuale al Congresso, 1 dicembre 1820.

re sapranno gloriarsi dello splendore delle virtù più alte e nobili o si macchieranno di infamia per sempre.[9]

Tuttavia, il Proclama di Emancipazione non determinò la piena libertà dei neri, perché, pur godendo di certe opportunità politiche e sociali durante la Ricostruzione, i neri scoprirono subito che i faraoni del Sud erano ben decisi a mantenerli schiavi. Certo, il Proclama li fece avvicinare al mar Rosso, ma non garantì loro il passaggio in mezzo alle acque spalancate. La segregazione razziale, sancita da una decisione della Corte Suprema degli Stati Uniti nel 1896, fu una nuova forma di schiavitù, nascosta da certe raffinate sottigliezze. Nella grande lotta dell'ultimo mezzo secolo tra le forze della giustizia, che cercavano di metter fine al malvagio sistema della segregazione, e le forze dell'ingiustizia, che tentavano di mantenerlo, i faraoni hanno sfruttato cavilli legali, ritorsioni economiche e anche la violenza fisica pur di mantenere i neri nell'Egitto della segregazione. Nonostante le pazienti invocazioni di tanti Mosè, si sono rifiutati di lasciar libero il popolo nero.

Oggi siamo testimoni di un cambiamento importante. Un rivoluzionario decreto emesso dai nove giudici della Corte Suprema degli Stati Uniti ha spalancato le acque del mar Rosso e adesso le forze della giustizia stanno raggiungendo l'altra sponda. La Corte ha decretato la fine

---

[9] *Douglass' Monthly*, 1 gennaio 1863, p. 1.

della sentenza Plessy contro Ferguson del 1896 e ha affermato che le strutture separate per i bianchi e per i neri sono intrinsecamente inique e che segregare un bambino in base alla sua razza significa negargli un'equa tutela legale. Questa decisione è un grande faro di speranza per milioni di diseredati. Se ci voltiamo indietro, vediamo le forze della segregazione morire a poco a poco in riva al mare. Il problema è lungi dall'essere risolto, e davanti a noi si ergono le gigantesche montagne dell'opposizione, ma se non altro siamo usciti dall'Egitto, e con tranquilla determinazione raggiungeremo la Terra Promessa. I mali dell'ingiustizia e dello sfruttamento non sopravvivranno per sempre. Dal punto di vista storico, il passaggio del mar Rosso conduce in definitiva le forze del bene alla vittoria, e il richiudersi di quelle acque segna la condanna e la distruzione delle forze del male.

Quanto ho appena detto ci ricorda che il male custodisce in sé il seme della sua stessa distruzione. Alla lunga, il bene sconfitto è più forte del male trionfante. Quando qualcuno chiese allo storico Charles A. Beard quali fossero le più grandi lezioni che avesse appreso dalla storia, questi rispose:

La prima: quando gli dei vogliono distruggere qualcuno, devono prima fargli perdere la testa per il potere. La seconda: i mulini di Dio macinano lentamente, ma molto finemente. La terza: l'ape impollina il fiore che rapina. E la quarta: quando è buio abbastanza, si possono vedere le stelle.

Queste non sono le parole di un predicatore, ma di uno storico ostinato, il quale grazie a un lungo e diligente studio della storia ha compreso che il male è autodistruttivo: può anche andare lontano, ma poi giunge a un limite. In questo universo esiste quella che la mitologia greca definiva la dea Nemesi.

III

A questo punto dobbiamo stare attenti a non abbandonarci a un superficiale ottimismo e a non saltare alla conclusione che la fine di un male specifico significa che tutto il male giace morto sulla riva del mare. Ogni passo avanti è precario e la soluzione di un problema ci pone di fronte un altro problema. Il regno di Dio come realtà universale *non è ancora giunto*. Poiché il peccato esiste a ogni livello dell'esistenza umana, quando una tirannia muore, ne emerge un'altra.

Tuttavia, proprio come dobbiamo evitare un ottimismo superficiale, dobbiamo anche evitare di abbandonarci a un pessimismo paralizzante. Anche se ogni progresso è precario, entro certi limiti è possibile realizzare il vero progresso sociale. Sebbene il pellegrinaggio morale dell'uomo rischi di non avere mai un punto d'arrivo sulla terra, se la persona continua a impegnarsi potrebbe giungere sempre più vicina alla città della giustizia. E sebbene il regno di Dio possa *non essere ancora* una realtà universale calata nella storia, nel presente può esistere in determinate forme isolate, come nel discernimento, nella devozione individuale e in una certa vita di gruppo: «Il regno di Dio è in mezzo a voi!» (Luca 17,21).

Dobbiamo soprattutto ricordare che Dio è all'opera nell'universo che ha creato. Non se ne sta fuori dal mondo, a guardarlo con una sorta di gelida indifferenza. Qui, lungo tutte le strade della vita, combatte la nostra battaglia. Come un Padre sempre amorevole, opera attraverso la storia per la salvezza dei suoi figli. Quando lottiamo per sconfiggere le forze del male, il Dio dell'universo lotta insieme a noi. Il male non muore sulla riva del mare solo grazie all'incessante lotta ingaggiata dall'uomo contro di lui, ma perché Dio ha il potere di sconfiggerlo.

Per quale ragione Dio e così lento nell'abbattere le forze del male? Perché ha permesso a Hitler di uccidere sei milioni di ebrei? Perché ha lasciato che in America la schiavitù durasse 244 anni? Perché permette a folle sanguinarie di linciare donne e uomini neri a piacimento e di affogare ragazze e ragazzi neri per capriccio? Perché non cala dal cielo e non annienta le macchinazioni malvagie di uomini perversi?

Non pretendo di capire le vie del Signore e la sua tabella di marcia per affrontare il male. Forse, se Dio trattasse il male nel modo autoritario che desideriamo, tradirebbe il suo scopo ultimo. Siamo esseri umani responsabili, non automi ciechi; persone, non marionette. Dotandoci di libero arbitrio, Dio ha rinunciato a una parte della propria sovranità e si è posto dei limiti. Se i suoi figli sono liberi, devono fare la sua volontà per scelta.

Pertanto, Dio non può imporre il proprio volere ai suoi figli e al tempo stesso mantenere fede ai propri disegni riguardo all'umanità. Se Dio dovesse tradire il proprio scopo grazie alla sua onnipotenza, manifesterebbe debolezza, non forza. La forza è la capacità di realizzare gli obiettivi; l'azione che tradisce lo scopo è debolezza.

Se Dio non vuole affrontare il male con dispotica tempestività, non significa che non stia facendo niente. Noi, esseri umani deboli e limitati, non siamo soli a desiderare il trionfo della giustizia. Come scrisse Matthew Arnold, esiste un «potere duraturo che non è il nostro e che contribuisce alla giustizia»[10].

Dobbiamo anche ricordare che Dio non dimentica i suoi figli che sono vittime di forze malvagie. Ci fornisce le risorse interiori per sopportare i fardelli e le sofferenze della vita. Quando ci troviamo nelle tenebre di un Egitto oppressivo, Dio è la luce sul nostro cammino. Ci infonde la forza necessaria per sopportare le prove d'Egitto e ci infonde il coraggio e la capacità di affrontare il cammino che ci aspetta. Quando la lampada della speranza si spegne e la candela della fede si consuma, Egli ci ristora l'anima, donandoci rinnovato vigore per andare avanti. È con noi non solo nell'ora meridiana dell'appagamento, ma anche nella mezzanotte della disperazione.

Quando eravamo in India, io e mia moglie abbiamo trascorso un piacevole fine settimana nello Stato del Ke-

---

[10] *Literature and Dogma*, 1883.

rala, la punta meridionale di quell'immenso Paese. Una volta là, siamo andati anche alla bella spiaggia di Capo Comorin, che viene detta "la fine della terra" perché è davvero il punto in cui l'India finisce. Da lì non si vede altro che l'immensa distesa di onde che si infrangono. In quel luogo bellissimo si incontrano tre grandi specchi d'acqua: l'oceano Indiano, il mar Arabico e il golfo del Bengala. Seduti su una gigantesca roccia leggermente aggettante sul mare, eravamo soggiogati dalla vastità dell'oceano e dalle sue spaventose immensità. Mentre le onde si accavallavano in successione quasi ritmica e si infrangevano contro la base della roccia su cui eravamo seduti, sentivamo risuonare dolcemente la musica dell'oceano. A ovest vedevamo un sole maestoso, una grande palla di fuoco cosmica, che sembrava tuffarsi nell'oceano. Quando fu quasi scomparso dalla vista, mia moglie mi sfiorò e disse: "Guarda, Martin, non è meraviglioso?". Mi guardai intorno e vidi la luna, altra sfera di scintillante bellezza. Mentre il sole sembrava sprofondare nell'oceano, la luna pareva sorgere dalle acque. Quando il sole scomparve definitivamente, le tenebre avvolsero la terra, ma a est si vedeva già risplendere la sfolgorante luce della luna.

Dissi a mia moglie: "È un'analogia di ciò che spesso accade nella vita". Tutti abbiamo sperimentato lo svanire della luce del giorno, che ci consegna a una mezzanotte buia e desolata, e momenti in cui le nostre speranze più profonde si sono trasformate nello strazio della disperazione, o in cui siamo stati vittime di qualche tragica ingiustizia o ignobile sfruttamento. In momenti del genere, la nostra anima è quasi sopraffatta dall'oscurità e dalla disperazione, e ci pare che non vi sia luce da nessuna parte. Ma poi guardiamo ancora verso est e scopriamo che c'è un'altra luce che risplende anche nelle tenebre, e «uno sprazzo di frustrazione» si trasforma così «in un raggio di luce».

Sarebbe un mondo insopportabile, se Dio avesse una sola luce, ma possiamo consolarci, perché ne ha due: una per guidarci nello splendore del giorno, quando le speranze si avverano e le circostanze sono favorevoli, e una per guidarci nelle tenebre della mezzanotte, quando siamo confusi e i giganti addormentati dello sconforto e della disperazione si levano nel nostro animo. Il salmista ci dice che non dobbiamo mai camminare nelle tenebre:

> Dove andare lontano dal tuo spirito, dove fuggire dalla tua presenza? Se salgo in cielo, là tu sei, se scendo negli inferi, eccoti. Se prendo le ali dell'aurora per abitare all'estremità del mare, anche là mi guida la tua mano e mi afferra la tua destra. Se dico: «Almeno l'oscurità mi copra e intorno a me sia la notte», nemmeno le tenebre per te sono oscure, e la notte è chiara come il giorno; per te le tenebre sono come la luce (Salmi 139(138),7-12).

Questa fede ci sorreggerà nella lotta per sfuggire alla prigionia di ogni Egitto malvagio. Questa fede sarà una lampada ai nostri piedi stanchi e una luce sul nostro sentiero tortuoso. Senza una fede simile, i sogni più nobili dell'uomo si ridurranno silenziosamente in polvere.

Sogni infranti

«Quando andrò in Spagna spero,
passando, di vedervi [...]».
Romani 15,24

Uno dei problemi più angoscianti dell'esperienza umana è che solo qualcuno di noi (o forse nessuno) riesce a vivere tanto a lungo da veder realizzate le proprie speranze più intime. Le speranze dell'infanzia e le promesse della maturità sono sinfonie incompiute. In un suo celebre dipinto, George Frederic Watts ritrae la Speranza come una figura silenziosa che, seduta sul nostro globo, il capo tristemente chino, pizzica l'unica corda intatta di una lira. Alzi la mano chi non ha mai dovuto affrontare l'agonia delle speranze deluse e dei sogni infranti.

Nella lettera di Paolo ai cristiani di Roma troviamo una persuasiva descrizione del fastidioso problema delle speranze deluse: «Quando andrò in Spagna spero, passando, di vedervi». Tra le sue ardenti speranze vi era quella di recarsi in Spagna, all'estremità del mondo allora conosciuto, dove avrebbe potuto diffondere ulteriormente il Vangelo cristiano. Al suo ritorno, desiderava incontrare quel coraggioso gruppo di cristiani romani. Più pregustava quell'occasione, più il suo cuore batteva forte per la gioia. Il suo compito ormai consisteva nel portare il Vangelo a Roma, la capitale, e in Spagna, ai margini dell'impero.

Quanta luminosa speranza si agitava nel cuore di Paolo! Di fatto, però, non andò mai a Roma come aveva sperato. Poiché osava aver fede in Gesù Cristo, fu condotto là, ma come prigioniero, e fu trattenuto nella piccola cella di un carcere. Non poté mai percorrere le polverose strade di Spagna, né posare lo sguardo sulle sue dolci colline, né osservare le vivaci attività costiere. Fu messo a morte, si pensa, come martire di Cristo a Roma. La vita di Paolo è una tragica storia di sogni infranti.

La vita presenta molte esperienze simili. Chi di noi non si è messo in cammino verso qualche lontana Spagna, verso un obiettivo importante o una conquista gloriosa, per poi rendersi conto di doversi accontentare di molto meno? Noi non percorriamo mai da uomini liberi le vie della nostra Roma; anzi, a causa delle circostanze viviamo in piccole celle: nella nostra vita è presente una pecca fatale e nella storia scorre una vena irrazionale e imprevedibile. Come Abramo, anche noi soggiorniamo nella Terra Promessa, ma ben di rado diventiamo «coeredi della medesima promessa»

(Ebrei 11,9). Le nostre aspirazioni sono sempre al di là della nostra portata.

Dopo aver lottato per anni per conquistare l'indipendenza, il Mahatma Gandhi fu testimone di una sanguinosa guerra religiosa tra indù e musulmani, e la conseguente separazione dell'India dal Pakistan distrusse il suo profondo desiderio di una nazione unita. Woodrow Wilson è morto prima di veder realizzato il sogno, che lo aveva logorato, di una Lega delle Nazioni. Molti schiavi neri d'America, che per decenni avevano agognato la libertà, sono morti prima dell'emancipazione. Dopo aver pregato nell'orto del Getsemani che il calice passasse da lui, Gesù bevve comunque fino all'ultima amara goccia. E l'apostolo Paolo pregò ripetutamente e appassionatamente che gli fosse tolta la «spina» dalla carne, ma le pene e il tormento continuarono fino alla fine dei suoi giorni. I sogni infranti sono il segno distintivo della nostra vita mortale.

I

Prima di decidere come vivere in un mondo in cui le nostre più nobili speranze non si realizzano, dobbiamo chiederci: "Che cosa si deve fare in tali circostanze?".

Una possibile reazione è distillare tutta la nostra frustrazione in un nocciolo di amarezza e risentimento. La persona che segue questa strada è portata a sviluppare un atteggiamento insensibile e un cuore freddo, e a covare una profonda avversione nei confronti di Dio, di coloro con i quali vive e di se stesso. Non potendo mettere con le spalle al muro Dio o la vita, trasforma il desiderio di rivalsa accumulato in ostilità verso il prossimo. Può essere estremamente crudele con il partner e inflessibile con i figli. In poche parole, la meschinità diventa la sua caratteristica dominante. Non ama nessuno e non chiede amore, non si fida di nessuno né si aspetta che gli altri si fidino di lui. Ha da ridire su tutto e tutti e si lamenta in continuazione.

Una simile reazione avvelena l'anima e rovina la personalità, danneggiando innanzitutto la persona che nutre tali sentimenti. La scienza medica dimostra che, a volte, disturbi fisici come l'artrite, l'ulcera gastrica e l'asma insorgono anche a causa dei nostri rancori. La medicina psicosomatica, che tratta le malattie del corpo derivate da disturbi mentali, dimostra che un risentimento profondo può provocare un deterioramento fisico.

Un'altra reazione comune di coloro che sperimentano il crollo della speranza è ritirarsi completamente in se stessi e diventare introversi. Nessuno può entrare nella loro vita e loro si rifiutano di entrare in quella degli altri. Sono persone che abbandonano la lotta per la vita, perdono il gusto di vivere e cercano di fuggire trasformando la mente in un regno trascendente di freddezza. La parola che meglio li descrive è "distacco". Troppo insensibili per amare e troppo spassionati per odiare, troppo distaccati per essere egoisti e troppo spenti per essere altruisti, troppo indifferenti per provare gioia e troppo freddi per provare dolore, non sono né vivi né morti: semplicemente esistono. I loro occhi non colgono le bellezze della natura, le loro orecchie sono insensibili ai suoni maestosi della grande musica e le loro mani sono incapaci di reagire persino al tocco di un bimbo. In loro non rimane niente della vivacità della vita, solo il tedioso moto della mera esistenza. Le speranze deluse li portano al cinismo paralizzante di cui parla Omar Khayyám:

> La speranza mondana è frutto che matura di rado,
> e che pertanto diviene cenere scura;
> è neve nel deserto, che sull'arida sabbia
> risplende appena un attimo, e non dura.[1]

Questa reazione si basa su un tentativo di sfuggire alla vita. Gli psichiatri dicono che quando le persone tentano di evadere dalla realtà, la loro personalità diviene sempre più rarefatta, finché alla fine si scinde. Questa è una delle cause della personalità schizofrenica.

Una terza reazione possibile alle delusioni della vita è adottare una filosofia fatalistica basata sulla convinzione che ogni cosa accade perché deve accadere, e che ogni evento è determinato dalla necessità. Il fatalismo implica che tutte le cose siano predeterminate e ineluttabili. Chi aderisce a questa filosofia si abbandona

---

[1] Edward FitzGerald, tr., *Rubáiyát of Omar Khayyám*, Stanza XVI.

alla rassegnazione assoluta a quello che considera il proprio destino e pensa di essere poco più che un orfano derelitto, gettato nella terrificante immensità dello spazio. Poiché queste persone credono che l'essere umano non sia libero, non cercano né di pensare né di prendere decisioni, ma preferiscono aspettare passivamente che siano le forze esterne a decidere per loro. Non cercano mai veramente di cambiare la loro situazione, perché credono che ogni circostanza, come nelle tragedie greche, sia controllata da forze irrefrenabili e predeterminate. Alcuni fatalisti sono anche molto religiosi e credono sinceramente che sia Dio a decidere e a controllare il destino. Questa concezione è espressa nella strofa di uno dei nostri inni cristiani:

Per quanto oscura la mia via e triste la mia sorte,
me ne starò tranquillo e non protesterò,
ma sospirerò la preghiera insegnataci da Dio:
sia fatta la tua volontà.

I fatalisti, credendo che la libertà sia un mito, si abbandonano a un determinismo paralizzante secondo il quale siamo

solo misere pedine della partita che Lui gioca
su questa scacchiera di notti e di giorni[2]

---

[2] Ivi, Stanza LXIX.

150

e non dobbiamo preoccuparci del futuro, perché

il Dito muovendosi scrive e, una volta scritto,
prosegue; tutta la tua pietà e il tuo ingegno
non lo riporteranno indietro a cancellare mezza riga,
né tutte le tue lacrime varranno a cancellare una parola.[3]

Sprofondare nelle sabbie mobili del fatalismo è soffocante sia dal punto di vista intellettuale, sia da quello psicologico. Dato che la libertà è parte dell'essenza dell'uomo, il fatalista, negandola, diventa un fantoccio, non una persona. Certo, quando dice che non vi è libertà assoluta e che la libertà opera sempre nel contesto di una struttura predestinata, ha ragione. L'esperienza comune ci insegna che un uomo è libero di andare verso nord da Atlanta a Washington o verso sud da Atlanta a Miami, ma non verso nord a Miami né verso sud a Washington. La libertà si muove sempre dentro la cornice del destino. *Ma la libertà esiste.* Siamo, al tempo stesso, liberi e predestinati. La libertà è la facoltà di riflettere, decidere e reagire all'interno della nostra natura predeterminata. Anche se il destino ci dovesse impedire di andare nella Spagna che ci attrae, abbiamo comunque la capacità di accettare questa delusione, di reagire e di fare qualcosa per affrontarla. Ma il fatalismo ostacola l'individuo, rendendolo miseramente inadeguato alla vita.

---

[3] Ivi, Stanza LXXI.

Il fatalismo, inoltre, si basa su una concezione sconcertante di Dio, poiché ogni cosa, buona o cattiva che
sia, è considerata la volontà di Dio. Una religione sana
va ben oltre l'idea che Dio voglia il male: pur permet-
tendolo per preservare la libertà dell'uomo, non lo causa. Ciò che è voluto è intenzionale, e il solo pensiero
che Dio possa volere che un bimbo nasca cieco o che
un uomo venga distrutto dalla pazzia è pura eresia, e
dipinge Dio come un demonio invece che come un Padre amorevole. Aderire al fatalismo è un modo tragico
e pericoloso di affrontare il problema dei sogni irrealiz-
zati, quanto lo sono l'amarezza e la rinuncia.

II

Qual è, allora, la risposta? La risposta consiste nell'essere disposti ad accettare le circostanze indesiderate e
sfortunate, rimanendo però sempre fedeli a una luminosa speranza, nell'accettare una delusione temporanea,
rimanendo fedeli a una speranza infinita. Questa non è
la cupa e amara accettazione del fatalista, ma la conquista che ritroviamo nelle parole di Geremia: «È solo un
dolore che io posso sopportare» (Geremia 10,19).

Dovete confrontarvi sinceramente con i vostri sogni
infranti. Seguire il metodo dei sognatori, che consiste
nel tentare di togliervi dalla mente la delusione, porterà solo a una repressione psicologicamente dannosa.
Mettete il vostro fallimento sotto i riflettori e abbiate

il coraggio di guardarlo fisso. Poi chiedetevi: "Come posso trasformare questo svantaggio in una risorsa? Come posso io, confinato in un'angusta prigione romana e impossibilitato a raggiungere la Spagna della mia vita, trasformare questa cella d'infamia in un rifugio di sofferenza redentrice?". Quasi tutto ciò che ci accade può essere intessuto nei disegni di Dio, può allungare le corde della nostra compassione, infrangere il nostro orgoglio egocentrico. La croce, voluta da uomini malvagi, fu intessuta da Dio nell'arazzo della redenzione del mondo.

Molte delle più influenti personalità mondiali hanno trasformato le loro spine in corone. Charles Darwin, che soffriva di una ricorrente malattia fisica, Robert Louis Stevenson, affetto da tubercolosi, e Helen Keller, cieca e sorda, non hanno reagito con amarezza o fatalismo, ma, esercitando una volontà dinamica, hanno trasformato le circostanze negative in risorse. Scrive il biografo di Georg Friedrich Händel:

La sua salute e le sue fortune avevano toccato il fondo. Aveva il lato destro del corpo paralizzato ed era rimasto completamente senza soldi. I creditori lo assediavano e minacciavano di mandarlo in prigione. All'inizio fu tentato di abbandonare la lotta, ma poi si riprese tanto da comporre la più grande delle sue creazioni, l'epico *Messia*.

Il Coro dell'*Alleluia* non nacque in un'appartata villa spagnola, ma in una cella brutta e angusta.

Com'è familiare l'esperienza di desiderare la Spagna e accontentarsi invece di una prigione romana, e quanto lo è di meno, invece, trasformare ciò che rimane di un'aspettativa delusa in un'occasione per servire il disegno di Dio! Eppure, una vita importante implica sempre simili vittorie sulla propria anima e la propria situazione.

Noi neri abbiamo sognato a lungo la libertà, ma siamo ancora confinati nell'opprimente prigione della segregazione e della discriminazione. Dobbiamo forse reagire con amarezza e cinismo? Certo che no, perché questo distruggerebbe e avvelenerebbe la nostra personalità. Dobbiamo forse, concludendo che la segregazione è nel disegno di Dio, rassegnarci all'oppressione? Certo che no, perché significherebbe attribuire a Dio, in maniera blasfema, ciò che invece appartiene al diavolo. Collaborare passivamente con un sistema ingiusto rende l'oppresso malvagio quanto l'oppressore. La condotta più proficua che possiamo adottare è rimanere saldi nella nostra coraggiosa decisione, avanzare pacificamente tra ostacoli e impedimenti, accettare le delusioni e aggrapparsi alla speranza. Alla fine, il nostro secco rifiuto a lasciarci fermare aprirà la porta dell'appagamento. Mentre siamo ancora nella cella della segregazione, dobbiamo chiederci: "Come possiamo trasformare questo svantaggio in una risorsa?". Riconoscendo la necessità di soffrire per una giusta causa, forse riusciremo a esprimere la pienezza della nostra levatura umana. Per proteggerci dall'amarezza, dobbiamo avere la giusta apertura mentale per cogliere, nelle prove a cui è sottoposta questa generazione, l'opportunità di trasformare sia noi stessi sia la società americana. La nostra attuale sofferenza e la nostra lotta nonviolenta per la libertà possono offrire alla civiltà occidentale quella dinamica spirituale di cui ha così disperatamente bisogno per sopravvivere.

Certo, alcuni di noi moriranno senza beneficiare del raggiungimento della libertà, ma dobbiamo comunque continuare a navigare seguendo il corso segnato sulla mappa. Dobbiamo accettare le delusioni temporanee senza mai perdere la speranza infinita. Solo così vivremo senza la fatica dell'amarezza e lo sfinimento provocato dal rancore.

È stato questo il segreto che ha permesso ai nostri progenitori schiavi di sopravvivere. La schiavitù era una pratica abbietta, ignobile e disumana. Quando gli schiavi furono portati via dall'Africa, vennero strappati ai loro cari e incatenati sulle navi come bestie. Non c'è niente di più drammatico che essere separati dalla famiglia, dalla propria lingua, dalle proprie radici. In molti casi, i mariti furono separati dalle mogli e i figli dai genitori. Quando le donne erano costrette a soddisfare le fregole dei padroni bianchi, i mariti schiavi non potevano intervenire. Eppure, nonostante queste indicibili crudeltà, i nostri progenitori sono sopravvissuti. Quando ogni nuovo giorno non offriva altro che gli stessi lunghi filari di cotone, la stessa calura soffocante e lo scudiscio di cuoio dei sorveglianti, quegli uomini coraggiosi e quelle donne forti sognavano un giorno più luminoso. Non avevano altra alternativa che accettare la realtà della schiavitù, ma si tenevano tenacemente aggrappati alla speranza della libertà. In una situazione apparentemente disperata, alimentavano nelle loro anime un ottimismo creativo che li rafforzava. La loro inesauribile vitalità trasformava le tenebre della frustrazione nella luce della speranza.

III

Andai per la prima volta da New York a Londra con un aereo a propulsione, che impiegava nove ore e mezzo per un volo che oggi, con un jet, si fa in sei ore. Quando venne il momento di tornare negli Stati Uniti, mi fu detto che ci sarebbero volute dodici ore e mezzo di volo. La distanza era la stessa, perché dunque quelle tre ore in più? Quando il pilota entrò nell'abitacolo per salutare i passeggeri, gli chiesi di spiegarmi quella differenza. "Deve sapere una cosa sui venti", disse. "Partendo da New York, c'è un forte vento di coda in nostro favore, ma quando torniamo abbiamo un forte vento di testa che rema contro". Poi aggiunse: "Non si preoccupi. Questi quattro motori sono perfettamente in grado di contrastare i venti". A volte, nella vita, i venti di coda della gioia, del trionfo e dell'appagamento soffiano in nostro favore, mentre altre volte i venti di testa della delusione, del dolore e della tragedia si accaniscono inesorabilmente contro di noi. Permetteremo ai venti avversi di avere la meglio, mentre attraversiamo il grande oceano della vita, o i nostri motori spirituali ci aiuteranno a combattere le raffiche? Il nostro rifiuto a lasciarci fermare, il nostro "coraggio di essere", la nostra determinazione ad andare avanti "nonostante tutto" rivelano l'immagine divina che è dentro di noi. Chi ha fatto questa scoperta sa bene che nessun peso potrà mai sopraffarlo né alcun vento avverso potrà mai strappargli via la speranza. È in grado di affrontare qualunque cosa.

Certamente l'apostolo Paolo possedeva questo "coraggio di essere". La sua vita è stata una serie continua di delusioni: ovunque guardasse, vedeva progetti mancati e sogni infranti. Quando progettava di andare in Spagna, venne rinchiuso in una prigione romana; quando sperava di andare in Bitinia, venne dirottato sulle coste della Troade. La sua valorosa missione a sostegno di Cristo si compose di «viaggi innumerevoli, pericoli di fiumi, pericoli di briganti, pericoli dai miei connazionali, pericoli dai pagani, pericoli nelle città, pericoli nel deserto, pericoli sul mare, pericoli da parte di falsi fratelli» (2 Corinzi 11,26). Lasciò forse che quelle situazioni avessero la meglio? «Ho imparato», diceva, «a bastare a me stesso in ogni occasione» (Filippesi 4,11). Non che Paolo fosse compiaciuto di sé, poiché nessun aspetto della sua vita lo caratterizza come un individuo del genere. In *Declino e caduta dell'Impero romano*, Edward Gibbon afferma: «Per promuovere l'idea di libertà, Paolo ha fatto più di chiunque abbia mai messo piede sul suolo occidentale». Dà forse l'idea di uno che si compiace? Ma non si è nemmeno rassegnato a un destino imperscrutabile. Scoprendo la distinzione fra tranquillità spirituale ed eventi esteriori dovuti al caso, Paolo ha imparato a tenere la testa alta, senza disperarsi per le delusioni della vita.

Chi di noi fa questa meravigliosa scoperta riceverà, come Paolo, quella vera pace «che sorpassa ogni intelligenza». La pace come il mondo comunemente la intende arriva quando il cielo d'estate è terso e un bel sole splende scintillante, quando il portafoglio è pieno, la mente e il corpo sono liberi da dolori e sofferenze e le coste della Spagna sono state raggiunte. Ma questa non è la vera pace. La pace di cui Paolo parlava è tranquillità dell'anima in mezzo ai guai, pace interiore quando fuori infuria e urla la tempesta, quiete serena in mezzo a un uragano, quando i venti si scontrano e fischiano. Capiamo facilmente che cosa significhi pace quando tutto va bene e siamo "al settimo cielo", ma rimaniamo sconcertati quando Paolo parla della vera pace che giunge nel momento in cui un uomo è "a terra", quando i fardelli pesano sulle spalle, quando il dolore pulsa fastidiosamente dentro di lui, quando è confinato tra le mura di pietra di una cella e quando la delusione è ineluttabilmente reale. La vera pace, una quiete che va al di là di ogni descrizione o spiegazione, è la pace in mezzo alla tempesta, la tranquillità di fronte alle catastrofi.

Attraverso la fede possiamo ricevere l'eredità di Gesù: «Vi lascio la pace, vi do la mia pace» (Giovanni 14,27). Mentre era a Filippi, rinchiuso in una segreta buia e desolata, fustigato e sanguinante, i piedi incatenati, lo spirito esausto, Paolo intonava con gioia i canti di Sion a mezzanotte. I primi cristiani, affrontando i leoni affamati nell'arena e la dolorosissima pena del ceppo, si rallegravano di essere stati giudicati degni di soffrire per amore di Cristo. Gli schiavi neri, sfiniti nel caldo intollerabile e con i segni delle frustate impressi di fresco sulla schiena, cantavano trionfanti: «Presto deporrò questo pesante fardello». Sono tutti esempi viventi di pace che va al di là di ogni comprensione.

In ultima analisi, la capacità di affrontare in maniera creativa i sogni infranti deriva dalla nostra fede in Dio. La vera fede ci infonde la convinzione che al di là del tempo esiste uno Spirito divino e oltre la vita esiste la Vita. Per quanto tristi e catastrofiche possano essere le circostanze presenti, sappiamo che non siamo soli, perché Dio abita con noi nelle celle più anguste e opprimenti dell'esistenza. E anche se moriamo senza che la promessa terrena si sia realizzata, Lui ci guiderà per quella misteriosa strada chiamata morte e ci condurrà a quella indescrivibile città che ha preparato per noi. La sua potenza creatrice non si esaurisce in questa vita terrena, né il suo maestoso amore è rinchiuso tra le limitate pareti del tempo e dello spazio. Non sarebbe, questo, un universo stranamente irrazionale, se Dio alla fine non unisse virtù e realizzazione? Non sarebbe un universo assurdamente privo di senso, se la morte fosse un vicolo cieco che conduce l'umanità verso il nulla? Tramite Cristo, Dio ha strappato il pungiglione della morte, liberandoci dal suo giogo. La vita terrena è il preludio a un risveglio nuovo e glorioso e la morte è una porta aperta che ci conduce alla vita eterna.

La fede cristiana ci permette di accettare dignitosamente ciò che non può essere mutato, di affrontare delusioni e dolore con equilibrio interiore e di sopportare le pene più grandi senza abbandonare la speranza, perché, come testimonia Paolo, sappiamo che nella vita e nella morte, in Spagna o a Roma, «tutto concorre al bene di coloro che amano Dio, che sono stati chiamati secondo il suo disegno» (Romani 8,28).

Il nostro Dio è abile

«A colui che può preservarvi da ogni caduta».
GIUDA 24

La fede cristiana ruota intorno alla convinzione che nell'universo esiste un Dio potente, capace di realizzare un'infinità di cose in natura e nella storia. Tale convinzione è ripetuta molte volte sia nell'Antico che nel Nuovo Testamento e, dal punto di vista teologico, questa affermazione è espressa nella dottrina dell'onnipotenza di Dio. Il Dio che adoriamo non è debole e incompetente, ma capace di respingere gigantesche ondate di ostilità e abbattere colossali montagne di male. Ciò che la fede cristiana testimonia con forza è che Dio è abile.

Alcuni tentano di convincerci che solo l'uomo è abile. Il loro tentativo di rimpiazzare l'universo teocentrico con un universo antropocentrico non è certo nuovo: nell'era moderna, iniziò nel Rinascimento e proseguì con l'Illuminismo, quando alcuni giunsero gradualmente a ritenere che nel viaggio della vita Dio fosse un orpello inutile. In quei periodi e in seguito, con la rivoluzione industriale in Inghilterra, altri si chiesero se Dio rivestisse ancora una qualche importanza. Il laboratorio iniziò a rimpiazzare la chiesa e lo scienziato divenne un sostituto del profeta. Non furono pochi quelli che si unirono a Swinburne nel cantare il nuovo inno: «Gloria all'Uomo nell'alto dei Cieli, poiché l'Uomo è il signore delle cose»[1].

Per giustificare la loro fede, i seguaci della nuova religione antropocentrica citano gli spettacolari progressi della scienza moderna. La scienza e la tecnologia hanno potenziato il corpo dell'uomo: il telescopio e la televisione hanno rafforzato i suoi occhi, telefono, radio e microfono hanno fatto lo stesso con la sua voce e l'udito, automobile e aereo gli hanno allungato le gambe, medicine miracolose gli hanno prolungato la vita. Questi incredibili successi non ci hanno forse dimostrato che l'uomo è abile?

Purtroppo, però, qualcosa ha scosso la fede di coloro che hanno trasformato il laboratorio nella "nuova cattedrale delle speranze umane". Gli strumenti che ieri venivano adorati oggi contengono la morte universale e minacciano di farci precipitare nell'abisso della distruzione. L'uomo non è capace di salvare se stesso, né il mondo. A meno che non sia guidato dallo Spirito

---

[1] *Hymn of Man.*

divino, le sue recenti conoscenze scientifiche si trasformeranno in un Frankenstein che ridurrà in cenere la sua vita terrena.

A volte altre forze ci spingono a mettere in dubbio le capacità di Dio. La cruda e palese realtà del male, quella che Keats chiama «l'agonia gigantesca del mondo»[2], inondazioni e tornado implacabili che spazzano via le persone come erbacce in un campo aperto, malattie come la pazzia che tormentano alcuni fin dalla nascita riducendo i loro giorni a tragiche routine senza senso, la follia della guerra e la barbarie della disumanità dell'uomo verso i propri simili... perché, ci chiediamo, avvengono queste cose, se Dio è capace di prevenirle? Questo problema, il problema del male, ha sempre tormentato la mente umana. Mi limiterò a rispondere che gran parte del male che subiamo è causato dalla follia e dall'ignoranza dell'essere umano e dal suo abusare della libertà che gli è concessa. Al di là di questo, posso soltanto dire che Dio è e sempre sarà circondato da una penombra di mistero. Ciò che sul momento sembra un male può avere uno scopo che le nostre menti limitate non sono in grado di comprendere. Perciò, nonostante la presenza del male e i dubbi che si annidano nella nostra mente, non dobbiamo smettere di credere fermamente che il nostro Dio è abile.

---

[2] *Hyperion*, libro IV, cap. 7.

I

Osserviamo, innanzitutto, che Dio è capace di sostenere la vastità dell'universo fisico. Anche in questo caso siamo tentati di pensare che il vero padrone dell'universo fisico sia l'essere umano. I jet, fabbricati dall'uomo, coprono in pochi minuti distanze che prima richiedevano settimane di sforzi enormi. Le navicelle spaziali fabbricate dall'uomo permettono ai cosmonauti di spostarsi nello spazio a velocità incredibili. Non significa forse che Dio è stato sostituito alla guida dell'ordine cosmico?

Prima di farci consumare dalla nostra arroganza e dall'egocentrismo, però, diamo un'occhiata all'universo da lontano. Scopriremo subito che gli strumenti creati dalla mano dell'uomo sembrano a malapena muoversi in confronto al moto del sistema solare creato da Dio. Pensiamo, ad esempio, al fatto che la Terra gira intorno al Sole così rapidamente che in un'ipotetica gara spaziale persino il più veloce dei jet rimarrebbe indietro di oltre centomila chilometri nel giro di un'ora. Negli ultimi sette minuti abbiamo sfrecciato nello spazio per quasi 13 mila chilometri. Oppure pensiamo al Sole, che per gli scienziati è il centro del sistema solare: per compiere la sua evoluzione intorno a questa palla di fuoco cosmica, la Terra impiega un anno, compiendo un percorso di 940 milioni di chilometri alla velocità di oltre 107 mila chilometri all'ora, cioè 2,575 milioni di chilometri al giorno. Domani a quest'ora saremo a 2,575 milioni di chilometri dal punto in cui ci troviamo in questo centesimo di secondo. Il Sole, che sembra tanto vicino, dista dalla Terra 150 milioni di chilometri: fra sei mesi ci troveremo dall'altra parte del Sole (a 150 milioni di chilometri di distanza) e fra un anno avremo compiuto un intero giro e saremo tornati dove siamo in questo preciso istante. Ecco perché quando contempliamo l'illimitata estensione dello spazio, nella quale siamo costretti a misurare le distanze stellari in anni luce e in cui i corpi celesti si muovono a velocità incredibili, dobbiamo per forza guardare al di là dell'uomo e affermare ancora una volta che Dio è abile.

II

Osserviamo anche che Dio è capace di soggiogare tutte le forze del male. Affermando che Dio è in grado di vincere il male, di fatto ammettiamo che il male esiste. Il cristianesimo non lo ha mai considerato irreale, né un errore della mente mortale: lo reputa una forza che ha una realtà oggettiva. Il cristianesimo, però, afferma che il male contiene in sé il germe della propria distruzione. La storia è costellata di episodi in cui le forze del male avanzano con una potenza apparentemente incontrastabile per poi essere schiacciate dagli arieti delle forze della giustizia. Nel mondo etico esiste una legge – un imperativo silenzioso e invisibile, analogo alle leggi del mondo fisico – che ci ricorda che la vita si svolge solo in un dato modo. Gli Hitler e i Mussolini hanno il loro momento e per un certo periodo possono anche disporre di un grande potere, ergendosi come alberi verdeggianti, ma presto saranno falciati come erba e come erba verde avvizziranno.

Nella sua efficace descrizione della battaglia di Waterloo ne *I Miserabili*, Victor Hugo scrisse:

> Era possibile che Napoleone vincesse quella battaglia? Rispondiamo no. Perché? A causa di Wellington? A causa di Blücher? No. A causa di Dio. […] Napoleone era stato denunciato nell'infinito e la sua caduta era decisa. Dava fastidio a Dio. Waterloo non è una battaglia; è il mutamento di fronte dell'universo.

Nel vero senso della parola, Waterloo simboleggia il destino tragico di ogni Napoleone ed è un eterno promemoria, per una generazione ebbra di potenza militare, del fatto che nel lungo corso della storia il potere non si identifica con la giustizia e che la potenza della spada non può soggiogare la potenza dello spinto.

In Africa e Asia si è diffuso un sistema malvagio chiamato colonialismo, ma poi si è messa in moto la silenziosa legge invisibile. Il primo ministro britannico Macmillan ha detto: «Ha cominciato a soffiare il vento del cambiamento». I potenti imperi coloniali hanno iniziato a disintegrarsi come castelli di carte, e nuove nazioni indipendenti a emergere come fresche oasi nei deserti bruciati dal calore soffocante dell'ingiustizia. In meno di quindici anni, l'indipendenza ha investito Asia e Africa come un'inarrestabile ondata di marea, liberando oltre un miliardo e cinquecento milioni di persone dagli opprimenti ceppi del colonialismo.

Nel nostro stesso Paese, per circa cento anni un altro sistema ingiusto e malvagio chiamato segregazione ha instillato nei neri un senso di inferiorità, privandoli del loro status di persone e negando loro il diritto innato alla vita, alla libertà e alla ricerca della felicità. La segregazione è stata il pesante fardello dei neri e la vergogna dell'America. Ma, nel nostro Paese come su scala mondiale, il vento del cambiamento ha iniziato a soffiare. A suon di fatti, l'apparato della segregazione è stato gradatamente smantellato. Oggi sappiamo per certo che la segregazione è morta: l'unico dubbio è quanto costerà il funerale.

Grandi mutamenti del genere non sono soltanto sconvolgimenti politici e sociologici, ma rappresentano anche il venir meno di sistemi nati nell'ingiustizia, maturati nella diseguaglianza e prosperati nello sfruttamento; rappresentano l'inevitabile declino di qualunque sistema basato su principi che non sono in armonia con le leggi morali dell'universo. Quando le future generazioni ripenseranno a questi giorni turbolenti e pieni di tensione che stiamo vivendo, vedranno Dio all'opera nella storia per la salvezza dell'uomo. Capiranno che Dio operava per mezzo di uomini illuminati in grado di comprendere che nessuna nazione poteva sopravvivere mezza schiava e mezza libera.

Dio è capace di vincere i mali della storia. La sua autorità non viene mai usurpata. Se a volte disperiamo per i progressi relativamente lenti che facciamo nel mettere fine alla discriminazione razziale e siamo delusi dall'inopportuna cautela del governo federale, riprendiamo animo pensando che Dio è abile. Nel nostro cammino sulla strada della libertà, a volte difficile e spesso solitario, non siamo soli: Dio cammina con noi. Ha inserito nella struttura stessa di questo universo certe leggi morali assolute: non possiamo né sfidarle né infrangerle. Se disobbediamo, ci distruggeranno. Le forze del male potranno anche vincere temporaneamente la verità, ma alla fine questa avrà la meglio. Il nostro Dio è abile. James Russell Lowell aveva ragione:

> La verità è sempre sul patibolo,
> l'ingiustizia è sempre sul trono,
> eppure quel patibolo scuote il futuro.
> Oltre le brume dell'ignoto
> Dio sta nell'ombra,
> a vegliare sui suoi.[3]

---

[3] *The Present Crisis.*

III

Osserviamo, infine, che Dio è capace di fornirci le risorse interiori per sostenere le prove e le difficoltà della vita. Nella vita ciascuno di noi affronta circostanze che lo costringono a portare pesanti fardelli di dolore. Le avversità ci piombano addosso con la forza di un uragano, aurore luminose si trasformano nelle notti più oscure, le nostre speranze più grandi sono distrutte e i nostri sogni più nobili giacciono infranti.

Il cristianesimo non ha mai ignorato queste esperienze, perché sono inevitabili. Come l'alternarsi ritmico dell'ordine naturale, anche la vita ha la splendente luce solare delle sue estati e il gelo penetrante dei suoi inverni. Giorni di gioia indicibile si alternano a giorni di dolore insopportabile. La vita ci regala periodi di inondazione e periodi di siccità. Quando giungono le ore buie della vita, molti gridano con Paul Laurence Dunbar:

Una crosta di pane e un angolo per dormire,
un minuto per sorridere e un'ora per piangere,
un boccale di gioia e un mare di dolore,
mai una risata, ma pianti e lamenti:
così è la vita![4]

---

[4] *Life.*

Ammettendo i problemi più gravosi e le delusioni più sconvolgenti, il cristianesimo afferma che Dio è capace di darci la forza di affrontarli. È capace di donarci l'equilibrio interiore per sostenere a testa alta le prove e i fardelli della vita. È capace di donarci la pace interiore in mezzo alle tempeste più violente. Questa stabilità interiore dell'uomo di fede è la principale eredità lasciata da Cristo ai suoi discepoli. Gesù non offre risorse materiali, né una formula magica che ci esenti dalla sofferenza e dalla persecuzione, ma ci affida un dono perenne: «Vi lascio la pace» (Giovanni 14,27). Una pace che va al di là di ogni comprensione.

A volte siamo convinti di non aver bisogno di Dio, ma il giorno in cui le tempeste della delusione infurieranno, i venti della rovina soffieranno e le ondate di dolore si accaniranno sulla nostra vita, se non avremo una fede profonda e paziente, la nostra vita emotiva verrà ridotta a brandelli. Nel mondo vi è tanta frustrazione perché abbiamo confidato negli dei invece che in Dio. Ci siamo prostrati di fronte al dio della scienza per poi scoprire che ci ha dato la bomba atomica, una fonte di timori e ansie che la scienza non riesce a placare. Abbiamo adorato il dio del piacere per poi scoprire che i palpiti svaniscono e le sensazioni durano poco. Ci siamo inchinati di fronte al dio denaro per poi capire che esistono cose, come l'amore e l'amicizia, che il denaro non può comprare, e che in un mondo di possibili crisi economiche, crolli di Borsa e cattivi investimenti, il denaro è un dio alquanto precario. Questi dei effimeri non sono in grado di salvarci o portare la felicità nel cuore degli esseri umani.

Solo Dio è abile. Quella che dobbiamo riscoprire è la fede in Lui. Grazie a questa fede possiamo trasformare valli aride e desolate in assolati sentieri di gioia e portare nuova luce nelle oscure grotte del pessimismo. C'è qualcuno tra noi che va verso il crepuscolo della vita e ha paura di quella che chiamiamo morte? Perché averne paura? Dio è capace. C'è qualcuno tra noi sull'orlo della disperazione per la morte di una persona cara, la rovina di un matrimonio, la caparbietà di un figlio? Perché disperare? Dio può darvi la forza di sopportare ciò che non può essere cambiato. C'è qualcuno tra noi in ansia per la propria salute? Perché essere in ansia? Qualunque cosa accada, Dio è capace.

Avvicinandomi alla conclusione del sermone, vorrei che mi consentiste un riferimento a un'esperienza personale. I primi ventiquattro anni della mia vita sono stati pieni di soddisfazioni. Non avevo problemi né preoccupazioni e grazie a genitori premurosi e amorevoli che soddisfacevano ogni mia necessità, sono passato dalla scuola superiore al college, e poi alla scuola teologica e al dottorato senza interruzione. Solo quando sono diventato uno dei leader della protesta dei bus di Montgomery ho incontrato le vere difficoltà della vita. Fin dall'inizio della protesta abbiamo cominciato a ricevere a casa telefonate e lettere minatorie, prima sporadiche, ma poi ogni giorno di più. Al principio non me ne sono preoccupato, credendo che fossero opera di qualche testa calda che si sarebbe scoraggiata vedendo che non reagivamo. Ma poi, via via che le settimane passavano, mi sono reso conto che molte di quelle minacce erano serie. A quel punto ho cominciato ad avere dei dubbi e ho avuto paura.

Una volta, dopo una giornata particolarmente faticosa, sono andato a letto tardi. Mia moglie dormiva già e anch'io stavo per appisolarmi, quando è squillato il telefono e una voce arrabbiata ha detto: "Stai a sentire, negro, noi vi abbiamo tolto tutto. Entro la prossima settimana rimpiangerai di essere venuto a Montgomery". Ho riattaccato, ma non sono più riuscito a dormire. Era come se tutte le mie paure mi fossero piombate addosso all'improvviso: avevo raggiunto la saturazione.

Mi sono alzato dal letto e ho iniziato a camminare per la stanza. Poi sono andato in cucina e mi sono scaldato una tazza di caffè. Ero pronto a darmi per vinto. Mi sono messo a pensare a come fare la mia uscita di scena senza apparire codardo. In quello stato di prostrazione, con il coraggio ormai sotto i tacchi, ho deciso di sottoporre il mio problema a Dio. Con la testa fra le mani, mi sono chinato sul tavolo della cucina e ho pregato ad alta voce. Ho ancora scolpite nella memoria le parole che ho detto a Dio quella notte: "Sono qui per difendere ciò che credo giusto, ma adesso ho paura. Le persone mi considerano una guida e, se sto di fronte a loro senza forza né coraggio, anche loro vacilleranno. Non ho più forza, non mi rimane nulla.

Al punto in cui sono arrivato, non riesco ad affrontare tutto questo da solo".

In quel momento ho sperimentato la potenza di Dio come non l'avevo mai vissuta prima. Mi pareva di riuscire a sentire una voce interiore calma e sicura che diceva: "Lotta per la giustizia e per la verità. Dio sarà sempre al tuo fianco". Le mie paure sono svanite quasi subito. L'incertezza è scomparsa. Mi sono sentito pronto ad affrontare qualunque cosa. La situazione esterna era rimasta la stessa, ma Dio mi aveva dato la calma interiore.

Tre notti dopo, qualcuno ha lanciato una bomba contro casa nostra. Per quanto possa sembrare strano, ho preso la cosa con calma. La mia esperienza con Dio mi aveva infuso nuova forza e fiducia. Ormai sapevo che Dio è capace di fornirci le risorse interiori necessarie ad affrontare le tempeste e i problemi della vita.

Trasformiamo questa affermazione nel nostro grido: ci darà il coraggio di affrontare le incertezze del futuro. Darà ai nostri piedi stanchi nuovo vigore, mentre continuiamo ad avanzare verso la città della libertà. Quando le giornate sono tristi, le nubi incombono e le notti si fanno più buie di mille mezzanotti, ricordiamo che nell'universo esiste un grande Potere benigno che si chiama Dio, e che Lui è capace di aprire una via dove non ve ne sono e di trasformare gli oscuri ieri in luminosi domani. È così che possiamo sperare di diventare uomini migliori. Questo è il nostro mandato per cercare di costruire un mondo migliore.

Antidoti per la paura

«Nell'amore non c'è timore, al contrario l'amore perfetto
scaccia il timore, perché il timore suppone un castigo
e chi teme non è perfetto nell'amore».

1 Giovanni 4,18

In questi giorni di incertezza e mutamenti catastro-
fici vi è forse qualcuno che non provi la tristezza e il
disorientamento di quel timore paralizzante che, come
un segugio infernale, segue ogni nostro passo?

Ovunque, uomini e donne devono affrontare paure che spesso appaiono sotto strani travestimenti e
con i costumi più vari. Tormentati come siamo dalla
possibilità di ammalarci, leggiamo in ogni sintomo insignificante la prova evidente della malattia. Turbati
dallo scorrere rapidissimo di giorni e anni, prendiamo
farmaci che promettono l'eterna giovinezza. Se invece siamo fisicamente sani, ci preoccupiamo a tal punto che la nostra personalità possa andare in pezzi che
sviluppiamo un complesso di inferiorità e avanziamo

nella vita arrancando, con un forte senso di insicurezza, mancanza di fiducia in noi stessi e l'impressione di
essere sull'orlo di una catastrofe. Il timore di ciò che
potrebbe accadere spinge certe persone a vagare senza meta lungo l'incerta via dell'alcolismo e della promiscuità sessuale. Quasi senza essere consapevoli del
cambiamento, molti hanno permesso alla paura di trasformare l'alba dell'amore e della pace in un tramonto
di depressione.

Se è incontrollata, la paura genera un'intera nidiata
di fobie – tra cui quelle dell'acqua, dell'altezza, degli
spazi chiusi, del buio, della solitudine – e un tale accumulo culmina nella paura della paura stessa.

Particolarmente diffusi nella nostra società alta-
mente competitiva sono i timori economici, dai quali,
dice Karen Horney, deriva gran parte dei problemi
psicologici del nostro tempo. I capitani d'industria
sono tormentati dal possibile fallimento dei loro affari
e dalla volubilità del mercato azionario. Gli impiegati
sono terrorizzati dalla prospettiva della disoccupa-
zione e dalle conseguenze di un'automazione sempre
più diffusa.

Consideriamo poi il moltiplicarsi, ai nostri giorni,
delle paure religiose e ontologiche, tra cui l'angoscia della morte e dello sterminio razziale. L'avven-
to dell'era atomica, che avrebbe potuto dare inizio a
un'epoca di abbondanza e prosperità, ha invece fatto
crescere la paura della morte fino a proporzioni morbose. Il terrificante spettacolo della guerra nucleare

ha fatto pronunciare a milioni di labbra tremanti le parole di Amleto: «Essere o non essere»[1]. Basti pensare ai nostri sforzi frenetici di costruire rifugi antiatomici, come se potessero mai offrire asilo contro un attacco di bombe H! Basti pensare alle nostre disperate petizioni per spingere il governo ad aumentare l'arsenale nucleare. Ma questo esasperato tentativo di mantenere "l'equilibrio del terrore" non fa che accrescere le nostre paure e costringe le nazioni a muoversi in punta di piedi nel timore che un passo falso diplomatico provochi uno spaventoso olocausto.

Rendendosi conto che la paura prosciuga l'energia dell'uomo e ne esaurisce le risorse, Emerson scrisse: «Non ha imparato la lezione della vita chi non vince una paura ogni giorno»[2].

Non intendo suggerire che dovremmo cercare di eliminare interamente la paura dalla nostra vita: se anche questo fosse umanamente possibile, sarebbe indesiderabile dal punto di vista pratico. La paura è il fondamentale sistema d'allarme dell'organismo e segnala l'avvicinarsi di un pericolo; senza di essa l'uomo non avrebbe potuto sopravvivere né nel mondo primitivo né in quello moderno. La paura, inoltre, è una potente forza creativa. Ogni grande invenzione e avanzamento intellettuale incarna il desiderio di

---

[1] *Amleto*, atto III, scena I.
[2] Da "Courage", in *Society and Solitude*, 1870.

sfuggire a qualche circostanza o condizione temuta. La paura del buio ha portato alla scoperta del segreto dell'elettricità, la paura del dolore ha condotto agli incredibili progressi della scienza medica, la paura dell'ignoranza è stata una delle ragioni che ha spinto l'uomo a costruire grandi istituti scolastici, la paura della guerra è tra le forze che hanno dato origine alle Nazioni Unite. Il pedagogo italiano naturalizzato americano Angelo Patri ha detto bene: «L'istruzione consiste nell'aver paura al momento giusto». Se le persone perdessero la capacità di avere paura, sarebbero private anche della capacità di progredire, inventare e creare. Perciò, in un certo senso, la paura è normale, necessaria e creativa.

Ma dobbiamo ricordare che i timori eccessivi sono emotivamente dannosi e psicologicamente distruttivi. Per illustrare la differenza tra paura normale ed esagerata, Sigmund Freud ha raccontato di una persona che, trovandosi nel cuore di una giungla africana, aveva giustamente paura dei serpenti e di un'altra persona ossessivamente terrorizzata di avere dei serpenti sotto il tappeto di casa sua in città. Gli psicologi dicono che i bambini normali nascono con due sole paure: la paura di cadere e quella dei rumori forti, e che tutte le altre sono apprese dall'ambiente circostante. Molte paure acquisite sono come i serpenti sotto il tappeto.

Ed è proprio a queste che di solito ci riferiamo quando parliamo di liberarci dalla paura. Ma c'è dell'altro: la paura normale ci protegge, quella anormale ci paralizza; la prima ci spinge a migliorare il benessere individuale e collettivo, la seconda avvelena e stravolge continuamente la nostra vita interiore. Il nostro problema non è liberarci dalla paura, ma imbrigliarla e dominarla. E come può essere dominata?

I

Innanzitutto dobbiamo affrontare le nostre paure con fermezza e chiederci onestamente perché le nutriamo. In qualche misura il fatto di metterci di fronte ai nostri timori ci darà forza. Non guariremo mai fuggendo o soffocandoli, perché più tentiamo di ignorarli e reprimerli, più moltiplicheremo i nostri conflitti interiori.

Guardando fermamente e onestamente in faccia le nostre paure, scopriamo che per lo più si tratta del residuo di bisogni o preoccupazioni infantili. Ad esempio, una persona ossessionata dalla paura della morte o dal pensiero della punizione nell'altra vita può scoprire di avere inconsciamente proiettato nella realtà le emozioni legate al castigo subito da parte dei genitori quand'era piccola, chiusa in una stanza e apparentemente abbandonata. Oppure un uomo tormentato dalla paura di essere inferiore agli altri o rifiutato dalla società può scoprire che il fatto di essere stato respinto durante l'infanzia da una madre egocentrica e da un padre assente gli ha lasciato un terribile senso di inadeguatezza e un'amarezza repressa nei confronti della vita.

Portando le nostre paure in superficie, potremmo scoprire che sono più immaginarie che reali: alcune si riveleranno serpenti nascosti sotto il tappeto.

E ricordiamo anche che il più delle volte la paura implica un uso improprio dell'immaginazione. Quando portiamo alla luce le nostre paure, in certi casi riusciamo persino a riderne, e questo è un bene. Uno psichiatra ha detto: «Mettere le cose in ridicolo è la cura migliore per l'ansia e la paura».

II

In secondo luogo, possiamo dominare la paura sfruttando una delle virtù più potenti che l'uomo conosca: il coraggio. Platone riteneva il coraggio l'elemento dell'anima che colma il divario tra ragione e desiderio. Per Aristotele era l'affermazione della natura essenziale dell'uomo. San Tommaso d'Aquino sosteneva che il coraggio è la forza della mente, capace di vincere tutto ciò che minaccia il conseguimento del sommo bene.

Il coraggio, dunque, è la capacità della mente di vincere la paura. Diversamente dall'ansia, la paura ha un oggetto definito, che può essere affrontato, analizzato, attaccato e, se necessario, sopportato. Quante volte l'oggetto della nostra paura è la paura stessa! Nel suo *Journal*, Henry David Thoreau scrisse: «Niente è da temere quanto la paura». Secoli prima, Epitteto scriveva: «Ciò che angustia non è la morte o l'avversità, ma la paura della morte e delle avversità»[3]. Il coraggio prende su di sé la paura prodotta da un determinato oggetto e di conseguenza la vince. Paul Tillich ha scritto: «Il coraggio è autoaffermazione "nonostante", cioè nonostante il non essere». È affermazione di sé a dispetto della morte e del non essere, e chi è coraggioso annega la paura della morte nella propria autoaffermazione e agisce di conseguenza. Tale coraggiosa autoaffermazione, che è un rimedio sicuro alla paura, non è egoismo, perché implica al tempo stesso un sano amor proprio e un amore per gli altri opportunamente declinato. Erich Fromm ha dimostrato in termini convincenti che il giusto amor proprio e il giusto amore per gli altri sono interdipendenti.

Il coraggio, la decisione di non lasciarsi vincere da nulla, per quanto spaventoso, ci permette di affrontare qualunque paura. Molti dei nostri timori non sono meri serpenti sotto il tappeto. In questo strano guazzabuglio che è la vita, i problemi sono una realtà, in ogni azione si annidano pericoli, a volte si verificano incidenti, la malattia è una possibilità che ci minaccia costantemente e la morte è un fatto palese, amaro e inevitabile dell'esperienza umana. In questo rebus che è la vita, il male e il dolore sono vicini a ciascuno di noi e renderemmo un pessimo servizio a noi stessi e al nostro prossimo se cercassimo di dimostrare che a questo

---

[3] *Discorsi.*

mondo non c'è niente di cui dovremmo avere paura. Le forze che minacciano di negare la vita devono essere sfidate con coraggio, che è la capacità della vita di affermare se stessa nonostante le ambiguità che la caratterizzano. Ciò richiede l'esercizio di una volontà creativa che ci renda capaci di estrarre una pietruzza di speranza da una montagna di disperazione.

Coraggio e viltà sono antitetici. Il coraggio è la decisione interiore di andare avanti nonostante eventuali ostacoli e situazioni che fanno paura, la viltà è una docile resa alle circostanze. Il coraggio genera autoaffermazione creativa, la viltà produce autonegazione distruttiva. Il coraggio affronta la paura, e dunque la domina, la viltà la reprime e dunque ne è dominata. I coraggiosi non perdono mai la gioia di vivere, anche se la loro vita è priva di gioia, mentre i codardi, sopraffatti dalle incertezze della vita, la perdono. Non dobbiamo mai smettere di costruire sbarramenti di coraggio per tenere a freno le ondate della paura.

III

Terzo, la paura si domina con l'amore. Il Nuovo Testamento dice: «Nell'amore non c'è timore, al contrario l'amore perfetto scaccia il timore». Un amore come quello che fece finire Cristo su una croce e mantenne Paolo sereno in mezzo agli irosi flutti della persecuzione non è tenero, anemico e sentimentale, ma affronta la paura senza arretrare e mostra, per dirla in parole povere, un'infinita capacità di "sopportazione". Un amore del genere domina il mondo anche da una croce rozzamente intagliata.

Ma esiste un rapporto tra l'amore, da un lato, e la paura della guerra, la perdita dei mezzi di sussistenza e le ingiustizie razziali dei nostri tempi, dall'altro? L'odio è radicato nella paura e l'unico rimedio per l'odio-paura è l'amore. La nostra situazione a livello mondiale, che peggiora sempre più, è bersagliata dai dardi letali della paura. La Russia teme l'America e l'America teme la Russia. E lo stesso vale per Cina e India, israeliani e arabi. Questi timori riguardano l'aggressione da parte di un altro Paese, la supremazia scientifica e tecnologica, il potere economico e la perdita del nostro status e della nostra potenza. Non è forse la paura una delle principali cause della guerra? Diciamo sempre che la guerra deriva dall'odio, ma osservando le cose più da vicino si scopre che l'iter è questo: prima arriva la paura, poi l'odio, poi la guerra e infine un odio ancora più profondo. Se una guerra nucleare terrificante divorasse il nostro mondo, non sarebbe perché una nazione odia l'altra, ma perché entrambe si temono a vicenda.

Quale sistema ha adottato il sofisticato ingegno dell'uomo moderno per affrontare la paura della guerra? Ci siamo armati all'ennesima potenza. Oriente e Occidente si sono impegnati in una febbrile corsa agli armamenti, le spese per la difesa sono schizzate alle stelle e invece di privilegiare altre imprese, è stata data la priorità alle armi di distruzione. Le nazioni hanno creduto che più armamenti avrebbero eliminato la paura, ma questi ultimi purtroppo hanno finito per generare solamente una paura più grande. In quest'epoca burrascosa, segnata dal panico, dobbiamo ricordare una volta di più le sagge parole di una volta: «L'amore perfetto scaccia il timore». Non le armi, ma l'amore, la comprensione e il buonsenso possono scacciare la paura. Solo il disarmo, basato sulla buona fede, potrà tradurre la fiducia reciproca in una realtà viva.

Il problema dell'ingiustizia razziale dev'essere risolto allo stesso modo. La segregazione è rafforzata da timori irrazionali, come la perdita dei privilegi economici, il cambiamento di status sociale, i matrimoni misti e il doversi adattare a situazioni nuove. Trascorrendo notti insonni e giorni difficili, molti bianchi cercano di combattere queste paure devastanti utilizzando diversi sistemi. Imboccando la via della fuga, alcuni cercano di ignorare la questione delle relazioni razziali e di non pensare alle implicazioni. Altri, affidandosi a espedienti legali quali l'interposizione e l'annullamento, consigliano la resistenza di massa. Altri ancora sperano di vincere la paura compiendo atti violenti e meschini contro i loro fratelli neri. Quanto sono inutili, tutti questi rimedi! Invece di eliminare le paure, ne istillano di più profonde e patologiche, che causano alle vittime strane psicosi e paranoie. La repressione, la resistenza su vasta scala e la violenza non possono scacciare la paura dell'integrazione: solo l'amore e la buona volontà ci riusciranno.

Se i nostri fratelli bianchi vogliono vincere la paura, non devono affidarsi solo al loro impegno nell'amore cristiano, ma anche abbandonarsi all'amore simile a quello di Cristo dei neri nei loro confronti. Solo se noi rimarremo fedeli all'amore e alla nonviolenza, la paura della comunità bianca diminuirà. Una minoranza bianca che si sente in colpa teme che, se i neri dovessero andare al potere, agirebbero senza ritegno e senza pietà per vendicarsi delle ingiustizie e della brutalità subite negli anni. Un padre che ha sempre maltrattato il figlio si rende improvvisamente conto che adesso quest'ultimo è più alto di lui: il figlio sfrutterà forse questo vantaggio fisico per restituirgli le botte ricevute?

Un tempo bambino indifeso, il nero è ora cresciuto politicamente, culturalmente ed economicamente: molti bianchi temono la vendetta. Il nero deve dimostrare loro che non hanno niente da temere, perché li perdona ed è disposto a dimenticare il passato. *Il nero deve convincere il bianco che cerca la giustizia per entrambi.* Un movimento di massa che pratichi l'amore e la nonviolenza e dimostri di esercitare un potere disciplinato potrebbe convincere la comunità bianca che, nel caso conquistasse il potere, la sua forza verrebbe usata in modo creativo e non per vendicarsi.

Qual è dunque la cura per questa paura morbosa dell'integrazione? La conosciamo già, e che Dio ci aiuti a metterla in pratica! L'amore scaccia la paura.

Questa verità influisce anche sulle nostre ansie personali. Temiamo la superiorità altrui, il fallimento e di essere disprezzati o disapprovati da coloro che stimiamo di più. Invidia, gelosia, mancanza di fiducia in se stessi, insicurezza e senso di inferiorità sono tutti radicati nella paura. Non ci capita di invidiare qualcuno e poi di averne paura: prima ne abbiamo paura, e solo dopo ne diventiamo gelosi. Esiste un rimedio a queste fastidiose paure che ci sconvolgono la vita? Sì: una profonda e costante dedizione alla via dell'amore. «L'amore perfetto scaccia il timore».

Odio e rancore non potranno mai guarire la malattia della paura, solo l'amore può farlo. L'odio paralizza la vita, l'amore la libera. L'odio confonde la vita, l'amore le dà armonia. L'odio oscura la vita, l'amore la illumina.

IV

In quarto luogo, la paura si domina con la fede. Molti hanno paura perché sanno di avere poche risorse, e di conseguenza si sentono inadeguati. Sono fin troppi quelli che tentano di affrontare le tensioni della vita con risorse spirituali inadeguate. Quando eravamo in vacanza in Messico, io e mia moglie abbiamo pensato di andare a pesca in alto mare. Per non spendere troppo, abbiamo preso in affitto una barca vecchia e male equipaggiata. Non ci siamo preoccupati finché, a dieci miglia dalla costa, le nubi sono calate e ha cominciato a soffiare un vento fortissimo. Eravamo paralizzati dalla paura, perché sapevamo che la nostra barca era inadeguata. C'è tantissima gente in una situazione simile: le loro paure sono generate dal vento forte e da barche fragili.

Molte paure eccessive possono essere curate con i metodi della psichiatria, una disciplina relativamente nuova fondata da Sigmund Freud, che indaga le spinte del subconscio e cerca di scoprire come e perché l'energia vitale viene deviata e incanalata nelle nevrosi. La psichiatria ci aiuta a osservare la nostra interiorità e a ricercare le cause di fallimenti e paure. Gran parte della nostra vita dominata dalle paure, però, rientra in una sfera in cui i metodi della psichiatria sono inefficaci, a meno che lo psichiatra non sia un uomo di fede. Il nostro problema, infatti, è che cerchiamo semplicemente di affrontare la paura senza la fede: solchiamo i tempestosi mari della vita senza adeguate imbarcazioni spirituali. Uno dei medici americani più celebri ha detto: «L'unica cura nota della paura è la fede».

Le paure eccessive e le fobie che si trasformano in ansie nevrotiche possono essere curate dagli psichiatri, ma la paura della morte, del non essere e del nulla, che si esprimono attraverso l'inquietudine esistenziale, possono essere curate solo da una salda fede religiosa.

Una salda fede religiosa non ci offre l'illusione di poter essere esentati dal dolore e dalla sofferenza, né ci spinge a credere che la vita sia una commedia governata dal benessere e dagli agi. Ci infonde, piuttosto, l'equilibrio interiore necessario ad affrontare le tensioni, le preoccupazioni e le paure che inevitabilmente incontriamo, e ci assicura che l'universo è degno di fiducia e che Dio si prende cura di tutto.

Al contrario, l'irreligiosità vorrebbe farci credere che siamo orfani gettati nelle terrificanti immensità dello spazio, in un universo privo di scopo o intelligenza. Una simile concezione prosciuga il coraggio ed esaurisce le energie degli uomini. Nella sua *Confessione*, Tolstoj scrisse, a proposito della solitudine e del vuoto che sentiva prima della conversione:

> La mia vita si era arrestata. Potevo respirare, mangiare, bere, dormire, e anzi non potevo fare a meno di respirare, mangiare, bere, dormire, ma la vita non c'era più perché non avevo più desideri che mi sembrasse ragionevole soddisfare. [...] E così io, uomo sano e felice, sentivo di non poter più vivere [...] nascondevo tutte le corde perché non mi venisse la voglia d'impiccarmi a un'asse appoggiata a due armadi [...] e smisi di andare a caccia col fucile per non cedere alla tentazione di servirmi di un così semplice mezzo per liberarmi della vita.

Come tanti altri, anche Tolstoj, in quella fase della vita, sentiva la mancanza di quel sostegno che deriva dalla convinzione che il nostro universo è guidato da un'Intelligenza benevola, il cui amore infinito abbraccia tutto il genere umano.

Grazie alla religione sappiamo di non essere soli in questo universo immenso e imprevedibile. Al di sotto e al di sopra delle sabbie mobili del tempo, delle incertezze che oscurano i nostri giorni e delle vicissitudini che offuscano le nostre notti, vi è un Dio sapiente e amorevole. Questo universo non è la tragica espressione di un caos privo di significato, ma il magnifico dispiegarsi di un cosmo ordinato: «Il Signore ha fondato la terra con la sapienza, ha consolidato i cieli con intelligenza» (Proverbi 3,19). L'uomo non è il filo di fumo di un immenso fuoco che arde senza fine sotto la cenere, ma un figlio dell'uomo «fatto poco meno degli angeli» (Salmi 8,6). Al di sopra della molteplicità del tempo sta l'unico, vero, eterno Dio, che ha la sapienza per guidarci, la forza per proteggerci e l'amore per custodirci. Il suo amore infinito ci sostiene e ci contiene, così come un oceano immenso contiene e sostiene le minuscole gocce che formano ogni onda. Con la pienezza di una marea che sale, Dio si muove eternamente verso di noi, cercando di colmare le piccole insenature e baie della nostra vita con risorse illimitate. Questo è l'eterno diapason della religione, la sua eterna risposta all'enigma dell'esistenza. Chiunque trovi questo sostegno cosmico può camminare per le vie maestre della vita senza l'angoscia del pessimismo e il peso di paure esagerate.

È qui che si annida la risposta alla paura ossessiva della morte che affligge tante vite. Dobbiamo affrontare la paura scatenata dalla bomba atomica con la certezza che il punto di arrivo del nostro viaggio è l'abbraccio di Dio. La morte è inevitabile: è democratica e riguarda tutti, non è un'aristocrazia. Muoiono i re come muoiono i mendicanti, i giovani come i vecchi, i saggi come gli ignoranti. Non dobbiamo averne paura. Il Dio che ha tratto il nostro pianeta roteante dalle nebbie primordiali e ha guidato il pellegrinaggio umano per tutti questi secoli, può senz'altro aiutarci ad attraversare l'oscura notte della morte fino alla luminosa aurora della vita eterna. La sua volontà è troppo perfetta e i suoi disegni sono troppo grandi per essere contenuti nel limitato ricettacolo del tempo e tra le anguste pareti della terra. La morte non è il male supremo: il male supremo è rimanere estranei all'amore di Dio. Non abbiamo bisogno di unirci alla folle corsa per comprare un rifugio antiatomico sulla terra: è Dio il nostro eterno rifugio a prova di bomba.

Gesù sapeva che niente può separare l'uomo dall'amore di Dio. Ascoltate le sue solenni parole:

> Non li temete dunque, poiché non v'è nulla di nascosto che non debba essere svelato, e di segreto che non debba essere manifestato. [...] E non abbiate paura di quelli che uccidono il corpo, ma non hanno potere di uccidere l'anima; temete piuttosto colui che ha il potere di far perire e l'anima e il corpo nella Geenna. Due passeri non si vendono forse per un soldo? Eppure neanche uno di essi cadrà a terra senza che il Padre vostro lo voglia. [...] Perfino i capelli del vostro capo sono tutti contati; non abbiate dunque timore: voi valete più di molti passeri! (Matteo 10,26.28-31)

L'uomo, per Gesù, non è un relitto che galleggia sul fiume della vita, ma è un figlio di Dio. Non è forse insensato sostenere che Dio, la cui attività creatrice si manifesta nell'attenzione alla caduta di un passero e al numero di capelli sulla testa di un uomo, escluda dall'abbraccio del suo amore proprio la vita dell'uomo? La certezza che Dio si prende cura di ciascun individuo ha un valore enorme nel curare la malattia della paura, perché ci dà un senso di dignità e appartenenza, e la sensazione di essere a casa nell'universo.

Uno dei partecipanti più impegnati nella protesta dei bus a Montgomery, in Alabama, è stata un'anziana signora nera che chiamavamo affettuosamente Mamma Pollard. Sebbene poverissima e incolta, era straordinariamente intelligente e aveva compreso fino in fondo il significato del movimento di protesta. Dopo aver camminato per diverse settimane, qualcuno le ha chiesto se fosse stanca, e lei, con sgrammaticata profondità, ha risposto: "I miei piedi è stanchi, ma la mia anima è riposata".

Un lunedì sera, dopo una settimana tesa nella quale, tra l'altro, ero stato arrestato e avevo ricevuto parecchie telefonate minatorie, ho parlato a un raduno. Cercavo di comunicare forza e coraggio, pur sentendomi depresso e spaventato. Alla fine dell'incontro, Mamma Pollard si è presentata davanti alla chiesa e mi ha detto: "Vieni qui, figliolo". L'ho raggiunta e abbracciata con affetto. "C'è qualcosa che non va", mi ha detto. "Stasera non sei stato convincente". Cercando ancora di nascondere i miei timori, le ho risposto: "No, Mamma Pollard, non c'è niente che non vada. Sto bene, come sempre". Ma lei aveva capito tutto. "A me non mi prendi in giro", mi ha detto. "C'è qualcosa che non va, lo so. Sei scontento di quello che facciamo? O sono i bianchi a darti fastidio?". Prima ancora che le rispondessi, mi ha guardato dritto negli occhi e ha aggiunto: "Te l'ho detto che siamo sempre con te, no?". Poi ha assunto un'espressione raggiante e ha detto, in tono tranquillo e sicuro: "Ma anche se non siamo con te, ci sarà Dio a prendersi cura di te". Mentre pronunciava queste confortanti parole, dentro di me ho sentito pulsare un'energia nuova.

Dopo quella terribile sera del 1956, Mamma Pollard è passata a miglior vita e io ho vissuto pochissimi giorni tranquilli. Sono stato torturato nel corpo e lacerato nell'animo da mille tormenti, sono stato costretto a chiamare a raccolta tutta la forza e il coraggio che avevo per resistere ai venti del dolore e alle furiose tempeste delle avversità. Ma con il passare degli anni, le parole semplici ed eloquenti di Mamma Pollard sono tornate più e più volte a dare luce, pace e consiglio alla mia anima turbata. "Dio si prenderà cura di te".

Questa certezza trasforma il turbine della disperazione in una tiepida brezza di speranza vivificante. Dobbiamo imprimere nei nostri cuori le parole di un detto che una generazione fa si trovava spesso sulle pareti delle case delle persone devote:

La paura bussò alla porta:
la fede andò ad aprire
e non c'era nessuno.

La risposta a una domanda sconcertante

«Perché noi non abbiamo potuto scacciarlo?».
MATTEO 17,19

Nei secoli la nostra vita è stata caratterizzata dai continui sforzi dell'umanità di scacciare il male dalla terra. L'uomo si è adattato raramente al male, perché, nonostante le giustificazioni, i compromessi e gli alibi, sa bene che ciò che "è" non è ciò che "dovrebbe essere", e che il reale non è il possibile. Sebbene nella sua anima possano a volte sorgere con prepotenza i demoni dell'edonismo, dell'egoismo e della crudeltà, qualcosa nel suo animo gli dice che sono degli intrusi e gli ricorda che il suo destino è più nobile e la sua devozione destinata a qualcosa di più elevato. La brama di ciò che è diabolico, nell'essere umano, è sempre incrinata dalla nostalgia del divino. Mentre cerca di adattarsi alle esigenze del suo tempo, l'uomo sa che la sua dimora ultima è l'eternità. Quando ritorna in sé, comprende che il male è un invasore straniero e che, prima di poter conquistare la dignità morale e spirituale, dovrà scacciarlo dal suolo natio della sua anima.

Ma il problema che ha sempre ostacolato l'uomo è l'incapacità di vincere il male con le proprie forze. In preda a un penoso sbigottimento, l'essere umano si chiede: "Perché non riesco a scacciarlo? Perché non posso eliminare questo male dalla mia vita?".

Questa domanda angosciosa e sconcertante ricorda un fatto che si verificò subito dopo la trasfigurazione di Cristo. Scendendo dal monte, Gesù incontrò un ragazzino in preda a violente convulsioni. I suoi discepoli avevano tentato disperatamente di guarirlo, ma più si davano da fare per curarlo, più si rendevano conto di essere inadeguati e di quanto fosse penosamente limitato il loro potere. Quando ormai erano sul punto di rinunciare, apparve sulla scena il Signore. Dopo che il padre del bambino gli ebbe raccontato che i discepoli non erano riusciti a guarire suo figlio, Gesù «parlò minacciosamente [al diavolo], e il demonio uscì da lui e da quel momento il ragazzo fu guarito». Più tardi, quando i discepoli rimasero soli con il Maestro, gli chiesero: «Perché noi non abbiamo potuto scacciarlo?». Cercavano una spiegazione dei loro limiti evidenti. Gesù rispose che il fallimento era dovuto alla mancanza di fede: «Per la vostra poca fede. In verità vi dico: se avrete fede pari a un granellino di senapa, potrete dire a questo monte: spostati da qui a là, ed esso si sposterà, e niente vi sarà impossibile [...]». Avevano cercato di fare da soli ciò che poteva essere fatto soltanto consegnando completamente l'anima a Dio, in modo che la sua forza potesse fluire liberamente in loro.

I

Come può essere scacciato il male? Nel corso della storia, gli uomini hanno seguito due vie per eliminarlo e, di conseguenza, salvare il mondo. La prima esorta le persone ad allontanarlo con le proprie forze e il proprio ingegno, nella singolare convinzione che, pensando, inventando e governando, alla fine soggiogheranno le opprimenti forze del male. Date agli uomini le giuste possibilità e un'istruzione decente e loro si salveranno da soli. Questa idea, che si è diffusa nel mondo moderno come un'epidemia, ha cacciato via Dio e fatto entrare l'uomo, e ha sostituito la guida divina con l'ingegno umano. Alcuni sostengono che tale idea fu introdotta nel Rinascimento, quando la ragione detronizzò la religione, oppure in seguito, quando l'*Origine delle specie* di Darwin rimpiazzò la fede nella creazione con la teoria dell'evoluzione, o quando la rivoluzione industriale fece desiderare alle persone le comodità materiali e il benessere fisico. Comunque sia, l'idea che l'uomo sia capace di risolvere i mali della storia ha conquistato gli esseri umani, dando vita al facile ottimismo del diciannovesimo secolo, alla dottrina del progresso inevitabile, alla massima di Rousseau sulla «bontà originaria dell'uomo» e alla convinzione di Condorcet che solo grazie alla ragione il mondo intero sarà presto ripulito dal crimine, dalla povertà e dalla guerra.

Armato di questa fede crescente nelle potenzialità della ragione e della scienza, l'uomo moderno ha deciso di trasformare il mondo. Ha distolto l'attenzione da Dio e dall'animo umano per focalizzarla sul mondo esterno e sulle sue possibilità. Ha osservato, analizzato, esplorato: il laboratorio è diventato il suo santuario, e gli scienziati i suoi preti e profeti. Un umanista moderno ha fiduciosamente affermato:

> Il futuro non appartiene alle chiese ma ai laboratori, non ai profeti ma agli scienziati, non alla devozione ma all'efficienza. L'uomo sta finalmente comprendendo di essere il solo responsabile della realizzazione del mondo che desidera e di avere in sé il potere di portarla a termine.

L'uomo ha citato in giudizio la natura davanti al tribunale dell'indagine scientifica. Nessuno mette in dubbio che le attività svolte dall'uomo nei laboratori scientifici abbiano portato a incredibili progressi a livello di efficienza e comodità, grazie alla produzione di macchine pensanti e apparecchi che si librano maestosamente nei cieli, si ergono imponenti sulla terra e si muovono con grande dignità nei mari.

Nonostante questi nuovi, incredibili progressi scientifici, però, continuano a imperversare i mali di sempre e l'età della ragione si è trasformata in quella del terrore. Egoismo e odio non sono scomparsi con l'ampliamento del sistema didattico e l'estensione delle politiche legislative. Una generazione un tempo ottimista ora si chiede, disorientata: «Perché noi non abbiamo potuto scacciarlo?».

La risposta è semplice: l'uomo, con le sue sole forze, non potrà mai scacciare il male dal mondo. La speranza dell'umanista è un'illusione basata su un eccessivo ottimismo riguardo alla bontà innata della natura umana.

Non voglio certo biasimare le migliaia di uomini e donne sinceri e devoti che, al di fuori della Chiesa, hanno generosamente preso parte a vari movimenti umanitari per guarire il mondo dai mali sociali, perché preferisco che un individuo sia un umanista impegnato piuttosto che un cristiano non impegnato. Ma tante di queste persone dedite a cercare la salvezza in un contesto umano sono comprensibilmente diventate sempre più pessimiste e scontente, perché i loro sforzi si fondano su una sorta di autoinganno che trascura le realtà fondamentali relative alla nostra natura mortale.

Né vorrei minimizzare l'importanza della scienza e i grandi contributi prodotti dopo il Rinascimento: ci hanno sollevato dalle valli stagnanti della superstizione e delle mezze verità innalzandoci verso le assolate vette dell'analisi creativa e della valutazione oggettiva. Era necessario che l'indiscussa autorità della Chiesa nelle questioni scientifiche venisse liberata da un oscurantismo paralizzante, da nozioni antiquate e dall'ignominia dell'inquisizione. Ma nel tentativo di liberare la mente dell'uomo, l'ottimismo smisurato del Rinascimento ha trascurato l'umana capacità di peccare.

II

La seconda teoria per eliminare il male dal mondo afferma che, se l'uomo serve sottomesso il Signore, quando Dio lo riterrà opportuno redimerà, da solo, il mondo. Radicata in una concezione pessimistica della natura umana, questa teoria, che tralascia completamente la capacità del peccatore di fare alcunché, ebbe molto seguito durante la Riforma, quel grande movimento spirituale che spronò i protestanti a riflettere sulla libertà morale e spirituale e costituì una necessaria lezione per la Chiesa medievale, stagnante e corrotta. Le dottrine della giustificazione per fede e del sacerdozio universale sono principi sublimi che noi, in quanto protestanti, dobbiamo sempre affermare, ma la dottrina della Riforma sulla natura umana sottolineava eccessivamente la corruzione dell'uomo. Il Rinascimento era troppo ottimista, la Riforma troppo pessimista. Il primo era così concentrato sulla bontà dell'essere umano da trascurare la sua capacità di fare del male, la seconda era così concentrata sulla sua malvagità da trascurare la capacità di fare del bene. Pur affermando giustamente che la natura umana è peccaminosa e l'uomo è incapace di salvarsi da solo, la Riforma sosteneva erroneamente che gli esseri umani non custodiscono più dentro di sé l'immagine di Dio.

Questo portò alla concezione calvinista della depravazione totale dell'uomo e a una rinascita dell'idea orribile della dannazione dei bambini: la natura umana è così depravata, diceva la dottrina calvinista, che se un bimbo muore senza essere stato battezzato, brucerà per sempre all'inferno. È ovvio che questo significa spingere troppo oltre il concetto di peccaminosità dell'uomo.

Questa teologia sbilenca della Riforma ha spesso enfatizzato una religione puramente ultraterrena, che sottolinea la totale assenza di speranza di questo mondo ed esorta l'individuo a preparare la propria anima per quello a venire. Trascurando la necessità di promuovere riforme sociali, la religione finisce per essere disgiunta dalla corrente della vita umana. Secondo un comitato di predicatori, il primo requisito essenziale per un nuovo ministro del culto è il seguente: «Deve predicare il vero Vangelo e non parlare di questioni sociali». Ma questo è il modello di una Chiesa pericolosamente inutile, nella quale la gente si riunisce solo per ascoltare pie banalità.

Trascurando il fatto che il Vangelo parla del corpo dell'uomo non meno che della sua anima, dare risalto a uno solo di questi aspetti crea una tragica dicotomia tra sacro e profano. Per essere degna della sua origine neotestamentaria, la Chiesa deve cercare di trasformare sia le vite dei singoli sia la situazione sociale, fonte di angoscia per molte persone sottomesse a una crudele schiavitù.

L'idea che l'uomo si aspetti che sia Dio a fare tutto porta inevitabilmente a un uso improprio e cinico della preghiera. Perché se Dio fa tutto, allora l'uomo gli può chiedere qualunque cosa, e Dio diventa poco più di un "fattorino cosmico", che viene chiamato per ogni bisogno da nulla. In alternativa, Dio è considerato così onnipotente e l'uomo così incapace che la preghiera diventa un sostituto del lavoro e dell'intelligenza. Una volta un signore mi disse: "Credo nell'integrazione, ma so che non si realizzerà finché Dio non lo vorrà. Voi neri dovreste smettere di protestare e cominciare a pregare". Sono convinto che dobbiamo pregare per chiedere l'aiuto e la guida di Dio in questa lotta per l'integrazione, ma sarebbe un grave errore pensare che vinceremo la battaglia solo grazie alla preghiera. Dio, che ci ha dato la mente per pensare e il corpo per lavorare, renderebbe vano il suo stesso disegno, se ci permettesse di ottenere con la preghiera ciò che si può avere con il lavoro e l'intelligenza. La preghiera è un supplemento meraviglioso e necessario per i nostri deboli sforzi, ma è un sostituto pericoloso. Quando Mosè lottava per condurre gli israeliti verso la Terra Promessa, Dio mise bene in chiaro che non avrebbe fatto per loro ciò che potevano fare da soli. «Il Signore disse a Mosè: "Perché gridi verso di me? Ordina agli Israeliti di riprendere il cammino"» (Esodo 14,15).

Dobbiamo pregare con entusiasmo per la pace, ma dobbiamo anche darci da fare con tutte le nostre forze per il disarmo e la sospensione degli esperimenti nucleari. Dobbiamo usare la mente per pianificare la pace con lo stesso rigore con cui l'abbiamo usata per pianificare la guerra. Dobbiamo pregare con zelo incessante per la giustizia razziale, ma dobbiamo anche usare la mente per dar vita a un piano d'azione, organizzarci in un movimento nonviolento di massa e impiegare ogni risorsa del corpo e dell'anima per mettere fine all'ingiustizia razziale. Dobbiamo pregare instancabilmente per la giustizia economica, ma dobbiamo anche agire assiduamente affinché si realizzino le trasformazioni sociali che renderanno possibile una migliore distribuzione della ricchezza nel nostro Paese e in quelli sottosviluppati di tutto il mondo.

Tutto questo non rivela forse quanto sia sbagliato pensare che Dio scaccerà il male dalla terra anche se l'uomo non fa altro che starsene compiaciuto a guardare senza fare niente? Non sarà un fulmine prodigioso dal cielo a distruggere il male, né una potente schiera di angeli a scendere sulla terra per costringere gli uomini a fare ciò che non vogliono. La Bibbia non raffigura Dio come un imperatore onnipotente che prende tutte le decisioni in nome dei suoi sudditi, né come un tiranno cosmico che, con metodi da Gestapo, invade la vita spirituale degli uomini, ma come un Padre amoroso che dona ai suoi figli tutte le benedizioni che potrebbero desiderare. L'uomo deve sempre fare qualcosa. «Figlio dell'uomo, alzati», dice Dio a Ezechiele, «ti voglio parlare» (Ezechiele 2,1). Gli uomini non sono invalidi abbandonati in una valle di depravazione totale in attesa che Dio li faccia uscire; al contrario, sono esseri umani che stanno sulle loro gambe, con la vista indebolita dalle cataratte del peccato e l'anima sfibrata dal virus dell'orgoglio, i quali tuttavia riescono ancora ad alzare gli occhi verso le colline e possiedono una traccia dell'immagine di Dio sufficiente a fargli volgere la propria vita logorata dal vizio verso il Grande Medico che li guarirà dalle devastazioni del peccato.

Il vero punto debole dell'idea che Dio penserà a tutto è la sua falsa concezione di Dio e dell'uomo: questa teoria trasforma Dio in un despota assoluto, al punto che l'uomo è ridotto all'impotenza totale. Considera l'uomo così depravato da non poter fare altro che aspettare Dio. Reputa il mondo così corrotto dal peccato che Dio lo trascende del tutto e lo sfiora solo qua e là invadendolo con la sua potenza. Questa concezione raffigura un Dio despota, non un Padre, e manifesta un tale pessimismo riguardo alla natura umana da ridurre l'uomo a poco più di un misero verme strisciante nel pantano di un mondo perverso. Ma l'uomo non è del tutto depravato, né Dio è un dittatore onnipotente. Certo, dobbiamo riconoscere la maestà e la sovranità di Dio, ma questo non deve indurci a credere che sia un re onnipotente che ci imporrà la sua volontà e ci priverà della libertà di scegliere che cosa è buono e che cosa non lo è. Non si imporrà, né ci costringerà a rimanere a casa quando la nostra mente è intenzionata a viaggiare verso lontani lidi di peccato. Ci seguirà invece con amore, e quando torneremo in noi e volgeremo nuovamente i nostri piedi stanchi verso la casa del Padre, sarà lì ad accoglierci a braccia aperte, pronto a perdonarci.

Non dobbiamo dunque credere che Dio, tramite qualche miracolo stupefacente o un cenno della mano, scaccerà il male dal mondo. Finché lo crederemo, gli rivolgeremo preghiere impossibili da esaudire e gli chiederemo di fare cose che non farà mai. La convinzione che Dio farà tutto ciò che serve all'umanità è insostenibile quanto l'idea che l'uomo sia in grado di fare tutto da solo: anche questa deriva dalla mancanza di fede. Dobbiamo capire che aspettarci che Dio faccia tutto mentre noi non facciamo niente non è fede, ma superstizione.

III

Qual è, dunque, la risposta alla sconcertante domanda: "Come facciamo a scacciare il male dalla nostra vita individuale e collettiva?". Se il mondo non sarà purificato né da Dio solo né dall'uomo solo, chi potrà farlo?

La risposta si trova in un concetto che si distingue nettamente dai due che abbiamo appena discusso, perché né Dio né l'uomo, da soli, potranno salvare il mondo. Solo insieme, infatti, l'uomo e Dio, diventati una cosa sola grazie a una mirabile unità di intenti, a un amore traboccante come libero dono di sé da parte di Dio e totale obbedienza e ricettività da parte dell'uomo, possono trasformare il vecchio nel nuovo ed eliminare il mortale cancro del peccato.

Il principio che apre la porta a Dio perché possa operare attraverso l'uomo è la fede. Questo è ciò che mancava ai discepoli quando cercavano disperatamente di allontanare il male che tormentava il bambino malato. Gesù ricordò loro che avevano tentato di fare da soli quello che potevano ottenere solo quando le loro vite fossero diventate, per così dire, contenitori aperti, nei quali la potenza di Dio potesse liberamente riversarsi.

Nelle Scritture si parla espressamente di due tipi di fede in Dio. L'una può essere definita fede della mente, in cui l'intelletto accetta il fatto che Dio esiste. L'altra può essere definita fede del cuore, grazie alla quale l'uomo nella sua interezza è impegnato in un fiducioso atto di resa. Per conoscere Dio, l'uomo deve possedere quest'ultimo tipo di fede, perché, mentre la fede della mente è rivolta a una teoria, la fede del cuore è rivolta a una Persona. Gabriel Marcel sostiene che fede significa *credere in*, non *credere che*. Vuol dire «aprire un credito, il che mi mette a disposizione di colui in cui credo». Quando credo, dice, "raduno le mie forze, con quella sorta di raccoglimento interiore che questo atto implica". Fede è spalancare da ogni lato e a ogni livello la propria vita al flusso divino.

Ed è questo che l'apostolo Paolo sottolineava nella sua dottrina della salvezza attraverso la fede. Per lui, la fede è la capacità di accettare l'intenzione di Dio, tramite Cristo, di riscattarci dalla schiavitù del peccato. Nel suo amore munifico, Dio si offre liberamente di fare per noi ciò che non possiamo fare da soli. Fede significa accettare umilmente e a cuore aperto, e attraverso la fede saremo salvati. L'uomo colmo di Dio e Dio che opera attraverso l'uomo determinano cambiamenti inimmaginabili nella nostra vita individuale e sociale.

I mali sociali hanno intrappolato tante persone dentro un passaggio buio senza cartelli che indichino l'uscita, e immerso altre in un oscuro abisso di fatalismo psicologico. Questi mali mortali e paralizzanti possono essere eliminati da un'umanità perfettamente unita nell'obbedienza a Dio. La vittoria morale giungerà solo quando Dio ricolmerà l'uomo e l'uomo saprà aprire la propria vita, per mezzo della fede, a Dio, come un golfo si apre alle traboccanti acque del fiume. La giustizia razziale, che è una tangibile possibilità nel nostro Paese e nel mondo, non si otterrà né grazie ai nostri sforzi, deboli e spesso malaccorti, né con l'imposizione, da parte di Dio, della sua volontà all'uomo ostinato, ma solo quando un numero sufficiente di persone saprà aprire la propria vita a Dio consentendogli di riversare nella sua anima la trionfante energia divina. Il nostro antico e nobile sogno di un mondo in pace può ancora diventare realtà, ma non per opera dell'uomo solo, né per opera di Dio che distrugge i malvagi disegni degli uomini, bensì quando gli uomini schiuderanno la propria vita a Dio in modo che possa colmarli d'amore, rispetto reciproco, comprensione e gratitudine. La salvezza sociale si realizzerà solo attraverso la volenterosa accettazione da parte dell'uomo del potente dono di Dio.

Permettetemi ora di applicare alle nostre vite ciò che ho detto fin qui. Molti di voi sanno che cosa significhi combattere contro il peccato. Anno dopo anno, vi siete accorti che un terribile peccato – la schiavitù del bere, forse, o la falsità, la debolezza della carne, l'egoismo – si stava impossessando della vostra vita. Con il passare degli anni, mentre il vizio estendeva i propri confini nella vostra anima, avete capito che era un intruso contro natura. Forse avete pensato: "Un giorno scaccerò questo male: so che sta distruggendo il mio carattere e causando imbarazzo alla mia famiglia". Alla fine avete deciso di liberarvi dal male come buon proposito per l'anno nuovo. Ricordate che sorpresa e che delusione, quando avete scoperto, trecentosessantacinque giorni dopo, che i vostri sforzi più sinceri non avevano affatto bandito quel vecchio vizio dalla vostra vita? Sgomenti, vi siete chiesti: "Perché non sono riuscito a scacciarlo?".

Presi dalla disperazione, avete deciso di porre il vostro problema davanti a Dio, ma invece di chiedergli di operare attraverso di voi, avete detto: "Dio, devi risolvere questo problema al mio posto: io non posso farci niente". Giorni e mesi dopo, però, il male era ancora dentro di voi. Dio non l'aveva scacciato, perché non elimina mai il peccato senza l'accorata collaborazione del peccatore. Non risolveremo alcun problema, se aspettiamo pigramente che Dio se ne assuma la piena responsabilità.

Non è possibile eliminare una cattiva abitudine semplicemente prendendo una decisione o chiedendo a Dio di fare il lavoro, ma solo arrendendosi e diventando uno strumento di Dio. Saremo liberati dal peso del male solo quando permetteremo all'energia di Dio di penetrare nella nostra anima.

Dio ha promesso che, nel momento in cui avessimo cercato di scacciare il male dalla nostra vita e di diventare veri figli della sua volontà divina, avrebbe collaborato con noi. «Se uno è in Cristo», dice Paolo, «è una creatura nuova; le cose vecchie sono passate, ecco ne sono nate di nuove» (2 Corinzi 5,17). Se un uomo è in Cristo è una persona nuova, il cui antico io è scomparso, e diviene un figlio di Dio divinamente trasformato.

Uno dei principali prodigi del Vangelo è che Cristo ha trasformato figlioli prodighi davvero spregevoli: ha trasformato un Simone di sabbia in un Pietro di roccia, un Saul persecutore in un Paolo apostolo. Ha convertito un Agostino dedito alla lussuria in un sant'Agostino. Le misurate parole della confessione di Lev Tolstoj in *La mia fede* rispecchiano un'esperienza che molti hanno condiviso:

> Cinque anni fa credetti nella dottrina di Cristo e all'improvviso la mia vita mutò: cessai di volere quello che volevo prima e cominciai a volere quello che prima non volevo. Quello che prima mi sembrava buono mi apparve cattivo e quello che prima mi sembrava cattivo mi apparve buono. [...] Le direttrici della mia vita, le mie aspirazioni divennero altre: bene e male si scambiarono di posto.[1]

---

[1] Trad. it. Orazio Reggio, Giorgio Mondadori, Milano 1988, p. 25.

Qui troviamo la risposta a una domanda sconcertante. Il male può essere scacciato, non dall'uomo solo, né da un Dio tirannico che invade la nostra vita, ma solamente se apriamo la porta e invitiamo Dio, attraverso Cristo, a entrare. «Ecco, sto alla porta e busso. Se qualcuno ascolta la mia voce e mi apre la porta, io verrò da lui, cenerò con lui ed egli con me» (Apocalisse 3,20). Dio è troppo gentile per sfondare la porta, ma quando l'apriamo nella fede, il confronto tra divino e umano trasformerà la nostra vita macchiata dal peccato in un'esistenza radiosa.

Lettera di Paolo
ai cristiani d'America

*Mi piacerebbe condividere con voi una lettera immaginaria
scaturita dalla penna dell'apostolo Paolo. Il timbro postale
dice che proviene dalla città portuale di Troade. Aprendola,
ho scoperto che era scritta in greco, invece che in inglese.
Dopo aver lavorato assiduamente alla sua traduzione
per parecchie settimane, penso di averne ormai decifrato il vero
significato. Se il contenuto suona stranamente "kinghiano",
invece che paolino, è per una mancanza di obiettività da parte mia,
non certo per mancanza di chiarezza da parte di Paolo.
Ecco la lettera che ho davanti.*

Da Paolo, chiamato dal volere di Dio a essere apostolo di Gesù Cristo, a voi che siete in America: la grazia sia con voi, e così la pace, da Dio nostro Padre, attraverso il nostro Signore e Salvatore, Gesù Cristo.

Per molti anni ho desiderato incontrarvi. Ho sentito tanto parlare di voi e di quello che state facendo. Mi sono giunte notizie dei sorprendenti progressi da voi compiuti in campo scientifico. Ho saputo delle vostre velocissime ferrovie sotterranee e dei vostri aeroplani rapidi come il lampo. Grazie al vostro genio scientifico avete polverizzato le distanze e incatenato il tempo; avete reso possibile far colazione a Parigi e pranzare a New York. Ho sentito anche dei vostri grattacieli, con le loro prodigiose torri che svettano verso il cielo. Mi è stato detto dei grandi progressi che avete compiuto nella medicina e di come siete stati capaci di guarire molte epidemie e malattie terribili, prolungando le vostre vite e garantendo maggior sicurezza e benessere fisico. È una cosa fantastica. Nella vostra epoca potete fare tante cose che, nel mondo greco-romano dei miei tempi, mi erano precluse. In un solo giorno siete in grado di coprire distanze che alla mia generazione richiedevano tre mesi. Tutto questo è meraviglioso. Che progressi straordinari avete fatto nel settore dello sviluppo scientifico e tecnologico!

Ma, americani, mi chiedo se tale progresso scientifico abbia determinato anche un identico sviluppo morale e spirituale. Mi pare che il progresso morale sia rimasto indietro rispetto a quello scientifico, che la vostra capacità intellettuale abbia distanziato l'etica e che il vostro incivilimento offuschi la cultura. Quanta parte della vostra vita moderna può essere sintetizzata nelle parole del vostro Thoreau: «Mezzi avanzati per un fine arretrato»? Grazie al genio scientifico avete reso il mondo un unico, grande vicinato, ma non siete riusciti a impiegare il vostro genio morale e spirituale per renderlo una vera fratellanza. Perciò, americani, la bomba atomica che oggi dovete temere non è semplicemente un'arma mortale che può essere sganciata da un aereo sulla testa di milioni di uomini, ma l'ordigno letale che giace nel cuore degli uomini, capace di esplodere nell'odio più violento e nell'egoismo più devastante. Vorrei dunque pregarvi di mantenere i progressi morali al passo con i progressi scientifici.

Ritengo necessario ricordarvi che avete la responsabilità di rappresentare i principi etici del cristianesimo in un'epoca che in generale li trascura. Questo è il compito che mi è stato assegnato. So che in America vi sono molti cristiani che si affidano totalmente a consuetudini e sistemi creati dall'uomo. Hanno paura di essere diversi. La loro principale preoccupazione è essere accettati dalla società. Vivono in base a principi del tipo: "Lo fanno tutti, quindi dev'essere giusto". Per tanti di voi la moralità rispecchia semplicemente il consenso del gruppo. Nel vostro gergo sociologico moderno, le usanze sono considerate la giusta linea di condotta. Senza rendervene conto, siete arrivati a credere che ciò che è giusto sia determinato dai sondaggi della Gallup.

Cristiani americani, devo dire a voi ciò che scrissi ai cristiani romani tanti anni fa: «Non conformatevi alla mentalità di questo secolo, ma trasformatevi rinnovando la vostra mente» (Romani 12,2). Voi avete una duplice cittadinanza: vivete simultaneamente nel tempo presente e nell'eternità. La vostra fedeltà suprema è a Dio, non ai costumi o alle consuetudini, allo Stato o alla nazione o a qualsivoglia istituzione umana. Se un'istituzione o una consuetudine terrena è in conflitto con la volontà di Dio, è vostro dovere di cristiani opporvi. Non dovete mai permettere che le esigenze transitorie ed effimere delle istituzioni umane abbiano la precedenza sulle eterne richieste di Dio Onnipotente. In un'epoca in cui gli uomini abbandonano via via gli alti valori della fede, voi dovete rimanervi ancorati e, indipendentemente dalle pressioni esterne, preservarli per i bambini che non sono ancora nati. Dovete essere disposti a sfidare le consuetudini ingiuste, a difendere le cause impopolari e a demolire lo *status quo*. Siete chiamati a essere il sale della terra, la luce del mondo, il lievito vitale nell'impasto della nazione.

So che in America avete un sistema economico chiamato capitalismo per mezzo del quale avete compiuto meraviglie: siete diventati la nazione più ricca del mondo e avete messo in piedi il più grande sistema produttivo che la storia abbia mai conosciuto. Tutto ciò è meraviglioso. Ma, americani, rischiate di fare cattivo uso del capitalismo. Sono ancora convinto che l'attaccamento al denaro sia la radice di molti mali e rischi di trasformare le persone in rozzi materialisti. Temo che molti di voi si preoccupino più di fare soldi che di accumulare tesori spirituali.

Il cattivo uso del capitalismo può anche portare a un tragico sfruttamento, e questo, nel vostro Paese, è accaduto spesso. Mi è stato detto che una decima parte dell'un per cento della popolazione controlla oltre il quaranta per cento della ricchezza. Americani, quante volte avete tolto i beni di prima necessità alle masse e offerto beni di lusso alle classi privilegiate? Se volete essere un Paese veramente cristiano, dovete risolvere questo problema. E non potete farlo abbracciando il comunismo, perché quest'ultimo si basa sul relativismo etico, sul materialismo metafisico, su un totalitarismo paralizzante e su una rinuncia alle libertà fondamentali che nessun cristiano potrebbe accettare. Potete però operare all'interno della struttura democratica e promuovere così una migliore distribuzione della ricchezza. Dovete usare le vostre potenti risorse economiche per eliminare la povertà dalla terra. Dio non ha mai voluto che alcuni vivessero nella ricchezza più sfrenata, lasciando altri nella povertà più estrema. Dio vuole che tutti i suoi figli abbiano il necessario per vivere e a tale scopo ha lasciato in questo universo «pane in abbondanza».

Vorrei potervi incontrare di persona, così da potervi dire faccia a faccia quello che sono costretto a mettere per iscritto. Ah, quanto desidero la vostra compagnia!

Lasciate che vi dica una cosa sulla Chiesa. Americani, devo ricordarvi, come ho detto a tanti altri, che la Chiesa è il Corpo di Cristo. Quando la Chiesa rimane fedele alla sua natura, non conosce divisione né discordia. Mi è stato detto che all'interno del protestantesimo americano vi sono più di duecentocinquanta confessioni. E la tragedia non sta solo nel fatto che abbiate così tante confessioni, ma che molti gruppi dichiarino di possedere la verità assoluta. Un tale settarismo meschino distrugge l'unità del Corpo di Cristo. Dio non è battista o metodista, né presbiteriano o episcopaliano, ma trascende le vostre classificazioni. Americani, se volete essere veri testimoni di Cristo, dovete rendervene conto.

Sono felice di sapere che in America vi è un crescente interesse per l'unità e l'ecumenicità della Chiesa. Mi è giunta notizia che avete organizzato un Consiglio nazionale delle Chiese e che gran parte delle vostre confessioni più importanti è affiliata al Consiglio ecumenico delle Chiese. Tutto questo è meraviglioso. Continuate a seguire questa via creativa, tenete sempre vivi questi Consigli e seguitate a garantire loro il vostro appoggio incondizionato. Ho ricevuto l'incoraggiante notizia che di recente ha avuto luogo un dialogo tra cattolici e protestanti. Mi è stato detto che molti ecclesiastici protestanti del vostro Paese hanno accettato l'invito di papa Giovanni a partecipare in qualità di osservatori a un recente Concilio ecumenico a Roma. Si tratta senz'altro di un segnale positivo e importante. Spero che sia l'inizio di un cambiamento che avvicinerà sempre di più i cristiani tra loro.

Un'altra cosa che mi preoccupa riguardo alla Chiesa americana è che avete una Chiesa bianca e una Chiesa nera. Come può esistere la segregazione nel Corpo stesso di Cristo? Mi dicono che vi è maggiore integrazione nel mondo dello spettacolo e in altre istituzioni secolari di quanta ve ne sia nella Chiesa cristiana: è davvero sconvolgente!

Mi dicono inoltre che tra voi vi sono cristiani che cercano fondamenti biblici per giustificare la segregazione e sostengono che i neri siano inferiori per natura. Amici miei, questa è una bestemmia e, di nuovo, è contraria a tutto ciò che la religione cristiana rappresenta. Devo ripetervi ciò che ho già detto a molti cristiani, che in Cristo «non c'è più giudeo né greco; non c'è più schiavo né libero; non c'è più uomo né donna, poiché tutti voi siete uno in Cristo Gesù» (Galati 3,28). E devo anche ribadire le parole che ho pronunciato all'Areòpago: «Il Dio che ha fatto il mondo e tutto ciò che contiene [...] creò da uno solo tutte le nazioni degli uomini, perché abitassero su tutta la faccia della terra» (Atti 14,24.26).

Perciò, americani, vi devo esortare a liberarvi da ogni residuo di segregazione: la segregazione è la palese negazione dell'unità che abbiamo in Cristo. Sostituisce al rapporto "io-tu" un rapporto "io-oggetto" e relega le persone allo stato di cose. Ferisce l'anima e avvilisce la personalità, schiaccia l'individuo segregato sotto un falso senso di inferiorità e rafforza in colui che segrega una falsa stima della propria superiorità. Distrugge la comunità e rende impossibile la fratellanza. La filosofia che sta alla base del cristianesimo è diametralmente opposta a quella che sottende la segregazione razziale.

Mi complimento con la vostra Corte Suprema per avere emesso una sentenza storica contro la segregazione, e con le persone di buona volontà che l'hanno accolta come una grande vittoria morale; so, però, che alcuni fratelli si sono ribellati con atteggiamento di sfida e che le loro aule di tribunale risuonano ovunque di parole come "annullamento" e "interposizione". Poiché questi fratelli hanno perso di vista il vero senso della democrazia e del cristianesimo, esorto ciascuno di voi a scongiurarli con pazienza di ripensarci: dovete assolutamente cercare, con comprensione e buona volontà, di fargli cambiare atteggiamento. Dite loro che, opponendosi all'integrazione, si oppongono non solo ai nobili precetti della vostra democrazia, ma anche agli eterni proclami di Dio.

Mi auguro che le Chiese d'America avranno un ruolo significativo nello sconfiggere la segregazione. È sempre stata responsabilità della Chiesa allargare gli orizzonti e sfidare lo *status quo*. La Chiesa deve entrare nell'arena dell'azione sociale. Innanzitutto, dovete assicurarvi che elimini il giogo della segregazione da se stessa, poi dovete cercare di renderla sempre più attiva nell'azione sociale anche fuori dalle sue porte. La Chiesa deve cercare di mantenere sempre aperti i canali di comunicazione tra le diverse razze. Deve assumere una posizione decisa contro l'ingiustizia subita dai neri quanto ad alloggi, istruzione, protezione da parte della polizia e nei tribunali cittadini e statali. Deve esercitare la propria influenza nel campo della giustizia economica. In quanto custode della vita morale e spirituale della comunità, la Chiesa non può guardare con indifferenza a questi mali così evidenti. Se, in quanto cristiani, risponderete alla chiamata con impegno e coraggio, condurrete fuori dalle tenebre della menzogna e della paura i vostri connazionali che sono in errore, per portarli alla luce della verità e dell'amore.

Mi sia permesso dire una parola a quelli tra voi che sono vittime del terribile sistema della segregazione. Dovete continuare a lottare appassionatamente e fermamente per i vostri diritti, che vi sono garantiti da Dio e dalla Costituzione. Sarebbe vile e immorale, da parte vostra, accettare l'ingiustizia senza reagire. Non potete, in coscienza, vendere la vostra primogenitura di libertà per un piatto di minestra di segregazione. Portando avanti la vostra legittima protesta, però, assicuratevi sempre di combattere con metodi e armi cristiani, fate sempre in modo che i mezzi che impiegate siano puri come il fine che perseguite. Non cedete mai alla tentazione di covare rancore. Mentre perseverate nel cammino verso la giustizia, accertatevi di muovervi sempre con dignità e disciplina, usando l'amore come vostra arma principale. Non permettete a nessuno di trascinarvi così in basso da spingervi a odiarlo. Evitate sempre la violenza: se nella lotta spargete semi di violenza, le generazioni future raccoglieranno la tempesta della disintegrazione sociale.

Se lottate per la giustizia, fate in modo che il vostro oppressore sappia che non avete né il desiderio di sconfiggerlo né quello di rendergli la pariglia per le tante ingiustizie che vi ha fatto subire. Fategli sapere che la piaga infetta della segregazione debilita il bianco non meno del nero. Grazie a questo atteggiamento, condurrete la vostra battaglia nel pieno rispetto dei più alti precetti cristiani.

Molti si rendono conto di quanto sia urgente sradicare la piaga della segregazione. Tanti neri dedicano la vita alla causa della libertà, e molti bianchi di buona volontà e di grande sensibilità morale osano parlare in nome della giustizia. L'onestà mi impone di ammettere che una tale presa di posizione implica essere disposti a soffrire e a sacrificarsi. Non disperate, se vi condannano e vi perseguitano per amore della giustizia. Ogni volta che offrite testimonianza in nome della verità e della giustizia, vi esponete allo scherno. Vi chiameranno idealisti ingenui o pericolosi estremisti. Potreste anche essere chiamati comunisti, semplicemente perché credete nella fratellanza tra le persone. Potreste persino essere arrestati: se dovesse accadere, dovete onorare la prigione della vostra presenza. Ciò potrebbe significare perdere il lavoro o la vostra posizione sociale all'interno del gruppo. Ma anche se il prezzo che alcuni dovranno pagare per liberare i figli dalla morte psicologica sarà la morte fisica, niente potrebbe essere più cristiano. Non preoccupatevi della persecuzione, cristiani americani; quando si prende posizione in nome di un ideale più grande, la si deve accettare. Ne parlo con una certa cognizione di causa, perché la mia vita è stata una persecuzione continua. Dopo la conversione, sono stato respinto dai discepoli a Gerusalemme, poi, sempre a Gerusalemme, mi hanno processato per eresia. Sono stato imprigionato a Filippi, picchiato a Tessalonica, perseguitato a Efeso e deriso ad Atene. Sono uscito da ciascuna di queste esperienze più convinto che mai che «né morte né vita, né angeli né principati, né presente né avvenire [...] potrà mai separarci dall'amore di Dio, in Cristo Gesù, nostro Signore» (Romani 8,38-39). Lo scopo della vita non è essere felici, né conquistare il piacere ed evitare il dolore, ma compiere la volontà di Dio, accada quel che accada. Non posso che lodare quelli di voi che hanno affrontato con fermezza minacce e intimidazioni, disagi e impopolarità, arresti e violenza fisica, pur di proclamare la dottrina della paternità di Dio e della fratellanza degli uomini. Questi nobili servi di Dio trovano consolazione nelle parole di Gesù: «Beati voi quando vi insulteranno, vi perseguiteranno e, mentendo, diranno ogni sorta di male contro di voi per causa mia. Rallegratevi ed esultate, perché grande è la vostra ricompensa nei cieli. Così infatti hanno perseguitato i profeti prima di voi» (Matteo 5,11-12).

Devo terminare questo mio scritto. Sila è qui che aspetta di consegnare la lettera e io devo partire per la Macedonia, da dove è giunta un'impellente richiesta di aiuto. Prima di lasciarvi, però, devo dirvi, come già dissi alla Chiesa di Corinto, che l'amore è la forza più duratura che esista. Nel corso dei secoli, gli uomini hanno cercato di scoprire il bene supremo: questo è stato lo scopo principale della filosofia morale, nonché uno dei grandi quesiti della filosofia greca. Epicurei e stoici hanno tentato di rispondere, così come Platone e Aristotele: qual è il *summum bonum* della vita? Credo di aver trovato la risposta, americani: ho scoperto che il sommo bene è l'amore. Tale principio è al centro del cosmo, è la grande forza unificatrice della vita. Dio è amore. Colui che ama ha scoperto il segreto che lo porterà a comprendere la realtà ultima; colui che odia si è candidato al non-essere.

Cristiani americani, potete anche dominare le sfumature della lingua inglese o possedere l'eloquenza necessaria a pronunciare discorsi, ma anche se parlaste le lingue degli uomini e degli angeli ma non aveste amore, sareste solo come un bronzo che risuona o un cembalo che tintinna.

Potete anche avere il dono dell'intuizione scientifica e comprendere il comportamento delle molecole, oppure penetrare nelle riserve della natura e trarne nuove intuizioni, o raggiungere le vette del successo accademico e possedere così la conoscenza, o vantarvi dei vostri grandi templi del sapere e della sconfinata estensione dei vostri titoli di studio; ma se non avete amore, tutto ciò non significa assolutamente nulla.

Ma soprattutto, americani, potete anche donare i vostri beni per nutrire i poveri, fare donazioni sostanziose per beneficenza, essere in prima fila come filantropi, ma se non avete amore, la vostra carità non significa niente. Potete anche offrire il vostro corpo perché sia bruciato e morire da martiri, trasformando così il sangue versato in una testimonianza di integrità per le generazioni future, spingendo migliaia di uomini a onorarvi come uno dei massimi eroi della storia; ma anche in questo caso, se non avete amore, il vostro sangue sarà versato invano. Dovete capire che è possibile essere egocentrici nell'abnegazione e ipocriti nello spirito di sacrificio. La generosità può alimentare l'ego di una persona e la pietà il suo orgoglio. Senza amore, la prodigalità diventa egoismo e il martirio si trasforma in superbia spirituale.

La virtù suprema è l'amore. In questo risiede il vero significato della fede cristiana e della croce. Il Calvario è un telescopio attraverso il quale guardiamo l'immenso panorama dell'eternità e vediamo l'amore di Dio irrompere nel tempo. Nella sua infinita generosità, Dio ha permesso che il suo Figlio unigenito morisse perché noi potessimo vivere. Unendovi a Cristo e ai vostri fratelli attraverso l'amore, potrete immatricolarvi all'università della vita eterna. In un mondo basato sulla forza, la tirannia e la violenza, la vostra sfida è seguire la via dell'amore. Solo così scoprirete che l'amore disarmato è la forza più potente del mondo.

È giunto il momento di congedarmi. Portate i miei saluti più affettuosi a tutti i santi della casa di Cristo. Fatevi coraggio, unite i vostri spiriti e vivete in pace.

È improbabile che riesca a incontrarvi in America, ma vi ritroverò nell'eternità di Dio. E ora lode a Lui, che sa impedirci di cadere e ci solleva dall'oscura valle dell'angoscia per condurci alla luminosa montagna della speranza, e dalla mezzanotte della disperazione per condurci all'aurora della gioia, a Lui ogni potere e autorità, per tutti i secoli dei secoli. Amen.

Pellegrinaggio
alla nonviolenza

Durante il mio ultimo anno in seminario ho iniziato a leggere con entusiasmo varie teorie teologiche. Essendo cresciuto nell'ambito di una tradizione fondamentalista piuttosto rigorosa, mi capitava di sorprendermi ogni volta che il mio viaggio intellettuale mi guidava in ambiti dottrinali nuovi e a volte complessi, nonostante il pellegrinaggio fosse sempre stimolante e mi facesse apprezzare in modo nuovo la valutazione oggettiva e l'analisi critica, scuotendomi dal mio sonno dogmatico.

Il pensiero liberale mi ha procurato una soddisfazione intellettuale che non avevo mai ricavato dal fondamentalismo. Mi sono innamorato a tal punto delle idee del liberalismo che sono quasi caduto nel tranello di accettare acriticamente tutto ciò che propugnava. Ero profondamente convinto della bontà innata dell'uomo e del potere innato della ragione.

I

Quando ho iniziato a mettere in discussione alcune delle teorie associate alla cosiddetta teologia liberale, nel mio pensiero si è verificato un sostanziale cambio di rotta. Ovviamente vi sono aspetti del liberalismo che spero di apprezzare sempre: ad esempio la dedizione alla ricerca della verità, l'insistenza sulla necessità di avere una mente aperta e analitica e il rifiuto di rinunciare alle intuizioni migliori della ragione. Il contributo del liberalismo alla critica storico-filologica dei testi biblici è stato preziosissimo e dovrebbe essere difeso con passione religiosa quanto scientifica.

Tuttavia, mi sono ritrovato a mettere in discussione la dottrina liberale sull'essere umano. Più studiavo le tragedie della storia e la vergognosa inclinazione dell'uomo a scegliere le strade peggiori, più mi rendevo conto della profondità e della forza del peccato. La lettura delle opere di Reinhold Niebuhr mi ha fatto comprendere quanto fossero complesse le motivazioni dell'essere umano e quanto il peccato permeasse ogni livello della nostra esistenza. Sono inoltre giunto a riconoscere quanto sia complessa la partecipazione dell'uomo alla vita sociale e lampante la realtà del male collettivo. Mi sono reso conto che il liberalismo era stato troppo sentimentale nei confronti della natura umana e che tendeva a un falso idealismo.

Ho anche compreso che il superficiale ottimismo del pensiero liberale riguardo alla natura umana trascurava il fatto che la ragione è offuscata dal peccato. Più riflettevo sulla natura umana, più comprendevo quanto la nostra tragica inclinazione al peccato ci spinga a giustificare le nostre azioni. Il liberalismo non aveva spiegato che la ragione di per sé è poco più di uno strumento per difendere il nostro modo di pensare. La ragione, priva del potere purificante della fede, non potrà mai liberarsi da distorsioni e giustificazioni.

Pur rifiutando alcuni aspetti del liberalismo, non sono mai giunto a una piena accettazione della neo-ortodossia. Se da un lato la consideravo un'utile rettifica del liberalismo sentimentale, dall'altro avevo l'impressione che non offrisse una risposta adeguata alle domande fondamentali. Se il liberalismo era troppo ottimista riguardo alla natura umana, la neo-ortodossia era troppo pessimista. La rivolta della neo-ortodossia si spingeva troppo oltre, non solo relativamente all'uomo, ma anche ad altre questioni importanti. Nel tentativo di salvaguardare la trascendenza di Dio, che nel liberalismo era stata ignorata sottolineandone eccessivamente l'immanenza, la neo-ortodossia insisteva troppo su un Dio nascosto, sconosciuto e "totalmente altro". Nel ribellarsi all'esagerata esaltazione del potere della ragione tipica del liberalismo, la neo-ortodossia cadeva nell'antirazionalismo e nel semi-fondamentalismo, enfatizzando un angusto e acritico biblicismo. Mi pareva che un simile atteggiamento fosse inadeguato sia per la Chiesa sia nella vita personale.

Perciò, benché il liberalismo mi lasciasse insoddisfatto relativamente alla questione della natura umana, non ho trovato rifugio neanche nella neo-ortodossia. Oggi sono convinto che la verità sull'essere umano non si trovi né nel liberalismo né nella neo-ortodossia: ciascuno dei due rappresenta una verità parziale. Una vasta parte del liberalismo protestante definiva l'uomo solo in relazione alla sua natura essenziale e alla sua capacità di fare il bene, mentre la neo-ortodossia tendeva a definirlo esclusivamente in relazione alla sua natura esistenziale e alla sua capacità di fare il male. Ma se vogliamo capire veramente l'uomo, non dobbiamo accogliere né la tesi del liberalismo né l'antitesi della neo-ortodossia, bensì una sintesi che possa conciliare le verità di entrambi.

Negli anni successivi, ho iniziato ad apprezzare la filosofia dell'esistenzialismo. Il mio primo contatto con questa teoria è avvenuto attraverso i libri di Kierkegaard e Nietzsche. In seguito, ho studiato Jaspers, Heidegger e Sartre. Questi pensatori mi hanno spinto a riflettere a mia volta; sebbene li abbia messi in discussione, il loro studio mi ha insegnato moltissimo. Quando alla fine ho iniziato ad analizzare approfonditamente gli scritti di Paul Tillich, mi sono persuaso che l'esistenzialismo, nonostante fosse fin troppo di moda, aveva colto alcune verità fondamentali sull'uomo e la sua condizione che non potevano essere trascurate oltre.

La comprensione della "libertà finita" dell'uomo è uno dei grandi contributi dell'esistenzialismo, mentre particolarmente significativa per il nostro tempo è l'intuizione dell'angoscia e del conflitto generati nella nostra vita personale e sociale dalla natura pericolosa e ambigua dell'esistenza. Un comune denominatore dell'esistenzialismo ateistico e di quello teistico è l'idea che la condizione esistenziale dell'uomo sia alienata dalla sua natura essenziale. Rifiutando l'essenzialismo di Hegel, gli esistenzialisti sostengono che il mondo è frammentato, che la storia è una sequela di conflitti irrisolti e che l'esistenza dell'essere umano è piena di angoscia e minacciata dalla mancanza di senso. Se da un lato la risposta cristiana definitiva non risiede in nessuna di tali affermazioni, queste contengono molto materiale di cui il teologo si può servire per definire la vera condizione dell'esistenza umana.

Sebbene gran parte dei miei studi universitari riguardasse la teologia sistematica e la filosofia, ho maturato un interesse crescente per l'etica sociale. Da ragazzo ero molto preoccupato per il problema dell'ingiustizia razziale. Ritenevo la segregazione inspiegabile dal punto di vista razionale e ingiustificabile da quello morale, non riuscivo ad accettare di dover sedere in fondo all'autobus o in uno scompartimento separato del treno. La prima volta che mi sono seduto dietro una tenda in una carrozza ristorante, è stato come se quella tenda fosse stata calata sulla mia identità. Ho anche compreso che la gemella inseparabile dell'ingiustizia razziale è l'ingiustizia economica. Ho capito che le varie forme di segregazione sfruttavano sia i neri sia

227

i bianchi poveri. Quelle prime esperienze mi hanno reso profondamente consapevole delle tante ingiustizie della nostra società.

II

Tuttavia, ho iniziato la seria ricerca intellettuale di un metodo che eliminasse il male sociale solo quando sono entrato in seminario e sono stato immediatamente influenzato dal Vangelo sociale. Nei primi anni Cinquanta ho letto *Christianity and the Social Crisis* (Cristianesimo e crisi sociale) di Walter Rauschenbusch, un libro che ha lasciato un'impronta indelebile sul mio pensiero. Naturalmente vi erano punti sui quali non ero d'accordo: mi pareva chiaro che l'autore fosse vittima del "culto del progresso inevitabile" tipico del diciannovesimo secolo, che lo portava a nutrire un ottimismo ingiustificato nei confronti della natura umana. Inoltre, Rauschenbusch si spingeva quasi a identificare il Regno di Dio con un particolare sistema sociale ed economico, tentazione a cui la Chiesa non deve mai cedere. Comunque, nonostante questi limiti, ha dato al protestantesimo americano un senso di responsabilità sociale che non dovrebbe mai perdere. La quintessenza del Vangelo riguarda l'uomo nella sua interezza, non solo la sua anima, ma anche il suo corpo, non solo il suo benessere spirituale, ma anche quello materiale. Una religione che professa interesse per l'anima dell'uomo e non si preoccupa dei ghetti che lo portano alla danna-zione, delle condizioni economiche che lo strangolano e di quelle sociali che lo paralizzano, è una religione spiritualmente moribonda.

Dopo aver letto Rauschenbusch, ho iniziato a studiare in maniera approfondita le teorie sociali ed etiche dei grandi filosofi. In quel periodo avevo quasi perso la speranza che l'amore potesse risolvere i problemi sociali. Pensavo che i principi del porgere l'altra guancia e dell'amare i propri nemici fossero validi solo per le singole persone in conflitto con altre; ma che, quando a essere in conflitto erano gruppi razziali e nazioni, ritenevo che fosse necessario seguire un approccio più realistico.

A quel punto mi sono avvicinato alla vita e all'insegnamento del Mahatma Gandhi. Leggendo le sue opere, sono rimasto profondamente affascinato dalle sue campagne di resistenza nonviolenta. Il concetto gandhiano di *satyagraha* (*satya* è verità che equivale ad amore e *graha* è forza; perciò *satyagraha* significa verità-forza, o amore-forza) mi ha colpito moltissimo. Via via che scavavo a fondo nella filosofia di Gandhi, lo scetticismo che nutrivo nei confronti del potere dell'amore diminuiva gradualmente, e mi sono reso conto per la prima volta che la dottrina cristiana dell'amore, operante attraverso il metodo gandhiano della nonviolenza, è una delle armi più potenti che un popolo oppresso abbia a disposizione nella lotta per la libertà. A quell'epoca, però, sono pervenuto solamente a una comprensione intellettuale e all'apprezzamento della teoria, ma non avevo ancora preso la ferma decisione di metterla in pratica in una situazione sociale reale.

Quando nel 1954 mi trovavo a Montgomery, in Alabama, come pastore, non immaginavo certo che sarei rimasto coinvolto in una crisi in cui si sarebbe potuti ricorrere alla resistenza nonviolenta. Vivevo in quella comunità da circa un anno, quando è iniziato il boicottaggio degli autobus. I neri di Montgomery, esasperati dalle esperienze umilianti che dovevano affrontare costantemente sui bus, hanno manifestato con una massiccia non cooperazione la propria determinazione a essere liberi. Si erano resi conto che, in fin dei conti, era più dignitoso camminare a testa alta per la strada che farsi trasportare da un autobus subendo un'umiliazione. All'inizio della protesta, mi hanno chiesto di diventare il loro portavoce. Accettando quella responsabilità, con il pensiero sono tornato, consciamente o meno, al Discorso della Montagna e al metodo gandhiano della resistenza nonviolenta. Questo principio è diventato il faro del nostro movimento: Cristo ci dava l'entusiasmo e la motivazione, Gandhi il metodo.

L'esperienza di Montgomery è servita a chiarirmi le idee sulla questione della nonviolenza più di tutti i libri che avevo letto. Via via che i giorni passavano, mi convincevo sempre più del potere della nonviolenza, tanto che quest'ultima è diventata molto più di un metodo a cui aderivo dal punto di vista intellettuale: è diventata un impegno a osservare un certo stile di vita.

Molti aspetti della nonviolenza che non ero riuscito a chiarire dal punto di vista intellettuale venivano ora risolti nell'ambito dell'azione concreta.

Fare un viaggio in India è stato un privilegio e ha avuto su di me come persona un grande impatto, perché vedere con i miei occhi gli impressionanti risultati della lotta nonviolenta per la conquista dell'indipendenza è stato davvero entusiasmante. Gli strascichi di odio e risentimento che di solito seguono una campagna violenta non si riscontravano da nessuna parte, e indiani e inglesi del Commonwealth erano legati da un'amicizia reciproca basata sulla totale uguaglianza.

Non vorrei dare l'impressione che la nonviolenza possa compiere miracoli da un giorno all'altro: gli uomini non si lasciano spostare facilmente dai loro binari mentali o liberare dai sentimenti irrazionali, frutto di pregiudizi. Quando i diseredati chiedono libertà, i privilegiati reagiscono subito con risentimento e ostilità. Anche quando le richieste sono presentate in termini nonviolenti, la prima risposta è sostanzialmente la stessa. Sono certo che molti dei nostri fratelli bianchi a Montgomery e in tutto il Sud nutrono ancora un forte risentimento contro i leader neri, sebbene questi abbiano cercato di seguire una via di amore e nonviolenza. Ma l'azione nonviolenta tocca i cuori e le anime di chi la pratica. Alimenta in loro il rispetto di sé, chiama a raccolta una forza e un coraggio che non sapevano neanche di avere e scuote a tal punto la coscienza dell'oppositore che la riconciliazione diventa realtà.

III

Solo di recente sono giunto a riconoscere la necessità del metodo della nonviolenza nelle relazioni internazionali. Anni fa, pur non essendo convinto della sua efficacia nei conflitti tra Paesi, pensavo che la guerra, anche se non può mai essere un bene positivo, avrebbe potuto servirci come bene negativo, impedendo la diffusione e la crescita di una forza malvagia. La guerra, per quanto orribile, avrebbe potuto essere preferibile alla resa a un sistema totalitario. Adesso, però, mi rendo conto che la potenziale distruttività delle armi moderne elimina totalmente la possibilità che la guerra possa mai rappresentare un bene negativo. Se ammettiamo che l'umanità ha il diritto di sopravvivere, dobbiamo trovare un'alternativa alla guerra e alla distruzione. Nella nostra epoca di navicelle spaziali e missili balistici telecomandati, la scelta è tra nonviolenza e non esistenza.

Non sono un pacifista dottrinario, ma ho cercato di abbracciare un pacifismo realistico che, date le circostanze attuali, considera la posizione pacifista il male minore. Non pretendo di essere libero dai dilemmi morali che il non pacifista cristiano deve affrontare, ma sono convinto che la Chiesa non possa rimanere in silenzio mentre il genere umano affronta la minaccia della distruzione nucleare. Se vuole essere fedele alla sua missione, la Chiesa deve chiedere che la corsa agli armamenti venga abbandonata.

Anche certe mie sofferenze personali di questi ultimi anni sono servite a formare il mio pensiero. Esito sempre a parlare di tali esperienze, per timore di dare un'idea sbagliata: chi richiama continuamente l'attenzione sulle proprie traversie e sofferenze corre il rischio di sviluppare il complesso del martire e di dare l'impressione di cercare costantemente la comprensione degli altri. Può capitare di essere egocentrici, nel sacrificio di sé, ma in qualche modo mi sento giustificato a menzionare le mie pene in questo saggio, per via dell'influenza che hanno avuto sul mio pensiero.

A causa del mio impegno nella lotta per la libertà della mia gente, in questi ultimi anni ho vissuto ben pochi giorni tranquilli. Sono stato rinchiuso nelle prigioni dell'Alabama e della Georgia dodici volte, la mia casa è stata colpita due volte dalle bombe. Quasi non passa giorno senza che la mia famiglia e io riceviamo minacce di morte. Sono stato vittima di un accoltellamento quasi fatale. Perciò, si può dire che sono stato letteralmente colpito dalla tempesta della persecuzione. Devo ammettere di aver pensato, a volte, di non poter più sopportare un fardello così pesante e di essere stato tentato di ritirarmi a una vita più tranquilla e serena. Ogni volta che sentivo nascere questa tentazione, però, qualcosa veniva a rafforzare e a sostenere la mia determinazione. Ormai ho imparato che il fardello del Maestro diventa leggero proprio quando ce ne facciamo carico.

Le mie traversie personali mi hanno anche insegnato il valore della sofferenza immeritata. Con l'aumentare delle tribolazioni, mi sono subito reso conto che avevo due possibilità per reagire alla mia situazione: covare rancore o cercare di trasformare la sofferenza in una forza creatrice. Optai per la seconda. Riconoscendo la necessità di soffrire, ho cercato di trasformare la pena in virtù. Fosse anche solo per sottrarmi al rancore, ho cercato di considerare le mie traversie come un'opportunità per trasformare me stesso e guarire le persone coinvolte nella tragica situazione che sussiste ancora oggi. Ho vissuto questi ultimi anni convinto che la sofferenza immeritata sia fonte di redenzione. C'è ancora chi ritiene la croce un ostacolo, mentre altri la considerano una stupidaggine, ma io sono sempre più convinto che rappresenti la potenza di Dio finalizzata alla salvezza sociale e individuale. Pertanto, come l'apostolo Paolo, posso dire, umilmente ma con orgoglio: «Io porto le stigmate di Gesù nel mio corpo».

I momenti di angoscia che ho vissuto in questi ultimi anni mi hanno anche avvicinato ulteriormente a Dio. Sono più che mai convinto della realtà di un Dio fatto persona. Certo, ho sempre creduto in questo: ma in passato l'idea di un Dio tangibile era poco più che una categoria metafisica che ritenevo soddisfacente sia dal punto di vista teologico sia da quello filosofico. Adesso, invece, la reputo una realtà vivente che è stata convalidata dalle esperienze della vita quotidiana. Negli ultimi anni, Dio è stato profondamente reale, per me. Pur trovandomi di fronte a pericoli esteriori, ho provato un senso di calma interiore. In giorni desolati e notti di terrore, ho udito dentro di me una voce che diceva: «Ecco, io sono con voi». Quando le catene della paura e le manette della frustrazione avevano quasi ridotto all'impotenza i miei sforzi, ho sentito la potenza di Dio che trasformava il travaglio della disperazione nell'ottimismo della speranza. Sono convinto che l'universo sia controllato da un'intenzione amorevole e che nella lotta per la giustizia l'uomo abbia un alleato cosmico. Dietro l'aspetto spietato del mondo, vi è un potere benigno. Dire che questo Dio sia una persona non significa trasformarlo in un oggetto finito accanto ad altri oggetti o attribuirgli i limiti propri dell'essere umano: significa prendere quello che vi è di più alto e nobile nella nostra coscienza e affermarne la perfetta esistenza in lui. È senz'altro vero che l'essere umano è limitato, ma la personalità in quanto tale non implica necessariamente delle limitazioni, significa soltanto autocoscienza e autodeterminazione. Quindi, nel più vero senso della parola, Dio è un Dio vivente. In lui albergano sentimento e volontà, che rispondono ai desideri più profondi del cuore umano: *questo* Dio suscita la preghiera e la esaudisce.

Gli ultimi dieci anni sono stati davvero entusiasmanti. Nonostante le tensioni e le incertezze di questo periodo, sta accadendo qualcosa di profondamente significativo. Il vecchio sistema dello sfruttamento e dell'oppressione sta scomparendo, e nasce un nuovo sistema basato su giustizia e uguaglianza: è davvero un'epoca meravigliosa in cui vivere. Perciò non sono ancora scoraggiato riguardo al futuro. Siamo d'accordo, il facile ottimismo di ieri è impossibile e ci troviamo di fronte a una crisi globale che spesso ci lascia in mezzo al mormorio sempre più forte dell'agitato mare della vita. Ma ogni crisi presenta al tempo stesso pericoli e opportunità, può significare salvezza o condanna. In un mondo buio e confuso, il Regno di Dio può ancora albergare nel cuore degli uomini.

L'istinto del tamburo maggiore

Questa mattina vorrei intitolare la mia predica "L'istinto del tamburo maggiore". Il testo è preso da un brano molto noto del decimo capitolo del Vangelo di Marco. A partire dal trentacinquesimo versetto, leggiamo queste parole:

E gli si avvicinarono Giacomo e Giovanni, i figli di Zebedeo, dicendogli: «Maestro, noi vogliamo che tu ci faccia quello che ti chiederemo». Egli disse loro: «Cosa volete che io faccia per voi?». Gli risposero: «Concedici di sedere nella tua gloria uno alla tua destra e uno alla tua sinistra». Gesù disse loro: «Voi non sapete ciò che domandate. Potete bere il calice che io bevo, o ricevere il battesimo con cui io sono battezzato?». Gli risposero: «Lo possiamo». E Gesù disse: «Il calice che io bevo anche voi lo berrete, e il battesimo che io ricevo anche voi lo riceverete. Ma sedere alla mia destra o alla mia sinistra non sta a me concederlo; è per coloro per i quali è stato preparato».

Dopodiché, Gesù conclude il discorso dicendo: «Non così dovrà essere tra voi; ma colui che vorrà diventare grande tra voi, si farà vostro servo, e colui che vorrà essere il primo tra voi, si farà vostro schiavo».

Il quadro è chiaro. Giacomo e Giovanni stanno facendo una richiesta specifica al maestro. Hanno sognato, come gran parte degli ebrei, la venuta di un re di Israele che avrebbe liberato Gerusalemme, stabilito il suo regno sul monte Sion e governato il mondo in modo giusto. E hanno pensato che Gesù incarnasse quel tipo di sovrano. Hanno pensato al giorno in cui avrebbe regnato come re supremo di Israele. Per questo hanno detto: "Quando stabilisci il tuo regno, lascia che uno di noi sieda alla destra e l'altro alla sinistra del tuo trono".

Adesso saremmo subito pronti a condannare Giacomo e Giovanni, dicendo che erano degli egoisti. Perché hanno fatto una richiesta così egoista? Prima di giudicarli, però, facciamo un sereno e sincero esame di coscienza: scopriremo che anche noi nutriamo lo stesso desiderio fondamentale di essere riconosciuti, di avere importanza. Un identico desiderio di attenzione, di venire per primi. Ovviamente gli altri discepoli si arrabbiarono con Giacomo e Giovanni, e ne capite bene il perché, ma dobbiamo renderci conto che anche noi abbiamo in parte le stesse caratteristiche dei due fratelli. E nel nostro intimo custodiamo un istinto simile a quello del tamburo maggiore, cioè il desiderio di essere in prima fila, di essere in testa alla parata, di essere i primi. È un qualcosa che si annida in tutti gli aspetti della vita.

Perciò, prima di condannare i due apostoli, rendiamoci conto che abbiamo tutti l'istinto del tamburo maggiore. Tutti vorremmo essere importanti, superare gli altri, distinguerci, essere in testa alla parata. Il grande psicoanalista Alfred Adler sostiene che questa sia la nostra pulsione dominante. Per Sigmund Freud tale pulsione dominante era il sesso, ma Adler coniò una nuova teoria e disse che la spinta di base, quella che di fatto guida la vita umana, è proprio questa sete di riconoscimento, il desiderio di attenzione, la volontà di differenziarsi dagli altri, cioè l'istinto del tamburo maggiore.

E, sapete, iniziamo fin da piccoli a chiedere alla vita di metterci davanti agli altri. Già il nostro primo vagito è una richiesta di attenzione. E per tutta l'infanzia, l'impulso o l'istinto del tamburo maggiore è un'ossessione continua. I bimbi chiedono alla vita di garantire loro il primo posto. Sono un minuscolo concentrato di ego, e fin dalla nascita si portano dentro l'impulso o l'istinto del tamburo maggiore.

Nella nostra vita adulta lo abbiamo ancora e non riusciamo mai a superarlo. Ci piace fare bene le cose e, come sapete, ci piace essere lodati per questo. Se non ci credete, basta che continuiate a vivere la vostra vita: scoprirete presto che gli elogi vi piacciono. Di fatto, piacciono a tutti. E in qualche modo il calore che sentiamo quando qualcuno ci fa dei complimenti o quando vediamo il nostro nome stampato è una specie di vitamina A per il nostro ego. Nessuno è infelice quando viene lodato, anche se sa di non meritarlo, anche se non crede che le lodi siano sincere. Gli unici che si sentono tristi di fronte a un complimento sono quelli che lo vedono rivolgere a qualcun altro. Ma tutti amano essere lodati, proprio a causa di questo istinto del tamburo maggiore.

Ora, l'esistenza di tale istinto è ciò che spinge tante persone a "partecipare". Sapete, ci sono persone che partecipano a qualunque cosa, ed è davvero una richiesta di attenzione e di riconoscimento. E queste persone assumono nomi che diano loro questa impressione. Perciò se prendete un gruppo, loro diventano i "Primi Sostenitori", e il poveretto che a casa viene vessato dalla moglie sente il bisogno di diventare "il più Meritevole fra i Meritevoli" di qualcosa. È l'impulso e il desiderio del tamburo maggiore che si annida in tutti gli aspetti della vita. Perciò la vediamo ovunque, questa sete di riconoscimento, e partecipiamo alle iniziative, anzi, vi prendiamo parte in maniera esagerata, quando riteniamo di avere la possibilità di ottenere un riconoscimento.

L'esistenza di questo istinto spiega perché cadiamo spesso vittima dei pubblicitari. Li conoscete, no, quei gentiluomini esperti nella persuasione verbale delle masse. Hanno un modo di dirvi le cose che per qualche motivo vi spinge a fare acquisti. Se volete essere uomini importanti, dovete bere questo whisky. Per fare invidia ai vostri vicini, dovete guidare questo tipo di macchina. Per essere belle e farvi amare, dovete usare questo tipo di rossetto o quel tipo di profumo. E prima ancora che ve ne accorgiate, state già comprando tutta quella roba. È così che lavorano i pubblicitari.

L'altro giorno ho ricevuto una lettera da parte di una rivista che stava per essere lanciata. Esordiva così: "Caro dottor King, come lei sa è inserito in molti indirizzari. È reputato una persona molto intelligente, progressista e amante delle arti e delle scienze, e sono certo che vorrà leggere quanto scrivo". Certo che lo volevo: dopo che mi aveva detto tutte quelle cose e mi aveva descritto così bene, era chiaro che volessi leggere.

Ma, tornando ai discorsi seri, lo stesso accade in ogni aspetto della vita; l'istinto del tamburo maggiore è un dato di fatto. E sapete quali altre conseguenze può determinare? Spesso ci spinge a vivere al di sopra dei nostri mezzi; sì, anche questo dipende dall'istinto del tamburo maggiore. Vi capita mai di vedere persone che si comprano un'auto che con il loro reddito non possono permettersi? O gente che gira in Cadillac e Chrysler pur non guadagnando abbastanza neanche per comparsi una Ford Modello T? Ma quelle macchine alimentano il loro ego frustrato.

Sapete, gli economisti ci dicono che un'automobile non dovrebbe costare più della metà del reddito annuale. Per cui, se guadagnate cinquemila dollari all'anno, la vostra auto non dovrebbe costarne più di duemilacinquecento: si tratta di pura e semplice economia. E se una famiglia è composta da due persone, ed entrambi i suoi membri guadagnano diecimila dollari, dovrà accontentarsi di una sola auto. Questa sarebbe una valida teoria economica, sebbene spesso risulti scomoda. Eppure, non vi è forse capitato di vedere persone che guadagnano cinquemila dollari l'anno e guidano un'auto che ne costa seimila? E poi si meravigliano perché non arrivano alla fine del mese. È un dato di fatto.

Gli economisti ci dicono anche che le case non dovrebbero costare – se pensate di comprarne una – più del doppio del vostro reddito. È un concetto basato sull'economia e sul fatto di arrivare alla fine del mese. Perciò, se avete un reddito di cinquemila dollari, nella società di oggi è un po' difficile farcela. Ma poniamo che una famiglia abbia un reddito di diecimila dollari: la casa non dovrebbe costarne più di ventimila. Ebbene, ho visto persone che guadagnano diecimila dollari vivere in case da quaranta o cinquantamila dollari. E riescono a malapena a stare a galla. Ogni mese in qualche modo ricevono un assegno e prima ancora di incassarlo sono già in debito di tutta la cifra. Non riescono mai a mettere via qualcosa per gli imprevisti.

Ma il problema vero è che la causa di tutto questo è l'istinto del tamburo maggiore. E, sapete, le persone vengono travolte sempre più spesso da questo istinto. Vivono la loro vita con l'unico scopo di superare il vicino. Compro questo cappotto perché è di qualità e aspetto un po' migliori di quello di Mary. Devo assolutamente guidare quest'auto perché ha un qualcosa che la rende un po' migliore di quella del mio vicino. Conosco un uomo che viveva in una casa da trentacinquemila dollari. Allora i vicini hanno fatto costruire una casa da trentacinquemila dollari, perciò lui se n'è fatta fare una da settantacinquemila. Poi qualcun altro si è costruito una casa da settantacinquemila e lui ne ha fatta fare una da centomila. E non so che fine farà, se continuerà a voler tenere il passo con i vicini.

Arriva il momento in cui l'istinto del tamburo maggiore può diventare distruttivo, ed è di questo che vorrei parlarvi adesso. Voglio spingermi a dire che se questo istinto non viene tenuto a bada, diventa molto pericoloso e nocivo, arrivando, ad esempio, a distorcere la personalità. Credo sia proprio questo il suo aspetto più deleterio, ciò che fa alla personalità. Se non viene imbrigliato, ci ritroviamo ogni giorno alle prese con il nostro problema di ego e reagiamo vantandoci. Avete mai visto persone – sapete già cosa voglio dire, e sono sicuro che le avrete incontrate – che risultano antipatiche perché se ne stanno tutto il tempo a parlare di sé? E si vantano, si vantano, si vantano... ecco, quella è gente che non tiene a bada l'istinto del tamburo maggiore.

Ma questa tendenza fa anche altre cose alla nostra personalità. A volte ci spinge a dire che conosciamo qualcuno quando non è vero. Certi individui sono "spacciatori di influenze": nel tentativo di gestire l'istinto del tamburo maggiore, sono spinti a identificarsi con i cosiddetti grossi nomi. Se non state attenti, vi faranno credere di conoscere persone che non hanno affatto incontrato. Sosterranno di conoscerle bene, di bere il tè con loro e di fare questo e quello. Succede, eccome se succede.

E un altro aspetto di questo impulso è che di fatto spinge le persone a impegnarsi in attività usandole solamente come mezzo per ricevere attenzioni. I criminologi ci dicono che a causa dell'istinto del tamburo maggiore alcune persone sono portate a commettere dei crimini: pensano di non ricevere abbastanza attenzioni mediante i normali canali sociali, perciò ricorrono a comportamenti asociali in modo da ottenerle e sentirsi importanti. E così si procurano una pistola e in men che non si dica svaligiano una banca solo per avere finalmente un po' di riconoscimento e di attenzione.

Ma la tragedia ultima di una personalità distorta è che, quando l'individuo non riesce più a contenere questo istinto, finisce con lo spingere sotto gli altri per poter restare a galla. E ogni volta che lo facciamo, compiamo una delle azioni più malvagie che ci siano. Riversiamo sugli altri malignità, cattiverie e dicerie, perché siamo impegnati a spingerli a fondo in modo da poter innalzare noi stessi. Il grande guaio della vita è riuscire a tenere a bada l'istinto del tamburo maggiore.

Un altro problema che sorge quando non riusciamo a farlo – quando questo istinto è fuori controllo – è che tale tendenza ci conduce a un elitarismo snob. Proprio così, a un elitarismo snob. E, sapete, questo è il pericolo che corrono i circoli e le confraternite universitarie maschili e femminili – io faccio parte di una confraternita; io, di due o tre – ma non le sto criticando. Sto solo dicendo che presentano un pericolo, e cioè che queste cerchie possono trasformarsi in covi di classismo ed elitarismo, perché sapendo di appartenere a qualcosa di esclusivo si ricava una certa soddisfazione. E in effetti è appagante, sapete, per me, essere in questa confraternita, perché è la migliore del mondo e non tutti possono accedervi. Perciò, vedete, finisce con l'essere una cosa molto esclusiva.

E sapete bene che questo può accadere anche nella Chiesa; so di certe chiese che a volte cadono in questa trappola. Ne ho visitate tante, sapete, dove dicono: "Tra i nostri parrocchiani abbiamo tanti dottori e tanti insegnanti, tanti avvocati, tanti uomini d'affari". E non c'è niente di male, perché anche i medici hanno bisogno di andare in chiesa, e così gli avvocati, gli uomini d'affari e gli insegnanti. Ma queste chiese lo dicono – e anche il pastore, a volte, lo dice – come se gli altri non contassero niente.

La chiesa è l'unico luogo dove il medico dovrebbe dimenticare di essere tale. La chiesa è l'unico luogo dove un professionista dovrebbe dimenticare di essere tale. La chiesa è l'unico luogo dove un insegnante dovrebbe dimenticare il titolo che precede il suo nome. La chiesa è l'unico luogo in cui un avvocato dovrebbe dimenticare di essere tale. E qualunque chiesa che violi il principio del «chi ha sete venga» è morta, gelida, è soltanto un circolo con una vaga parvenza di religiosità.

Quando la chiesa è fedele alla sua natura, dice: «Chi ha sete venga» e non deve certo soddisfare l'applicazione distorta dell'istinto del tamburo maggiore. È l'unico luogo dove tutti dovrebbero essere uguali di fronte a un solo maestro e salvatore. E da questo emerge una considerazione: tutti gli uomini sono fratelli in quanto figli dello stesso padre.

L'istinto del tamburo maggiore può spingere le persone ad abbandonarsi al senso di esclusività e far loro credere che, per il solo fatto di aver ricevuto un'istruzione, sono migliori di chi non l'ha ricevuta. O che, per il solo fatto di avere una certa sicurezza economica, sono migliori di chi non la possiede. Questo è un uso incontrollato e distorto dell'istinto del tamburo maggiore.

E c'è dell'altro: questo istinto porta alla tragica questione – ne siamo stati spesso testimoni – del pregiudizio razziale. Ne hanno scritto in molti e Lillian Smith lo ha espresso molto bene nei suoi libri, al punto che uomini e donne sono portati a cogliere la radice del problema. Sapete che molti problemi razziali nascono a causa dell'istinto del tamburo maggiore? È il bisogno che hanno certe persone di sentirsi superiori, il bisogno che hanno di sentirsi le prime e di convincersi che la loro pelle bianca le autorizza a esserlo. Lo hanno sostenuto più e più volte in modi che possiamo vedere con i nostri occhi. Non molto tempo fa, un uomo, in Mississippi, ha detto che Dio era socio fondatore del Consiglio dei cittadini bianchi. E se Dio è un socio fondatore significa che gli altri membri possiedono una sorta di divinità, una sorta di superiorità. E pensate a quello che è successo nella storia per colpa di questo uso distorto dell'istinto del tamburo maggiore: ha determinato la nascita del pregiudizio più tragico in assoluto, delle peggiori espressioni di disumanità dell'uomo contro i suoi simili.

Qualche giorno fa ho detto che quando finisco in prigione provo sempre a fare una certa opera di persuasione. E mentre eravamo in prigione a Birmingham, l'altro giorno, i secondini bianchi e tutti gli altri si sono avvicinati alla cella per parlare del problema razziale. Cercavano di dimostrarci perché le nostre manifestazioni di piazza erano un grosso errore e perché la segregazione era giusta e i matrimoni interrazziali sbagliati. Perciò ho cominciato a predicare e abbiamo iniziato a discutere tranquillamente, perché erano disponibili al dialogo. E un giorno, sarà stato il secondo o il terzo, abbiamo finito per parlare di dove vivevano e di quanto guadagnavano. E quando quei fratelli mi hanno riferito quanto guadagnavano, ho detto loro: "Sapete una cosa? Dovreste protestare insieme a noi: siete poveri quanto i neri". Poi ho aggiunto: "Vi ritrovate a dover sopportare i vostri oppressori, perché il pregiudizio e la cecità non vi permettono di capire che nella società americana le forze che opprimono i neri opprimono anche i bianchi poveri. E le uniche cose che vi danno sicurezza sono la soddisfazione di avere la pelle bianca e l'istinto del tamburo maggiore, che vi fa credere di essere importanti perché siete bianchi. E invece siete così poveri da non riuscire a mandare i figli a scuola. Dovreste essere fuori a lottare insieme a noi ogni volta che organizziamo una marcia di protesta".

Ora, è incontestabile che il bianco povero è stato messo nella condizione di dover sopportare il suo oppressore, per colpa della cecità e del pregiudizio. E la sola cosa che lo sostiene è quel falso senso di superiorità che gli deriva dall'avere la pelle bianca; peccato che riesca a stento a mangiare e ad arrivare alla fine del mese.

Questa situazione alimenta non solo la lotta razziale, ma anche quella tra nazioni. E stamattina vorrei sottoporre alla vostra attenzione il fatto che ciò che è sbagliato al mondo d'oggi è che i Paesi sono impegnati in una crudele, colossale gara per la supremazia. E se non succede qualcosa che metta un freno a questa tendenza, temo sinceramente che non staremo qui a parlare di Gesù Cristo, di Dio e di fratellanza tra gli uomini ancora per molto. Se qualcuno non mette fine a questa spinta suicida che oggi guida il mondo, nessuno di noi sopravvivrà, perché in virtù di questa idea insensata qualcuno commetterà l'errore di lanciare una bomba nucleare da qualche parte. E poi sarà qualcun altro, a lanciarne una. E non lasciatevi ingannare: può accadere in una manciata di secondi. In Russia hanno bombe da venti megatoni che possono distruggere città grandi come New York in tre secondi, spazzando via persone ed edifici. E noi possiamo fare lo stesso alla Russia e alla Cina.

Ma è proprio per questo che stiamo andando alla deriva. Accade perché le nazioni sono guidate dall'i-

stinto del tamburo maggiore. "Devo essere il primo".
"Devo avere la supremazia". "Il nostro Paese deve dominare il mondo". E mi fa tristezza riconoscere che il
Paese in cui viviamo è il più colpevole di tutti. E continuerò a dirlo all'America, perché amo troppo questo
Paese per vederlo prendere una piega del genere senza
muovere un dito.

Dio non ha chiesto all'America di fare quello che sta
facendo oggi nel mondo. Dio non ha chiamato l'America a impegnarsi in una guerra ingiusta e insensata
come quella del Vietnam. E in questa guerra ci comportiamo da banditi: abbiamo commesso forse più crimini di guerra di ogni altro Paese, continuerò a dirlo. E
a causa del nostro orgoglio e della nostra arroganza a
livello di nazione, non smetteremo.

Dio però ha un suo modo di rimettere le nazioni al
loro posto. Il Dio a cui sono devoto dice: "Non scherzare con me". Dice, come faceva il Dio dell'Antico Testamento con gli ebrei: "Non scherzare con me, Israele.
Non scherzare con me, Babilonia. Fermatevi e ricono-
scete che io sono Dio. E se non fermerete la vostra corsa
scellerata, mi alzerò e spezzerò la colonna portante della vostra forza". Anche all'America può accadere una
cosa simile. Ogni tanto rileggo *Declino e caduta dell'impero romano* di Gibbon e quando poi osservo l'America,
mi dico: "Le somiglianze sono spaventose. Abbiamo
deviato l'istinto del tamburo maggiore".

Ma lasciate che mi affretti a concludere, perché voglio che capiate che cosa voleva dire veramente Gesù.

Come rispose Cristo a quegli uomini? È molto interessante. Si sarebbe potuto pensare che li condannasse o che dicesse: "Siete fuori luogo, siete egoisti. Perché mi chiedete una cosa del genere?".

Ma non è quello che fece, anzi: fece qualcosa di completamente diverso. In sostanza, rispose: "Ah, capisco, volete essere i primi. Volete essere grandi. Volete essere importanti. Volete essere degni di nota. Be', dovreste esserlo. Se volete essere miei discepoli, allora dovete esserlo". Ma propose una scala diversa di priorità. Disse: "Non abbandonate questo vostro istinto. È un buon istinto, se lo usate bene. È un buon istinto, se non lo alterate e non lo distorcete. Non abbandonatelo. Continuate a percepire il bisogno di essere importanti. Continuate a percepire il bisogno di essere i primi. Ma voglio che siate i primi nell'amore. Voglio che siate i primi nella perfezione morale. Voglio che siate i primi nella generosità. È questo che voglio da voi".

Trasformò così la situazione proponendo una nuova definizione di grandezza. E sapete come fece? Disse: "Fratelli miei, non posso darvi la grandezza e, credetemi, non posso rendervi i primi". Questo è ciò che Gesù disse a Giacomo e Giovanni. "Dovete guadagnarvela. La vera grandezza non viene dai favoritismi, la si merita. Sedere alla mia destra o alla mia sinistra non sta a me concederlo; è per coloro per i quali è stato preparato".

E così Gesù ci diede una nuova norma di grandezza. Volete essere importanti? Benissimo. Volete essere riconosciuti? Benissimo. Volete essere grandi? Benissimo.

Accettate però che il più grande tra voi sia vostro servo. È questa la nuova definizione di grandezza.

Stamattina, la cosa che mi piace è che con questa definizione di grandezza tutti possiamo essere grandi, perché tutti possiamo servire. Per servire non occorre una laurea. Per servire non dovete saper concordare soggetto e verbo. Per servire non dovete conoscere Platone e Aristotele. Per servire non dovete sapere la teoria della relatività di Einstein o la seconda legge della termodinamica. L'unica cosa che dovete avere è un cuore colmo di grazia, un'anima generata dall'amore, solo così potrete essere quel servo.

Conosco un uomo – voglio parlarne solo per un minuto, e forse capirete chi è man mano che ne parlo, perché era un grande personaggio –. Non faceva altro che servire. Era nato in un villaggio sconosciuto, figlio di una povera contadina. Poi crebbe in un altro villaggio sconosciuto, dove fece il falegname fino all'età di trent'anni. Poi, per tre anni, prese e andò a fare il predicatore itinerante. Fece anche altre cose. Non aveva molto, non ha mai scritto un libro, non ha mai ricoperto alcun incarico, non si è mai formato una famiglia. Non ha mai avuto una casa di proprietà, non è mai andato al college, non ha mai visto una grande città, non si è mai allontanato più di centocinquanta chilometri dal paese in cui era nato. Non ha fatto nessuna delle cose che di solito il mondo associa alla grandezza. Non aveva altre qualifiche che il fatto di essere se stesso.

Quando l'opinione pubblica gli si rivoltò contro aveva solo trentatré anni. Lo definirono un agitatore. Lo definirono un piantagrane. Dissero che era un sovversivo. Praticò la disobbedienza civile e trasgredì le regole, perciò fu consegnato ai nemici e dovette subire un processo farsa. E l'ironia è che venne tradito proprio dagli amici: uno degli uomini a lui più vicini lo rinnegò, un altro lo consegnò ai nemici. E mentre era moribondo, quelli che lo avevano ucciso si spartirono a sorte le sue vesti, le uniche cose che possedeva al mondo. Quando morì fu sepolto in una tomba presa a prestito da un amico caritatevole.

Sono passati diciannove secoli e ancora oggi è la personalità più influente nella storia dell'umanità. Tutti gli eserciti che hanno marciato, tutte le flotte che hanno navigato, tutti i parlamenti che si sono insediati e tutti i re messi insieme che hanno regnato non sono riusciti a influenzare la vita delle persone di questa terra quanto quell'uomo solitario. Forse sapete come si chiama. Ma oggi sento parlare di lui, ogni tanto qualcuno dice: «È il re dei re». E poi sento qualcun altro dire: «È il Signore dei signori». Da qualche altra parte sento un altro dire: «In Cristo non c'è né est né ovest». E poi dicono: «In Lui non c'è nord né sud, ma una grande Fratellanza d'Amore in tutto il vasto mondo». Non aveva niente, si limitava a servire e fare del bene.

Se vi farete servi, questa mattina potrete sedere alla sua destra o alla sua sinistra: è l'unico modo.

Credo che, ogni tanto, tutti noi pensiamo seriamente al giorno in cui saremo sconfitti dal comune denominatore finale della vita, quel qualcosa che chiamiamo morte. Ci pensiamo tutti e ogni tanto anch'io penso alla mia morte e al mio funerale, ma non lo faccio in termini morbosi. Ogni tanto mi chiedo: "Cosa vorrei che venisse detto?". Stamattina lascio a voi la risposta.

Se qualcuno di voi sarà nei paraggi quando verrà la mia ora, sappiate che non voglio un funerale troppo lungo. E se trovate persone disposte a farmi l'elogio funebre, dite loro di non dilungarsi. Ogni tanto mi chiedo che cosa vorrei che dicessero. Dite loro di non accennare al mio Nobel per la pace: non è importante. Dite loro di non accennare che ho vinto altri tre o quattrocento premi: non sono importanti. Dite loro di non menzionare le scuole in cui ho studiato.

Mi piacerebbe che quel giorno qualcuno dicesse che Martin Luther King Jr. ha dato la vita per servire gli altri.

Mi piacerebbe che quel giorno dicessero che Martin Luther King Jr. ha provato ad amare qualcuno.

Voglio sentir dire che ho provato a essere giusto sulla questione della guerra.

Voglio che quel giorno possiate dire che ho provato a dar da mangiare agli affamati.

E voglio che quel giorno possiate dire che ho provato a vestire gli ignudi.

Voglio sentir dire che ho provato a visitare i carcerati.

Voglio sentir dire che ho provato ad amare e servire l'umanità.

E sì, se vorrete dire che ero un tamburo maggiore, dite che lo ero per la giustizia. Dite che ero un tamburo maggiore per la pace. Che ero un tamburo maggiore per la virtù. E tutti gli altri dettagli superficiali non avranno importanza. Non avrò soldi da lasciare in eredità. Non avrò cose belle e lussuose da lasciare in eredità. Ma voglio lasciare in eredità una vita di impegno, non ho altro da dire.

Se posso aiutare qualcuno mentre passo,
se posso rallegrare qualcuno con una parola o una canzone,
se posso mostrare a qualcuno che sta andando nella direzione sbagliata,
allora non avrò vissuto invano.
Se posso fare il mio dovere di buon cristiano,
se posso portare la salvezza in un mondo complicato,
se posso diffondere il messaggio come ci ha insegnato il maestro,
allora non avrò vissuto invano.[1]

Sì, Gesù, voglio sedere alla tua destra o alla tua sinistra, ma non per una ragione egoistica. Voglio sedere alla tua destra o alla tua sinistra, non per qualche mira o ambizione politica. Voglio sedere accanto a te nell'amore, nella giustizia, nella verità e nell'impegno verso gli altri, in modo da poter trasformare questo vecchio mondo in un mondo nuovo.

---

[1] Dall'inno *If I can help somebody* [N.d.T.].

Le tre dimensioni
di una vita completa

Voglio intitolare questo sermone "Le tre dimensioni di una vita completa". Sapete, a Hollywood ci hanno sempre detto che, per essere completo, un film dev'essere tridimensionale. Ebbene, stamattina voglio cercare di far comprendere a ciascuno di voi che anche la vita, per essere completa, dev'essere tridimensionale.

Molti secoli fa viveva un uomo di nome Giovanni che si ritrovò in prigione su un'isola sconosciuta e remota chiamata Patmos. Anch'io sono stato in prigione abbastanza a lungo da sapere che è un'esperienza solitaria. E quando si è incarcerati in una situazione simile, si è privati praticamente di ogni libertà, tranne la libertà di pensare, la libertà di pregare, la libertà di riflettere e meditare. E mentre Giovanni si trovava in prigione su quell'isola solitaria, levò gli occhi verso l'alto dei cieli e vide scendere dal paradiso un nuovo cielo e una nuova terra. Il ventunesimo capitolo dell'Apocalisse si apre dicendo: «Vidi poi un nuovo cielo e una nuova terra. [...] Vidi anche la città santa, la nuova Gerusalemme, scendere dal cielo [...]».

E una delle cose più gloriose che Giovanni vide nella nuova città di Dio fu che era completa. Non era buona da una parte e cattiva dall'altra, ma completa in tutte e tre le sue dimensioni. Perciò, se continuiamo a leggere lo stesso capitolo e arriviamo al sedicesimo versetto, vediamo che Giovanni prosegue dicendo: «La sua lunghezza è uguale alla larghezza». In altre parole, la nuova città di Dio, questa città nuova di un'umanità ideale non è un'entità sbilanciata, ma è completa da tutti i lati. Credo che, con il simbolismo tipico di questo testo e di questo capitolo, Giovanni stia dicendo qualcosa di importante. Dice in sostanza che la vita così come dovrebbe essere, la vita al suo meglio, è una vita completa da ogni lato.

E vi sono tre dimensioni di una vita completa alle quali possiamo associare perfettamente le parole di questo brano: lunghezza, larghezza e altezza. Ora, la lunghezza della vita per come la intendiamo noi in questo caso è la preoccupazione per il sé, per il proprio benessere. In altre parole, è quella preoccupazione per noi stessi che ci spinge ad andare avanti, a realizzare i nostri obiettivi e le nostre ambizioni. La larghezza della vita per come la intendiamo qui è la preoccupazione rivolta all'esterno, per il benessere degli altri. E l'altezza della vita è la tensione verso Dio. Bene, per avere una vita completa dobbiamo acquisire tutte e tre le dimensioni.

Parliamo ora un attimo della lunghezza della vita. Ho detto che si tratta della dimensione in cui ci preoccupiamo di sviluppare le nostre potenzialità interiori. In un certo senso, si può dire che sia la dimensione egoistica della vita. D'altronde sappiamo che esiste un sano e razionale interesse personale. Alcuni anni fa un grande rabbino, il defunto Joshua Leibman, ha scritto un libro dal titolo *Peace of Mind* (Pace mentale). Nel libro c'era un capitolo intitolato "Ama te stesso come si deve". In sostanza, quello che diceva in quel capitolo è che, prima di poter amare il prossimo come si deve, bisogna amare adeguatamente se stessi. Sapete, molta gente non ama se stessa e trascorre tutta la vita lacerata da conflitti emotivi profondi, che la tormentano. La lunghezza della vita, perciò, significa che dobbiamo amare noi stessi.

E sapete che altro significa amare se stessi? Significa che dovete accettarvi. Tanti individui si sforzano di essere qualcun altro. Dio ha dato a ognuno di noi qualcosa di significativo e noi dobbiamo pregare tutti i giorni per chiedergli di aiutarci ad accettare noi stessi. È fondamentale: troppi neri si vergognano di se stessi, si vergognano di essere neri. I neri devono alzarsi e affermare dal profondo dell'anima: "Io sono qualcuno, sono il portatore di un'eredità ricca e nobile della quale vado fiero. Per quanto nella mia storia vi siano stati sfruttamento e dolore, sono nero, sono nero e bello". Ecco cosa dobbiamo dire. Dobbiamo accettare noi stessi e pregare dicendo: "Signore, aiutami ad accettare me stesso ogni giorno; aiutami ad accettare ciò che ho".

Quando ero al college mi sono specializzato in sociologia, e tutti gli specializzandi di sociologia dovevano frequentare un corso obbligatorio di statistica. La statistica può essere molto complessa: occorre avere una mente matematica, una conoscenza concreta della geometria e sapere come calcolare la moda, la mediana e la media. Non lo dimenticherò mai: mi sono iscritto al corso e ricordo che avevo un compagno di classe che capiva tutte queste cose al volo, sapete, e faceva gli esercizi a casa in meno di un'ora. Spesso ci toccava andare in laboratorio o frequentare i seminari, e lui se la cavava più o meno in un'ora, poi era libero. Io cercavo di fare come lui, tentavo di fare i miei esercizi in un'ora, ma più ci provavo, più venivo bocciato. Perciò sono dovuto giungere a un'amara conclusione. Ho dovuto dire a me stesso: "Caro Martin Luther King, Leif Cane è più intelligente di te". A volte lo si deve ammettere. Perciò ho dovuto dire: "Lui sarà anche capace di fare gli esercizi in un'ora, mentre a me ne occorrono due o tre". Non ero disposto ad accettare me stesso né i miei mezzi e i miei limiti.

Come sapete, nella vita siamo chiamati a farlo. Una Ford che cerchi di essere una Cadillac è un'assurdità, ma se una Ford si accetta per quello che è, cioè una Ford, può fare molte cose che per una Cadillac sono impossibili: ad esempio parcheggiare in spazi in cui una Cadillac non è in grado di entrare. E nella vita alcuni di noi sono Ford e altri Cadillac. Nel film *Verdi Pascoli*, Mosè dice: «Signore, non sono molto, ma è tutto quello che ho». Il principio dell'accettazione di sé è uno dei cardini dell'esistenza.

C'è un'altra riflessione da fare sulla lunghezza della vita: dopo aver accettato noi stessi e ciò che abbiamo, dobbiamo scoprire che cosa siamo chiamati a fare. E quando l'abbiamo scoperto, dobbiamo impegnarci a farlo con tutta la forza e l'energia che abbiamo dentro di noi. E dopo aver scoperto ciò che Dio ci ha chiamati a fare, dopo aver compreso la missione della nostra vita, dovremmo impegnarci a svolgerla talmente bene che nessuno, né adesso né mai, possa farlo meglio. Questo però non significa che tutti compiranno le cosiddette grandi imprese della vita. Pochissime persone raggiungeranno le vette del genio nelle arti e nelle scienze, pochissime potranno collettivamente svolgere certe professioni di rango. La maggior parte di noi dovrà accontentarsi di lavorare nei campi, nelle fabbriche e per le strade. Ma dobbiamo cogliere la dignità di qualunque mestiere.

Quando ero a Montgomery, in Alabama, andavo spesso in un negozio di scarpe chiamato Gordon Shoe Shop. Lì c'era un tizio che mi lucidava sempre le scarpe e guardare quel ragazzo fare il proprio lavoro era davvero un'esperienza. Prendeva lo straccio, sapete, e ne faceva scaturire una melodia. Perciò mi sono detto: "Questo ragazzo ha preso un dottorato in pulizia delle scarpe".

Quello che voglio dirvi stamattina, amici miei, è che se vi dovesse capitare di fare gli spazzini, dovete puli-

re le strade come Michelangelo dipingeva i suoi qua-
dri, o come Händel e Beethoven componevano la loro
musica; spazzate le strade come Shakespeare scriveva
poesia, spazzate le strade così bene che le milizie del
cielo si fermeranno a guardare dicendo: "Qui viveva
un grande spazzino che svolgeva bene il suo lavoro".

> Se non puoi essere un pino in cima alla collina
> sii un arbusto nella valle – ma sii
> il miglior arbusto sul versante della collina.
> Sii un cespuglio, se non puoi essere albero.
> Se non puoi essere una strada, sii soltanto un sentiero.
> Se non puoi essere il sole, sii una stella;
> non sono le dimensioni che ti fanno vincere o perdere –
> Sii il meglio di ciò che sei.[1]

Se riusciamo a far questo, se ci riusciamo davvero,
abbiamo imparato a gestire la lunghezza della vita.

Questa spinta verso l'autorealizzazione è lo scopo di
ognuno di noi. Ma non dobbiamo fermarci qui. Sapete,
nella vita molte persone non vanno oltre la lunghezza. Sviluppano le proprie potenzialità, svolgono bene
il proprio lavoro. Ma, sapete, cercano di vivere come
se al mondo non ci fosse nessun altro e sfruttano gli
altri come meri strumenti per raggiungere i loro sco-
pi. Amano soltanto se stessi e l'unica forma di amore

---

[1] Da Douglas Malloch, *Be the best of whatever you are* [N.d.T.].

che nutrono verso gli altri è quello utilitaristico. Sapete, amano solo chi possono sfruttare.

Tante persone non vanno mai al di là della prima dimensione della vita. Usano gli altri come semplici gradini che possono scalare per realizzare i loro obiettivi e le loro ambizioni. Queste persone non combinano granché nella vita. Magari per un po' vanno avanti, magari pensano di fare le cose per bene, ma c'è una legge. Si chiama legge gravitazionale dell'universo fisico e funziona, è definitiva e inesorabile: qualunque cosa vada verso l'alto può sempre riscendere. Mieterete quello che seminate. Dio ha strutturato l'universo in questo modo e chi vive senza preoccuparsi degli altri subirà questa legge e ne sarà vittima.

Perciò faccio un passo in più e dico che alla lunghezza è necessario aggiungere la larghezza. Ora, come ho detto, la larghezza della vita è la preoccupazione per il benessere altrui. E non si comincia a vivere finché non riusciamo a superare i ristretti confini delle nostre preoccupazioni personali per aprirci ai più ampi confini dei bisogni dell'umanità.

Un giorno Gesù raccontò una parabola: la ricorderete senz'altro. Un uomo andò da lui a parlargli di alcune questioni molto profonde. Alla fine affrontarono il vero problema: «Chi è il mio prossimo?». Quell'uomo voleva discutere con Gesù e la questione avrebbe potuto benissimo risolversi in niente, in quanto dibattito teologico o filosofico. Ma, come ricorderete, Gesù trasferì immediatamente il problema dal piano teorico a quello pratico, ponendolo su una curva pericolosa tra Gerusalemme e Gerico e raccontando di un uomo che era stato assalito dai ladri. Due uomini passarono di là e proseguirono, poi finalmente arrivò un altro uomo, di un'altra razza, che si fermò e lo aiutò. La parabola finisce dicendo che questo buon samaritano era un grand'uomo; era buono perché non si preoccupava solo di se stesso.

Ora, sapete, ci sono molte ipotesi che spiegherebbero come mai il sacerdote e il levita passarono senza fermarsi ad aiutare la persona in difficoltà. Anzi, moltissime. Alcuni dicono che stavano andando ad assistere a una funzione religiosa e che erano un po' in ritardo, sapete, e non potevano fare tardi in chiesa, perciò tirarono dritto per raggiungere in tempo la sinagoga. Altri sostengono che facessero parte del clero e che quindi dovessero seguire la legge del clero secondo la quale, se stai andando ad amministrare un sacramento o simili, non puoi toccare il corpo di un uomo per ventiquattrore prima di officiare il rito. Ma c'è una terza ipotesi: è possibile che stessero scendendo a Gerico per mettere in piedi l'Associazione per le migliorie stradali di Gerico: è un'altra possibilità. E magari sono passati oltre perché, secondo loro, era meglio affrontare il problema alla radice, invece di occuparsi della singola vittima. Anche questa è una possibilità.

Ma sapete, ogni volta che ripenso a questa parabola, usando l'immaginazione mi viene in mente un'altra possibilità: magari quegli uomini passarono oltre perché avevano paura. Sapete, la strada per Gerico è pericolosa: l'ho percorsa e lo so. Non lo dimenticherò mai: tempo fa io e mia moglie eravamo in Terra Santa, avevamo noleggiato un'auto e siamo andati da Gerusalemme a Gerico, che dista circa venticinque chilometri. Per arrivarci, bisogna passare per quella strada e vi assicuro che è tortuosa, piena di curve e di anfratti, perfetta per le rapine. Perciò ho detto a mia moglie: "Adesso capisco perché Gesù ha ambientato qui la sua parabola". Quando si parte da Gerusalemme si è a circa 750 metri sul livello del mare e quando si arriva a Gerico, dopo soli ventisei chilometri – voglio dire, questa è la distanza da Gerusalemme – ci si ritrova quasi 300 metri sotto il livello del mare. Ai tempi di Gesù, quella strada veniva addirittura chiamata "Sentiero maledetto". Perciò, quando penso al prete e al levita, credo che quei fratelli avessero paura.

Erano proprio come me. L'altro giorno stavo andando a casa di mio padre ad Atlanta. Vive a circa cinque-sei chilometri da me e ci si arriva passando da Simpson Road. Quando sono tornato a casa, quella sera – be', fratelli, vi posso dire che Simpson Road è una strada tortuosa. C'era un tizio in mezzo alla strada che mi faceva segno di fermarmi. Ho pensato che avesse bisogno di aiuto; sapevo che ne aveva bisogno, ma non ne ero certo. Sarò sincero con voi, ho tirato dritto: non ero disposto a correre il rischio.

Stamattina vi dico che la prima cosa che il prete si è chiesto è stata la prima cosa che mi sono chiesto anch'io su quella via di Gerico ad Atlanta che si chiama Simpson Road. Il levita si chiese: "Se mi fermo ad aiutare quest'uomo, che cosa mi succederà?". Ma quando arrivò il buon samaritano, rovesciò la domanda. Non si chiese: "Cosa mi succederà se mi fermo ad aiutare quest'uomo?", ma: "Cosa succederà a quest'uomo se non mi fermo ad aiutarlo?". Ecco perché il samaritano era buono e nobile. Era nobile perché era disposto a correre un rischio per l'umanità; era disposto a chiedersi: "Cosa succederà a quest'uomo?" e non: "Cosa succederà a me?".

Questo è ciò di cui Dio ha bisogno oggi, di uomini e donne che si chiedano: "Cosa succederà all'umanità se non offro il mio aiuto? Cosa accadrà al movimento per i diritti civili se non vi partecipo? Che succederà alla mia città se non voto? Che accadrà agli ammalati se non vado a trovarli?". Nel giorno del giudizio, Gesù ci valuterà in base a questo.

Verrà il giorno in cui la domanda non sarà: "Quanti premi hai ricevuto nella vita?". Quel giorno non ci chiederanno: "Quanto eravate famosi nel vostro ambiente sociale?". Non sarà questa la domanda, quel giorno. Non ci verrà chiesto quante lauree siamo riusciti a prendere. La domanda, quel giorno, non sarà se hai il dottorato o meno. Non sarà se hai frequentato il Morehouse College o il "Niente College". La domanda quel giorno non sarà: "Quanto è bella casa tua?". La domanda quel giorno non sarà: "Quanti soldi hai accumulato? E quanto possiedi in azioni e obbligazioni?".

La domanda quel giorno non sarà: "Che auto avevi?". Quel giorno la domanda sarà: "Che cosa hai fatto per gli altri?".

E so che qualcuno risponderà: "Signore, ho fatto tante cose nella vita. Ho fatto bene il mio lavoro, il mondo mi stimava per il mio lavoro. Ho fatto tante cose, Signore, sono andato a scuola e ho studiato molto. Ho accumulato tanti soldi, Signore; questo, ho fatto". Mi sembra quasi di sentire il Signore della Vita che dice: "Ho avuto fame e non mi avete dato da mangiare; ero nudo e non mi avete vestito, malato e in carcere e non mi avete visitato. Perciò sparite dalla mia vista. Che cosa avete fatto per gli altri?". Questa è la larghezza della vita.

Prima o poi dobbiamo imparare che non c'è niente di più nobile del fare qualcosa per gli altri. Ed è così che ho deciso di vivere il resto dei miei giorni, è a questo che mi dedico. John, se tu e Bernard doveste essere da queste parti quando arriverò alla fine dei miei giorni, al momento di attraversare il Giordano, voglio che diciate a tutti che ho fatto una richiesta: non voglio un funerale lungo. Anzi, non c'è neanche bisogno di un elogio funebre che duri più di un paio di minuti. Spero di poter vivere al meglio il resto dei miei giorni – non so quanto a lungo vivrò e la cosa non mi preoccupa – ma spero di poter vivere in modo così giusto che il pastore possa alzarsi e dire: "Ha vissuto nella fede". Tutto qui, è sufficiente così. È questo il sermone che mi piacerebbe ascoltare: "Ben fatto, mio fedele e buon servitore. Sei stato fedele, ti sei preoccupato per gli altri". È questo l'obiettivo che voglio raggiungere nel tempo che mi resta: «Il più grande tra voi sia vostro servo». Voglio essere un servo, voglio essere un testimone del Signore e fare qualcosa per gli altri.

E nel fare qualcosa per gli altri, non dimenticate che avete ciò che avete proprio grazie agli altri; non dimenticatelo. Siamo interdipendenti nella vita e nel mondo. Potreste pensare che avete tutto ciò che avete per merito vostro. Ma sapete, prima di uscire di casa per venire in chiesa questa mattina, dipendevate già da più di mezzo mondo. Quando vi alzate al mattino, andate in bagno e prendete una saponetta che è stata fatta per voi da un francese. Prendete una spugna che è stata prodotta per voi da un turco. Prendete un asciugamano e non sapete che vi arriva dalle mani di un isolano del Pacifico. Poi andate in cucina a fare colazione: vi preparate un caffè e non sapete che chi ve lo versa nella tazza è sudamericano. O magari decidete, tanto per cambiare, di bere un tè, per scoprire che chi lo versa nella vostra tazza è cinese. O forse decidete di farvi una cioccolata, ed è un africano occidentale che ve la fornisce. Poi volete del pane e allungate la mano per prenderlo, e quello che ve lo offre è un agricoltore di lingua inglese, per non parlare del panettiere. Prima ancora di finire la colazione, dipendete già da più di mezzo pianeta; è così che Dio ha concepito tutto, è così che ha concepito il mondo. Perciò dobbiamo preoccuparci per gli altri, perché dipendiamo dagli altri.

Ma nemmeno questo basta. Sapete, molte persone gestiscono bene la lunghezza della vita, e magari anche la larghezza, ma non vanno oltre. Ora, se la vita dev'essere completa, dobbiamo spingerci oltre il nostro interesse personale. Dobbiamo spingerci oltre l'umanità e protenderci verso l'alto, verso il Dio dell'universo, che non cambia mai.

Molti trascurano questa terza dimensione. E, sapete, la cosa interessante è che la trascurano e neanche se ne rendono conto, si lasciano semplicemente prendere da altre cose. Esistono due tipi di ateismo – l'ateismo è la teoria secondo cui Dio non esiste –. Ora, il primo tipo è di ordine teorico: qualcuno semplicemente si mette a pensare e arriva alla conclusione che Dio non esiste. L'altro tipo è di ordine pratico e consiste nel vivere come se Dio non ci fosse. Sapete che molte persone affermano a parole l'esistenza di Dio, ma la negano nelle azioni. Avete senz'altro visto questa gente, che ha un'alta pressione sanguigna di fede e un'anemia di azioni. Negano l'esistenza di Dio con le loro azioni e finiscono per preoccuparsi di altre cose. Si preoccupano di avere un bel conto in banca. Si preoccupano di avere una bella casa, che è un diritto di tutti. Si preoccupano talmente tanto di avere una bella macchina che, senza neanche accorgersene, si dimenticano di Dio. C'è chi pensa solo a guardare le luci artificiali delle città, create dagli uomini, e dimentica di alzarsi ad ammirare la grande luce cosmica, quella che sorge a est tutte le mattine e attraversa il cielo come una sinfonia, spargendo i suoi colori nell'azzurro del cielo – una luce che l'uomo non potrà mai creare. Pensano solo ad ammirare i grattacieli del Loop di Chicago o l'Empire State Building di New York e dimenticano le giganteshe montagne che sfiorano il cielo come se immergessero le cime nel suo azzurro lontanissimo – montagne che l'uomo non potrà mai creare. Sono così impegnati a pensare al radar e alla televisione che, senza volerlo, dimenticano le stelle che decorano i cieli come lanterne mobili dell'eternità, quelle stelle che appaiono lucenti, come spilli argentei attaccati su un magnifico puntaspilli blu. Sono così presi dai progressi dell'umanità da dimenticare che nella storia c'è bisogno del potere di Dio. Finiscono per vivere un giorno dopo l'altro senza sapere che Dio non è con loro.

E oggi io sono qui per dirvi che abbiamo bisogno di Dio. Può darsi che l'uomo moderno sappia tante cose, ma la sua conoscenza non esclude Dio. E questa mattina vi dico che Dio è qui per rimanere. Alcuni teologi affermano che Dio sia morto, e su questo punto li interrogo da tempo, perché sapere che Dio se n'è andato senza che io abbia avuto la possibilità di partecipare al suo funerale mi disturba. Be', non sono ancora riusciti a dirmi la data esatta della sua morte. Non sono stati ancora capaci di dirmi chi è il medico legale che ne ha constatato il decesso. Non sono stati in grado di dirmi dov'è sepolto.

Vedete, quando penso a Dio, so come si chiama. In un punto dell'Antico Testamento dice a Mosè: «"Io sono colui che sono!". [...] "Dirai agli Israeliti: Io-Sono mi ha mandato a voi"». Gli disse solamente di fare in modo che fosse chiaro, che sapessero che: "Il mio cognome è uguale al mio nome, 'Io sono colui che sono'. Chiariscilo. Io Sono". E Dio è il solo essere dell'universo che può dire: "Io Sono" e mettere un punto. Ognuno di noi, qui, può dire soltanto: "Io esisto grazie ai miei genitori; io esisto grazie a certe condizioni ambientali; io esisto grazie a precise circostanze genetiche; io esisto grazie a Dio". Ma Dio è l'unico essere che può dire solo: "Io Sono" e fermarsi lì. «Io sono colui che sono». E non se ne andrà mai. Non permettiamo a nessuno di convincerci che non abbiamo bisogno di Dio.

Mentre mi accingo a concludere, voglio dirvi che dovremmo cercarlo. Siamo stati fatti per lui e rimarremo inquieti finché non troveremo riposo in lui. E stamattina vi dico che questa è la convinzione che mi ha fatto andare avanti. Il futuro non mi preoccupa e non mi preoccupa neanche la questione della razza. L'altro giorno ero in Alabama e ho iniziato a pensare a quello Stato, dove ci siamo dati tanto da fare e invece forse verranno rieletti i Wallace[2]. E anche in Georgia, dove sono nato, abbiamo un governatore impresentabile di nome Lester Maddox. Cose di queste genere possono farvi sentire confusi, ma non mi preoccupano. Perché il Dio che venero è un Dio che sa dire anche ai re e ai

---

[2] Il signore e la signora Wallace sono stati governatori dell'Alabama uno dopo l'altro e sostenevano la segregazione razziale [N.d.T.].

governatori: «Fermatevi e sappiate che io sono Dio». E Dio non ha ancora consegnato questo universo a Lester Maddox e a Lurleen Wallace. Da qualche parte ho letto: «Del Signore è la terra e quanto contiene» e andrò avanti perché ho fede in Lui. Non so che cosa mi riserverà il futuro, ma so chi lo governa. E se Lui ci guiderà e ci terrà per mano, andremo avanti insieme.

Mi ricordo un episodio accaduto a Montgomery che mi piacerebbe condividere con voi. Mentre eravamo nel bel mezzo del boicottaggio degli autobus, c'era una meravigliosa anziana che chiamavamo affettuosamente sorella Pollard. Aveva settantadue anni e a quell'età lavorava ancora. Durante il boicottaggio andava e tornava tutti i giorni a piedi dal lavoro. Era un tipo fantastico. Un giorno qualcuno la fermò e le chiese: "Non vuole un passaggio?". E lei rispose: "No". Perciò il tizio proseguì, ma poi si bloccò, ci pensò su, fece marcia indietro e le disse: "Ma non è stanca?". E lei rispose: "Sì, i miei piedi è stanchi ma la mia anima è riposata".

Era davvero meravigliosa. Ricordo una sera, alla fine di una settimana carica di tensione: avevo ricevuto diverse telefonate minatorie per tutto il giorno e la notte prima, e stavo cominciando a vacillare, a sentirmi debole e a perdere coraggio. Non dimenticherò mai che quel lunedì sera andai al raduno molto scoraggiato e impaurito, chiedendomi se avremmo vinto la battaglia. Quella sera mi alzai per tenere il mio discorso, ma non fu forte e incisivo. Dopo l'incontro, sorella Pollard venne da me e mi disse: "Figliolo, cosa c'è che non va?". E aggiunse: "Stasera non hai parlato con forza".

Io le risposi: "Non c'è niente che non va, sorella Pollard. Sto bene".

Lei disse: "Non mi prendi in giro: c'è qualcosa che non va". E poi: "I bianchi ti fanno cose brutte?".

Io le risposi: "Andrà tutto bene, sorella Pollard".

E alla fine lei disse: "Vieni qui e lascia che ti ripeta una cosa, ma stavolta voglio che mi ascolti". Disse: "Te l'ho detto che noi siamo con te". E poi: "E anche se noi non siamo con te, il Signore è con te". Poi concluse dicendo: "Il Signore si prenderà cura di te"[3].

Da quel giorno è passata tanta acqua sotto i ponti. Ho fatto molte esperienze, da quella sera a Montgomery. Sorella Pollard ormai è morta e io sono stato rinchiuso in più di diciotto celle. Da quella volta sono stato pericolosamente vicino alla morte per mano di una nera pazza. Da quella volta sono state lanciate bombe contro la mia casa per tre volte. Da quella volta ho dovuto convivere ogni giorno con la minaccia della morte. Da quella volta ho passato molte notti difficili. Ma riesco ancora a sentire le parole di sorella Pollard: "Dio si prenderà cura di te". Quindi oggi posso affrontare

---

[3] Trattandosi di sermoni, capita che King si ripeta nel ricordare alcuni episodi di vita. Quello appena citato, ad esempio, lo si può ritrovare nel sermone "Antidoti per la paura", dove la protagonista è chiamata Mamma Pollard [N.d.T.].

chiunque tenendo i piedi ben piantati a terra e la testa alta, perché so che, quando siamo nel giusto, Dio combatte la nostra battaglia.

> La notte potrà essere ancora più buia,
> la lotta potrà essere ancora più dura.
> Ma voi dovete difendere ciò che è giusto.

Mi sembra di sentire una voce, stamattina, che dice a tutti noi: "Combattete per ciò che è giusto, combattete per ciò che è retto. Ecco, io sono con voi tutti i giorni, fino alla fine del mondo. *Sì, ho visto il lampo di luce, ho sentito il rombo del tuono. Ho sentito le onde del peccato infrangersi cercando di conquistare la mia anima. Ma ho udito la voce di Gesù che diceva di continuare a combattere. Ha promesso di non lasciarmi mai, di non lasciarmi mai da solo. No, mai da solo, mai da solo. Ha promesso di non lasciarmi mai, di non lasciarmi mai da solo*"[4]. E io continuo a crederlo. Allungate la mano: troverete la larghezza della vita.

Forse non sarete in grado di definire Dio in termini filosofici. Nei secoli, gli uomini hanno provato a parlare di Lui. Platone sosteneva che fosse l'Architetto del mondo, Aristotele l'ha definito Motore immobile, Hegel disse che era l'Assoluto immanente. Poi ci fu un uomo chiamato Paul Tillich che lo definì Essere-stesso.

---

[4] Cfr. l'inno *I've Seen the Lightning Flashing* (i corsivi sono nostri) [N.d.T.].

Non abbiamo bisogno di conoscere tutte queste definizioni altisonanti. Forse dobbiamo conoscere e incontrare il Signore in un altro modo. Un giorno dovrete alzarvi e dire: "Lo conosco perché è un giglio delle valli. È una lucente stella del mattino. È una rosa di Saron. È l'ascia da battaglia dei tempi di Babilonia". E poi dovreste invocarlo e dire: "Per me è tutto: è mia madre e mio padre, è mia sorella e mio fratello, l'amico di chi non ha amici". Questo è il Dio dell'universo. E se credete in Lui e lo venerate, nella vostra vita accadrà qualcosa. Sorriderete quando gli altri intorno a voi piangeranno. Questa è la potenza di Dio.

Perciò stamattina uscite e amate voi stessi, nel senso di un sano e razionale interesse personale: vi è stato comandato di farlo. Questa è la lunghezza della vita. Poi seguite il precetto: ama il tuo prossimo come te stesso. Vi è stato comandato di fare anche questo, ed è la larghezza della vita. Tra poco tornerò a sedermi al mio posto, ma prima volevo dirvi che c'è un comandamento ancora più grande, il primo: «Amerai il Signore Dio tuo con tutto il cuore, con tutta la tua anima e con tutta la tua mente». Credo che gli psicologi direbbero con tutta la tua personalità. E quando lo farete, avrete conquistato l'altezza della vita.

Quando avrete tutte e tre queste cose, potrete camminare senza mai stancarvi. Potrete alzare gli occhi al cielo e vedere le stelle del mattino cantare tutte insieme e i figli di Dio gridare di gioia. Quando tutte e tre le dimensioni agiranno congiunte nella vostra vita, la saggezza sgorgherà come acqua e la virtù sarà un fiume in piena.

Quando acquisterete tutte e tre le dimensioni, l'agnello giacerà col leone.

Quando acquisterete tutte e tre le dimensioni, alzerete lo sguardo e tutte le valli saranno innalzate, e tutte le colline e le montagne saranno abbassate; i luoghi accidentati saranno resi piani e quelli tortuosi raddrizzati, la gloria del Signore sarà rivelata e ogni uomo la vedrà.

Quando tutte e tre le dimensioni agiranno insieme, farete agli altri ciò che vorreste venisse fatto a voi.

Quando avrete dentro di voi tutte e tre le dimensioni, riconoscerete che Dio ha creato «da uno solo tutte le nazioni degli uomini, perché abitassero su tutta la faccia della terra»...[5]

---

[5] La registrazione da cui è tratto questo sermone si interrompe qui.

29 marzo 1959, Montgomery (Alabama)

Una passeggiata in Terra Santa

Sermone della domenica di Pasqua, tenuto presso la chiesa battista di Dexter Avenue*

---

* Il sermone è strato trascritto da una registrazione audio. Se non diversamente specificato, le note a pie' di pagina sono note di redazione della versione originale inglese fornita dal King Center.

Raccontando del suo recente viaggio in Medio Oriente, King ricorda di essere caduto in ginocchio e aver pianto visitando il Calvario. Osserva che il sacrificio di Gesù sulla croce è stato «una cosa che nessuno poteva imporgli», che lo ha reso «un uomo con la straordinaria capacità di obbedire agli obblighi non vincolanti». King racconta alla sua congregazione che la croce è in definitiva un simbolo di speranza: «Siamo stati sepolti in tante tombe: quella dell'incertezza economica, quella dello sfruttamento, quella dell'oppressione. Abbiamo visto la giustizia calpestata e la verità crocifissa. Ma stamani sono qui per dirvi che la Pasqua ci ricorda che non sarà sempre così. Ci ricorda che la luce di Dio può brillare in mezzo all'oscurità».

In un bel pomeriggio di qualche settimana fa, dal nostro albergo di Beirut, in Libano, ci siamo diretti all'aeroporto per prendere un aereo per Gerusalemme. Il Libano è un magnifico Paese del Medio Oriente, ricordato nella Bibbia, dove a volte leggiamo dei cedri del Libano; Beirut è una bella città che sorge su una collina affacciata sul Mediterraneo. Poco dopo ci siamo ritrovati in viaggio e abbiamo sorvolato luoghi come Damasco. Anche in questo caso, ricorderete Damasco, che oggi è nota come la capitale di un piccolo Stato, la Siria. Ma rammenterete Damasco anche come città antica, perché fu sulla sua strada che l'apostolo Paolo si convertì. Ricorderete che un giorno si presentò davanti a re Agrippa e disse: «Vidi sulla strada, o re, una luce dal cielo, più splendente del sole» (Atti 26,13). E dopo aver visto quella luce e avuta una visione, da Saulo il persecutore divenne Paolo il cristiano, uno dei più grandi santi di tutti i tempi.

Dopo un volo di circa due ore ci hanno segnalato che dovevamo allacciare le cinture di sicurezza: stavamo iniziando la discesa, la discesa all'aeroporto di Gerusalemme. Ora, quando si dice "atterrare a Gerusalemme", bisogna specificare di che cosa si sta parlando e spiegare di quale parte della città si tratta. Questo dipende dal fatto che gli uomini non hanno risolto i problemi sociali e noi siamo ancora banditi perché la loro Gerusalemme, quell'antica Città santa, è stata divisa e spartita e frazionata. E prima di entrare in una parte della città, dev'esserti ben chiaro che non entrerai nell'altra, perché la prima è in Israele, e la seconda in Giordania. La città è stata divisa a causa del conflitto arabo-israeliano. E se dal tuo passaporto si capisce che stai per visitare un Paese arabo, puoi andare in Israele ma non potrai entrare in alcun Paese arabo finché non ti scade il passaporto; l'odio è aumentato. Perciò è stata una strana sensazione andare nell'antica città di Dio e vedere le tragedie provocate dall'odio degli uomini e dalla loro malvagità, che li spinge a combattere e vivere nel conflitto.

Ma stavamo andando a Gerusalemme, in Giordania. Ed è in quella parte della città che nel complesso sono custoditi tutti i siti antichi, i siti sacri, santi. Siamo atterrati e siamo subito andati nel nostro albergo, gestito dalla YMCA, un'organizzazione cristiana. Ben presto, dopo aver fatto il *check-in*, abbiamo scoperto che c'erano moltissime persone provenienti da ogni parte del globo, tra cui molte dagli Stati Uniti, che venivano da luoghi diversi e stavano girando il mondo. Questo è un aspetto sempre interessante del viaggiare, il fatto cioè di imparare qualcosa sulle persone. Incontri gente di tutte le razze e di tutte le culture e sei portato a superare il tuo provincialismo, il tuo sciovinismo e quello che i sociologi chiamano etnocentrismo. Finisci per vedere l'umanità come un tutt'uno. Se fosse per me, consiglierei a tutti gli studenti che se lo possono permettere di andare al college per cinque anni: dovrebbero trascorrerne quattro studiando, e poi sfruttare la retta di un anno e il denaro per vitto e alloggio e tutto il resto per viaggiare all'estero. Sono convinto che sia la migliore istruzione che una persona possa mai ricevere. Credo che se un maggior numero di nostri fratelli bianchi del Sud avesse viaggiato un po' di più, molti dei nostri problemi sarebbero già risolti. Ci capita spesso di vivere nel nostro piccolo guscio perché non siamo mai usciti dal nostro quartiere. Non siamo mai andati oltre il provincialismo. Perciò è stato un enorme piacere incontrare gente di varie parti del mondo, di tante regioni del nostro stesso Paese.

Il mattino dopo ci siamo alzati presto perché sapevamo che sarebbe stato il giorno in cui avremmo iniziato il pellegrinaggio intorno a questa Città santa e avremmo visitato Gerusalemme. Il giorno seguente saremmo andati a Hebron. Lì vi sono molti luoghi che sono stati toccati da Abramo. Avremmo visto le tombe di Abramo, Isacco e Giacobbe, di Sarah e altri. E da lì saremmo andati a Betlemme, la cittadina di *O Little Town of Bethlehem* di cui parla Phillips Brooks nel suo inno: noi la citiamo nei nostri canti, dicendo: «Nelle strade buie risplende la luce eterna». Pensiamo a Betlemme come la città dove «le speranze e le paure di tutta una vita si riuniscono in te, stanotte»[1] e dove gli uomini saggi hanno deciso di andare perché stava accadendo qualcosa di straordinario e volevano vederlo e prendervi parte[2]. Saremmo andati là a vedere il luogo in cui è nato nostro Signore Gesù Cristo e la piccola locanda, tuttora esistente, dove non c'era posto per loro, non c'era posto per Cristo, così affollata da lasciarli fuori[3]. Quando si riflette su questo, non si può fare a meno di pensare che ci troviamo davanti a quella che da sempre è la storia dell'uomo. Lasciamo fuori Gesù perché siamo distratti da altre cose. Questo peraltro non significa che siamo distratti da cose brutte. La scelta, nella vita, spesso non è tra il bene e il male, ma tra il bene e il meglio. E spesso non riusciamo a dare spazio al meglio perché siamo impantanati nel bene. Nella locanda, quella sera, non c'erano persone cattive. C'erano brave persone, ne sono certo, e avevano nobili ragioni per trovarsi lì; e il locandiere era buono, solo che non avevano una stanza per accogliere il "meglio". Spesso è questa la tragedia della vita. E mentre ci trovavamo lì, la cosa mi è tornata in mente.

---

[1] Il pastore episcopaliano e abolizionista Phillips Brooks scrisse l'inno *O Little Town of Bethlehem* nel 1868, ricordando il viaggio in Terra Santa compiuto tre anni prima. King ne parafrasa alcuni versi della strofa di apertura.
[2] Cf. Matteo 2,9-12.
[3] Cf. Luca 2,6-7.

Il giorno successivo siamo andati in Samaria. Una volta giunti, ho pensato ai tempi antichi in cui gli ebrei non avevano rapporti con i samaritani. Abbiamo alzato lo sguardo verso il monte Garizim, dove un tempo sorgeva il tempio dei samaritani, e nel pomeriggio abbiamo assistito alla messa. Oggi sono rimasti solo duecentotrenta samaritani nel mondo, e vivono tutti intorno a quell'antico lido. Ci siamo andati e abbiamo visto quelle persone, che nel loro tempietto custodiscono un documento arcaico, il Pentateuco, che riunisce i primi cinque libri della Bibbia. A quanto pare si tratta del documento più antico del mondo. Questi cinque libri della Bibbia (Genesi, Esodo, Levitico, Numeri e Deuteronomio), abbiamo avuto il privilegio di vederli, ed erano scritti in ebraico antico.

Poi ci siamo spostati a Gerico per vedere quella grande città e riflettere sulla strada di Gerico di cui ha parlato Gesù, una via tortuosa. Viaggiando su quella strada, si capisce bene perché sia facile essere rapinati lì. In un'occasione, Gesù ha narrato una parabola in proposito[4]. Poi si vedono le mura di Gerico, che di recente sono state oggetto di scavi, e viene da pensare anche a Giosuè, e alla sua partecipazione alla battaglia di Gerico[5]. E poi, nei dintorni della città, si arriva al Mar Morto e al fiume Giordano, e tutte queste cose erano lì, in serbo per noi.

---

[4] Cf. Luca 10,30-37.
[5] Cf. Giosuè 4,13-24.

Dunque eravamo arrivati nella Città santa, ma quel giorno avremmo visitato solamente i dintorni di Gerusalemme. La nostra guida è arrivata presto, quella mattina, subito dopo colazione. Siamo partiti e, fatto alquanto interessante, la nostra prima tappa è stata una montagna, una montagna di cui tutti abbiamo sentito parlare: il Monte degli Ulivi. Ne abbiamo sentito parlare dalla nostra Bibbia; ne abbiamo letto. E ogni sera, ogni prima domenica sera del mese, nel momento della comunione leggiamo il passo che lo riguarda. Be', come ricorderete, dice che dopo l'ultima cena avevano cantato un inno di lode, poi si erano recati sul Monte degli Ulivi[6]. Nella vita di Cristo è una montagna importante, che ha molte connotazioni interessanti. Da lì, si vede tutta Gerusalemme. Da lassù in alto si può vedere tutto intorno e scorgere la città vecchia e quella nuova. E noi siamo stati lì, sul Monte degli Ulivi, con tutto il suo significato sacro. Sotto al monte, alle pendici, si vede un giardinetto. Si chiama Orto del Getsemani ed è ancora lì come un tempo, con i suoi bellissimi fiori; è un giardino stupendo.

Ma c'è qualcosa di quel giardino che dobbiamo tenere sempre a mente. È il giardino in cui Cristo ha sofferto l'agonia dell'anima[7]. È il giardino in cui Cristo

---

[6] Cf. Matteo 26,30-31.
[7] Il sermone pronunciato da King la domenica delle Palme era centrato sull'esperienza di Gesù nel Getsemani ("Giardino del Getsemani", sermone tenuto alla chiesa battista di Dexter Avenue il 14 aprile 1957).

pronunciò una frase che rivela quanto fosse profondamente umano. Non voleva morire, perché nelle Scritture si legge che disse: «Padre mio, se è possibile, passi da me questo calice!» (Matteo 26,39). È un calice doloroso, difficile. Ma poi vi scorgiamo il senso della religione e tutto il suo profondo significato, la trasformazione che sopraggiunge quando amiamo Dio e impariamo a conoscerlo. Sentiamo queste cose in quello stesso giardino, qualche minuto dopo, quando Gesù dice: «Però non come voglio io, ma come vuoi tu!». Eravamo in quello stesso giardino. E c'è un'altra cosa che dobbiamo ricordare, di questo luogo. Fu lì che Gesù affrontò i momenti di peggiore solitudine della sua vita. Quello fu il giardino in cui i suoi tre amici lo tradirono e non si preoccuparono di lui quanto occorreva per rimanere svegli mentre pregava. Nelle Scritture leggiamo che si addormentarono senza inquietudine[8]. Non è forse un'esperienza cupa e tragica, quando persino le persone di cui ci fidiamo, in cui crediamo e che consideriamo amiche non ci comprendono? Quando nei momenti più difficili della vita ci lasciano percorrere la strada da soli? Eppure così è la vita. Perciò il Getsemani non è solamente un puntino sulla mappa: il Getsemani è un'esperienza del cuore e dell'anima, è un qualcosa che viviamo ogni giorno. Perché ogni volta che i nostri amici ci deludono, affrontiamo il Getsemani. Ogni volta che

---

[8] Cf. Matteo 26,43-45.

ci scontriamo con le decisioni morali più importanti e scopriamo di non poterle evitare e la gente ci volta le spalle pensando che siamo pazzi, affrontiamo il Getsemani. Il Getsemani è una storia che prima o poi ci ritroviamo a vivere tutti quanti. Abbiamo guardato quel giardino e ci sono tornate in mente tutte queste cose.

Appena arrivati al Getsemani, abbiamo visto un cancello e la guida ci ha detto che era il cancello da cui Gesù era entrato a Gerusalemme, da cui aveva fatto il suo ingresso trionfale. Lo abbiamo letto; abbiamo letto del giorno in cui Gesù, arrivando giustappunto dal Monte degli Ulivi, ha fatto il suo ingresso nella Città santa, la stessa in cui tante cose testimoniavano la lunga storia dell'Ebraismo. La città che aveva lapidato i suoi profeti, la città che aveva crocifisso degli uomini perché si battevano per la giustizia. Questa è la città in cui entrò Gesù, e lo fece passando da quel cancello. Perché passò proprio da lì quando fece il suo ingresso trionfale? Non lo sappiamo. Alcuni studiosi sostengono che quello fu il momento in cui Gesù decise di svelare il suo segreto; il segreto messianico era stato tale per lungo tempo, e da quel momento il Signore avrebbe detto agli uomini di essere il Messia. Altri dicono che non fu Gesù a farlo, ma i suoi seguaci. Quelli a cui aveva confidato il segreto, ai quali aveva permesso di conoscerlo, l'avrebbero adesso rivelato agli uomini, perciò sono stati loro a condurre a quell'ingresso trionfale. Altri ancora dicono che quello era il giorno della festa dei Tabernacoli. E spesso accadeva che per l'occa-

sione si organizzassero grandi processioni che attirava-
no folle numerose. Perciò, quando la gente vide Gesù
entrare a Gerusalemme, decise di rendere omaggio a
quel grande profeta[9].

Forse c'è un briciolo di verità in tutte e tre le teorie,
ma ad ogni modo c'è un elemento ancora più importante, e cioè che Gesù entrò a Gerusalemme come un
re diverso dagli altri. Non entrò come Davide, con la
sua grande potenza militare e la forza del suo esercito, o come Saulo, con la sua altrettanto forte potenza
militare [*parola inudibile*]. E neanche come Salomone,
con tutta la sua ricchezza. No, entrò a Gerusalemme in
groppa a un umile asino, il che faceva capire che era un
re diverso, non uno di quei sovrani venuti in passato,
ma un re che possedeva un regno differente. Perciò la
sua scorta non era formata da lance ma da palme. E lo
accompagnarono le voci dei bambini, non le grida dei
soldati: un regno diverso per un re diverso.

Entrò dunque passando per quella porta e noi abbiamo fatto qualche passo lì intorno e poco dopo, a
circa quindici metri dall'ingresso, siamo arrivati in un
punto e la guida ha detto: "Qui si trovava l'antico tempio di Gerusalemme". Come ricorderete, il tempio fu
abbattuto nel 70 d.C. L'Impero romano andò a sedare
una rivolta in Palestina e il tempio venne distrutto. Ma
il luogo in cui si trovava è ancora recintato e al centro

---

[9] Cf. Luca 19,28-38.

c'è una pietra enorme, dove un tempo sorgeva l'altare su cui venivano eseguiti tutti i sacrifici. Era il tempio in cui entrò Gesù appena mise piede a Gerusalemme per qualche ora, e da cui cacciò i venditori[10]. Fu lì che commise l'errore più grave. Quale fu l'errore? Gesù non si accontentò più di parlare di ciò in cui credeva, ma decise di metterlo in pratica. Decise di agire in base alla verità, e il mondo lo considera un errore.

Abbiamo visto il tempio, poi ci siamo incamminati per le antiche strade di Gerusalemme. E non è possibile percorrere quelle stradine della città vecchia, passando per la porta di Damasco e quella di Corinto, senza ricavare il vero significato della storia e capire le caratteristiche che quel luogo aveva in passato. Abbiamo percorso le stradine strette e finalmente, nel pomeriggio, siamo arrivati in un altro punto, chiamato tribunale di Pilato. Oggi, a Gerusalemme, tutti i luoghi sacri sono recintati, sapete; sono circondati da chiese. Elena, madre di Costantino, nel IV secolo si recò a Gerusalemme. Dopo aver individuato tutti i luoghi sacri che riguardano la vita e la morte di Gesù e la sua Risurrezione, vi fece erigere delle chiese. È per questo che, sui luoghi sacri di Gerusalemme, trovate una chiesa. Ci siamo perciò fermati nel punto esatto in cui sorgeva ciò che viene chiamato tribunale di Pilato. Fu qui che Gesù subì il processo. Fu qui che affrontò la folla che,

---

[10] Cf. Luca 19,45-48.

da fuori, gridava «crocifiggilo»[11]. Fu qui che dovette comparire di fronte a un uomo il quale sapeva bene che lui non aveva colpe ma, volendo accontentare la sua gente, decise di crocifiggerlo. E non è possibile andarsene da quel posto senza piangere per Pilato, perché quell'uomo sacrificò la giustizia sull'altare dell'interesse personale. Quell'uomo inchiodò la giustizia sulla croce del proprio egoismo.

Poi ci si lascia alle spalle quel luogo, cioè il tribunale di Pilato, e si imbocca un'altra strada. Si chiama Via Crucis o Via Dolorosa, cioè la strada del dolore. È la stessa che fece Gesù dal tribunale fino alla croce. La si percorre (è lunga un chilometro e mezzo circa) da quel punto fino al Golgota, il luogo del teschio, o Calvario. È una strada piena di nobiltà. Una strada che in qualche modo agisce sull'anima, perché, mentre la si percorre, si è consapevoli di trovarsi sulla stessa via dolorosa percorsa da Gesù. E, andando avanti, vi sono punti specifici. Le chiamano stazioni – prima stazione, seconda stazione – e fra il tribunale di Pilato e il luogo in cui Gesù fu condotto per essere crocifisso se ne contano quattordici, di queste stazioni. A ognuna di queste è accaduto un fatto significativo, qualcosa di importante: in una stazione Gesù è inciampato, in un'altra è caduto, in un'altra ancora si è rialzato, in una quarta qualcuno è corso in suo aiuto. E ricorderò sempre che

---

[11] Cf. Giovanni 19,6-15.

cosa ho provato quando la guida ha detto: "In questa stazione Gesù è inciampato ed è caduto con la croce che gli pesava sulle spalle". Era tradizione, sapete, perché quando qualcuno veniva crocifisso doveva portarsi da solo la sua croce. Quella di Gesù era pesantissima, perciò lui aveva ceduto sotto il suo peso ed era caduto.

Così mi sono messo a pensare a una cosa che avevo sentito dire al mio amico Archibald Carey qualche tempo prima[12]. In quel momento ho pensato che quando Gesù è caduto ed è inciampato sotto il peso della croce, è stato un uomo di colore[13] a sollevarla, dicendogli: "Io ti aiuterò" e portandosela sulle spalle fino al Calvario. E sono convinto che oggi sappiamo bene che in questo mondo è in atto una battaglia, una lotta disperata: due terzi della popolazione mondiale sono persone di colore. I neri sono stati dominati politicamente, sfruttati economicamente, oppressi e umiliati. Queste persone oggi hanno dato il via a una battaglia per conquistare libertà e dignità umana. E credo che un giorno Dio si ricorderà che fu un uomo di colore ad aiutare Suo figlio nel momento più buio e tragico della sua vita. Fu un nero a raccogliere da terra quella croce e a portarla fin sul Calvario: Dio se ne ricorderà. Nel corso di tutte le

---

[12] Carey era pastore presso la Quinn Chapel della Chiesa episcopale metodista africana di Chicago.
[13] Nell'accezione americana, le persone si dividono in bianche e di colore, dove "di colore" ha un senso molto ampio e include anche i nordafricani [N.d.T.].

nostre battaglie per la pace e la sicurezza, la libertà e la dignità umana, un giorno Dio si ricorderà che è stato un uomo di colore ad aiutare Gesù Cristo Unigenito figlio di Dio nell'ora più buia della sua vita[14].

Se si prosegue lungo quella strada, la Via Crucis, la strada dei travagli e delle pene, alla fine si giunge a una chiesa detta del Santo Sepolcro. Ed è lì, proprio lì, in quella chiesa che si trova il punto esatto in cui Gesù venne crocifisso. È lì che si vede la croce di Gesù Cristo. Ovviamente quella esposta oggi non è la stessa su cui fu crocifisso ma, quando sei lì, per un attimo te ne dimentichi. Inizi a sentire davvero di trovarti nel luogo in cui fu crocifisso. Non dimenticherò mai quello che ho provato dentro di me. Mentre me ne stavo in piedi di fronte a quella croce, in quel punto preciso, qualcosa dentro di me ha cominciato a sgorgare dal profondo. C'era un non so che di magnetico, lì dentro, qualcosa che mi sopraffaceva totalmente, e senza rendermene conto mi sono ritrovato in ginocchio a pregare. E senza rendermene conto mi sono messo a piangere. È stata un'esperienza profonda, sconvolgente, di quelle che ti cambiano. E ricordo che con noi c'erano anche altre persone e che, dopo quell'esperienza, sono tornato in albergo. Ho lasciato Coretta e gli altri dicendo che volevo tornare in albergo, e ci sono andato da solo. Sono

---

[14] King si riferisce a Simone di Cirene, al quale i soldati di Pilato avevano ordinato di portare la croce di Cristo (cf. Matteo 27,32).

tornato indietro passando per le stesse strade, sono arrivato in albergo e ho cercato di meditare sul significato di quella croce e dell'esperienza che avevo appena vissuto. Ho iniziato a pensare al senso di quella croce in un modo che prima non mi era mai successo.

E mentre meditavo, mi sono venute in mente alcune cose. Mentre cercavo di valutare nella mia mente e con i miei mezzi limitati il significato di quella croce, ho pensato ad alcune cose. Innanzitutto, Gesù non era obbligato a sottoporsi alla crocifissione: ha fatto volontariamente una cosa che nessuno poteva imporgli. Nessuno avrebbe mai potuto pretendere che sacrificasse la sua vita in un modo del genere, e lui non era costretto a farlo: avrebbe potuto ritrattare, e tutto si sarebbe risolto. Avrebbe potuto risalire l'altro versante del Monte degli Ulivi, tornare in Galilea e dimenticare la faccenda, e tutto si sarebbe risolto. Ma era un uomo con la straordinaria capacità di obbedire agli obblighi non vincolanti. Credo che sia questo che ci dice la croce, stamattina. Se c'è un pensiero che vorrei lasciarvi, quando ve ne andrete da qui, è che un uomo non è tale finché non ubbidisce a obblighi non vincolanti.

Esistono tre gruppi di persone, al mondo. Da un lato ci sono quelli che non rispettano le regole, infrangono la legge e sono rinchiusi nelle nostre prigioni, gente che non segue mai i codici di comportamento della società, che si tratti di leggi scritte o semplicemente di consuetudini: i fuorilegge, appunto. Poi c'è un secondo gruppo, quello di chi rispetta la legge, i cui modelli di comportamento derivano principalmente dall'esterno. Queste persone seguono le leggi fatte dall'uomo, quelle scritte nella Bibbia o gli usi e costumi della società. In questa categoria rientra la maggior parte delle persone, anzi, sospetto che stamattina gran parte di noi si riconosca in questo gruppo. Non siamo fuorilegge: noi le rispettiamo, le leggi. Ubbidiamo alle leggi e ne seguiamo le norme, e senza dubbio rispettiamo gli usi e costumi della nostra comunità. Vi è poi un terzo gruppo di persone, quelle fedeli a una legge interiore, che hanno interiorizzato un certo modo di comportarsi. E qui sta la differenza. Queste persone hanno un [*parola inudibile*] di condotta, ubbidiscono agli obblighi non vincolanti, rimangono sempre fedeli a un qualcosa che la legge esteriore non potrebbe mai chiedere né pretendere per iscritto. Quel tipo di persona che nelle parole di Shakespeare, in quelle bellissime parole usate per descrivere Desdemona, «lo considera una mancanza di bontà da parte sua se non può fare più di quanto le venga richiesto»[15]. Sono loro gli artefici della storia, in grado di imprimerle un corso differente. Di individui così ne nascono solo ogni tanto.

Uno di loro potrebbe essere Socrate, che parla con l'amico Critone, il quale gli dice che se ne può andare e che andrà tutto bene, non dovrà per forza affrontare la tragedia della cicuta. Socrate lo guarda e gli dice:

---

[15] *Otello*, atto 2, scena 3.

«Devo difendere ciò che considero giusto e vero, anche se questo potrebbe condurmi alla morte»[16]. E poi dice, alla fine dell'*Apologia*: «Ma è già l'ora di andarsene, io a morire, voi a vivere; chi di noi però vada verso il meglio, è cosa oscura a tutti, meno che al dio»[17].

Un altro è Martin Lutero, davanti ai funzionari della Chiesa cattolica. Avevano cercato di costringerlo a ritrattare e a rimangiarsi quello che aveva affermato sulla corruzione all'interno del sistema delle indulgenze, sulle novantacinque tesi che aveva affisso sul portone della chiesa del castello di Wittenberg. Ma lui rimase a testa alta di fronte a loro e rispose: "Io resto qui, non posso fare altrimenti, che Dio mi aiuti".

Un altro ancora è Gesù di Nazareth, che avrebbe potuto andarsene e tornare a casa sua per diventare una persona come tante, ma che invece si disse: "No, non posso continuare così. Devo rimanere fedele a ciò che so essere la verità e la giustizia. Con il tempo ciò che so entrerà a far parte della struttura dell'universo". E questo è ciò che ci dice la croce stamattina: la grandezza, nella vita, arriva quando ubbidiamo agli obblighi non vincolanti.

Si definisce grande una nazione composta da cittadini che ubbidiscono non solo alle leggi scritte sui libri, ma anche a quelle che nessuno potrebbe costringerli a

---

[16] Platone, *Critone*.
[17] Platone, *Apologia di Socrate*, terza parte, XXXIII.

rispettare. È come una grande famiglia, con una bella vita domestica, basata non sugli obblighi di legge, ma su quelli non vincolanti. In ultima analisi, esiste una caratteristica che non può essere frutto di coercizione. Il fatto che un uomo rimanga fedele a sua moglie o una donna al marito non dipende dalla costrizione. In definitiva, l'individuo deve ubbidire a ciò che non può essere preteso per legge. Il fatto che un padre provveda ai figli e sia onesto con loro non dipende da un obbligo di legge. La legge gli può intimare di provvedere al loro mantenimento, ma non può costringerlo ad amarli. La legge non può costringerci a dedicare ai figli il tempo necessario, non può impedirci di partecipare a un numero infinito di attività e di impegni sociali trascurando i bambini. La legge non può costringere nessuno a fare una cosa del genere. In fin dei conti, si tratta di ubbidire agli obblighi non vincolanti. E ogni volta che una persona arriva a questo punto, raggiunge la stessa grandezza di Gesù Cristo in croce.

È questo che la croce mi dice, prima di tutto, e cioè che ci troviamo di fronte a un uomo che aveva una straordinaria capacità di ubbidire a tutto ciò che non è frutto di coercizione. E che ha vissuto la propria vita in base a questo principio, anzi, l'ha sperimentato sulla propria pelle. Come ricorderete, ha detto: «E se uno ti costringerà a fare un miglio, tu fanne con lui due» (Matteo 5,41). Che cosa intendeva, Gesù, con queste parole? Aveva anche detto a Pietro, che gli chiedeva quante volte doveva perdonare il fratello: «Non ti

293

dico fino a sette, ma fino a settanta volte sette» (Matteo 18,22). Forse vi chiederanno di perdonare sette volte, ma ciò che Gesù sta dicendo è che il privilegio della generosità ha inizio laddove finisce l'obbligo di legge. Gesù l'ha detto ed è ciò che ha fatto sulla croce. La croce è il punto più alto in cui tutto ciò che ha vissuto e manifestato nella sua vita trova compimento. Fare due miglia anziché un miglio significa semplicemente ubbidire agli obblighi non vincolanti. Questo è ciò che mi ha detto la croce.

Ma mi ha detto anche qualcos'altro, una cosa che, nel momento in cui ci riflettevo, assumeva un significato importante. La croce è l'espressione eterna di quanto Dio fosse disposto a fare per risanare una comunità divisa. Ora, ritengo che questo sia un punto cruciale: ci dice molto non solo del coraggio e dell'impegno, dell'impegno morale di Gesù Cristo, ma anche dell'amore di Dio, di quanto sia disposto a fare per rimettere in sesto le comunità divise. Con i nostri peccati, il male che compiamo e la nostra malvagità, abbiamo disgregato le comunità, abbiamo lacerato la società. Le famiglie sono separate, i nuclei sono separati, le culture, le nazioni, le generazioni, le civiltà sono divise. Ai suoi tempi Gesù ne fece esperienza, lo sapeva, e Dio stava all'erta, guardò Israele e capì che si era comportato come un bambino disobbediente. Si era prostituito al culto di altri dei, aveva provocato una spaccatura al centro stesso del suo essere. E che cos'è la croce se non il modo in cui Dio dice a un figlio ribelle: "Ti voglio ancora bene e sono pronto a fare qualunque cosa, persino a sacrificare il mio figlio unigenito, pur di redimerti. E pur di giungere fino a te e dirti che se riesci a vedere, nella sofferenza di Cristo sulla croce, la mia potenza, potrai esserne trasformato e sarai redento"? La croce è espressione dell'amore eterno di Dio nostro Padre.

Vi è un ultimo punto che vorrei affrontare. La croce non è solamente espressione dell'amore di Dio, del coraggio e dell'impegno morale di Gesù Cristo che ubbidisce a un obbligo non vincolante. Ho iniziato a pensarci mentre eravamo di fronte a quella croce; a pochi passi da lì c'era un recesso, sarà stato a diciotto, venti metri di distanza. Ci hanno detto che quella era la tomba in cui fu seppellito Gesù. Curiosamente, era un tumulo preso a prestito[18]. Preso a prestito: Gesù non aveva niente, non aveva soldi, non aveva un posto dove posare il capo[19]. Persino quando spirò sulla croce, una delle morti più infami che si possano ricordare nella storia, dovette essere seppellito in una tomba presa a prestito. E noi ci siamo andati. Ma la guida si è messa a parlare, e man mano che proseguiva ha voluto mettere le cose in chiaro: "Voglio che sappiate che questa tomba è vuota: lui non è più qui dentro. Questo posto è solo un simbolo del luogo in cui fu sepolto, ma lui ormai non c'è più". E, a proposito, quella croce per me è

---

[18] Cf. Matteo 27,59-60.
[19] Cf. Matteo 8,20.

la dimostrazione di una cosa. Significa trionfo, giusto? Non rappresenta solamente una tragedia, ma anche un trionfo. È la rivelazione della capacità di Dio di sconfiggere definitivamente tutte le forze del male.

Qualunque cosa crediate sulla Risurrezione, questa mattina importa poco. E nemmeno la forma che date a ciò che credete è importante. Quel che conta davvero è che la rivelazione, la Risurrezione, è un fatto che nessuno può confutare. Alcuni, nella fattispecie i discepoli, pensavano che si trattasse di una risurrezione fisica, che a risvegliarsi fosse stato il corpo fisico. Poi, sulla scena è comparso Paolo, che aveva studiato la filosofia greca e un po' la conosceva, e che probabilmente aveva letto un po' di Platone e di altri autori che credevano nell'immortalità dell'anima, e cercò di fondere la dottrina greca dell'immortalità dell'anima con quella giudaico-ebraica della risurrezione. E infatti, come ricorderete e come avete letto, parlava di un corpo spirituale. Un corpo spirituale. Che forma avesse, adesso non serve specificarlo. Ciò che conta è che la Risurrezione è avvenuta. Ciò che conta è che il sepolcro è stato trovato vuoto. Ciò che conta è il fatto che Gesù si sia dato con tutto se stesso a precise verità universali e a principi eterni che non possono essere crocifissi né rifuggiti. Di conseguenza, neanche tutti i martelli del mondo potranno mai inchiodare questa verità. Nemmeno tutte le croci del mondo potranno mai fermare questo amore. E neppure tutte le tombe del mondo potranno mai seppellire questa bontà. Gesù si era dato con tutto se stesso a principi universali ben precisi. Perciò, oggi, è impossibile sottrarsi al Cristo e al Dio che adoriamo.

Questa mattina possiamo parlare quindi dell'impossibilità di sottrarsi a Cristo. Ovunque andiamo nel mondo di oggi, ci rendiamo conto che lui è presente: vive nella società, nelle nostre esistenze, nel mondo intero. E questa è la nostra speranza. Questo è ciò che ci fa andare avanti. Nella croce non c'è solamente un aspetto tragico, ma anche un elemento di trionfo. Perciò stamattina potrete uscire di qui armati di una nuova speranza per il futuro. Non importa se farà buio: sappiate che alla fine Dio trasformerà il Venerdì Santo in Pasqua.

Qualche anno fa, qualcuno chiese a William Howard Taft[20]: "Che ne pensa della Società delle Nazioni?". E lui rispose che gran parte delle cose buone di questo mondo vengono crocifisse, per poi magari finire seppellite sottoterra. Ma viene sempre il terzo giorno, o sbaglio? La Società delle Nazioni un tempo è stata crocifissa, ma oggi [*inudibile*] è risorta nelle Nazioni Unite. Probabilmente Woodrow Wilson è morto infelice e frustrato perché le persone non avevano avuto la lungimiranza di capirlo[21]. Non avevano avuto la lungimiranza di dar-

---

[20] Taft fu il ventisettesimo presidente degli Stati Uniti (1909-1913). Nel 1921 fu nominato presidente della Corte Suprema.
[21] Nel 1920, il presidente Wilson non riuscì a ottenere l'approvazione del Senato riguardo all'ingresso degli Stati Uniti nella Società delle Nazioni; morì quattro anni dopo. Gli USA entrarono nelle Nazioni Unite nel 1945.

gli credito. Ma oggi le Nazioni Unite sono una realtà e non sono altro che la vecchia Società delle Nazioni su più ampia scala. E perché in questo mondo ci possa essere pace, dobbiamo appoggiarci a un'istituzione come le Nazioni Unite, disarmare il mondo intero e mettere in atto una politica globale in modo che nessun Paese possa usare bombe atomiche o all'idrogeno per distruggere gli altri. La nostra speranza è questa, o sbaglio? Un giorno è stata seppellita, ma adesso è risorta. Tempo fa, nel 1896, la dottrina è stata crocifissa, la dottrina della giustizia, quella che considerava gli uomini tutti uguali. La dottrina dell'integrazione è stata crocifissa. Vi fu un uomo, il giudice [*Louis*] Harlan, che credo sia stato crocifisso insieme alla dottrina. Fu condannato perché aveva votato contro nel momento in cui venne proposto di approvare la decisione "Plessy contro Ferguson"[22]. Ma poi, grazie a Dio, è arrivato il 17 maggio 1954 e questa decisione è stata rimessa in discussione[23]. Per decisione unanime della Corte internazionale di giustizia, l'opinione che nel 1896 era stata

---

[22] La decisione "Plessy contro Ferguson" che la Corte Suprema emise nel 1896 (163 U.S. 537) sosteneva una legge della Louisiana che imponeva sistemazioni separate ma uguali per bianchi e neri sulle tratte ferroviarie dello Stato.
[23] Nel 1954, la Corte internazionale rovesciò all'unanimità la dottrina del "separati ma uguali" e dichiarò incostituzionale la segregazione razziale nelle scuole pubbliche ("Brown contro Board of Education").

di minoranza, ora, nel 1954, diventava di maggioranza. Che cosa significa? La croce ci dimostra che alla fine gli idealisti di ieri possono diventare i realisti di oggi. La croce ci dimostra che l'opinione di minoranza di oggi può trasformarsi in quella di maggioranza domani, e il mondo dimentica di averla calpestata perché quell'opinione risorge con verità nuova, nuovo significato, nuova bellezza. È questo che ci dice la croce: ci dà speranza.

Perciò stamattina cerchiamo di non demoralizzarci, non perdiamo la fede. Siamo stati crocifissi così tante volte, in passato. Siamo stati sepolti in tante tombe, quella dell'incertezza economica, quella dello sfruttamento, quella dell'oppressione. Abbiamo visto la giustizia calpestata e la verità crocifissa. Ma stamani sono qui per dirvi che la Pasqua ci ricorda che non sarà sempre così. Ci ricorda che la luce di Dio può brillare in mezzo all'oscurità. Dio può far uscire dalle tenebre della mezzanotte tutta la luce del giorno.

Concludo parlandovi di un fatto accaduto alcune settimane fa, circa quattro domeniche fa. Io e mia moglie siamo andati in gita in una città dell'India chiamata Trivandrum. Si trova nell'ultimo Stato, quello più a sud di tutta l'India. Poi da Trivandrum siamo andati ancora più a sud, sulla punta chiamata Capo Comorin. È il luogo in cui finisce la terra indiana e inizia la distesa di acque turbolente dell'oceano. È uno dei posti più belli del mondo, dove si incontrano tre enormi corpi d'acqua in tutto il loro magnifico splendore: il golfo del Bengala, il mar Arabico e l'oceano Indiano.

Ricordo che quel pomeriggio siamo andati là e ci siamo seduti su una roccia che si protendeva sulle acque. Abbiamo osservato le onde di quell'immensa massa d'acqua mentre si srotolavano in una processione quasi ritmica. Poi abbiamo guardato quel cielo magnifico, in tutta la sua radiosa bellezza. E poi il sole, che se ne stava là in alto come una palla cosmica di fuoco e stava tramontando. E, sapete, quando il sole scompare si vede un magnifico insieme di colori, tipico di quel momento. L'abbiamo guardato scendere piano piano: eravamo seduti su quella roccia battuta dalle onde a guardare il sole che calava sempre di più, come se stesse affondando nell'oceano. Alla fine è svanito e non siamo più riusciti a vederlo. Ha iniziato a fare buio, c'era un po' di foschia. E in quel preciso istante, mi sono voltato e ho detto a Coretta: "Guarda, c'è un'altra luce". Era la luce della luna, in fondo, a est. Era una cosa singolare: questo, come ho già detto, è uno degli scorci più belli del mondo. Il caso ha voluto che fosse anche uno di quei giorni in cui la luna era piena, e quello è uno dei pochi posti al mondo dove si può vedere il tramonto del sole e contemporaneamente la comparsa della luna. Ho guardato quello spettacolo e mi è venuta in mente una cosa che ho voluto condividere subito con Coretta, il dottor Reddick e tutte le altre persone che ci avevano accompagnato lì. Ho detto che in quel fatto c'era qualcosa che aveva un'analogia con la vita degli esseri umani.

Spesso arriviamo a un punto in cui inizia a fare buio: ci pare che la luce della vita si sia spenta. La luce del

giorno scompare dal nostro essere e persino dalla nostra fede. Siamo frustrati e confusi e ci diamo per vinti,
abbandonandoci alla disperazione. Ma se solo ci guardiamo intorno, ci accorgiamo dell'altra luce di Dio. E
quando ce ne rendiamo conto, non siamo più costretti
a camminare nelle tenebre. L'ho visto accadere tante
volte nella mia vita: quando intorno a me c'erano solo
oscurità e tragedia, quando pareva che la luce del giorno si fosse spenta, che il buio mi circondasse e che il
sole fosse scomparso, dentro di me ho avuto la forza
di voltarmi e scoprire l'altra luce di Dio. Se Dio avesse
solamente una luce, l'universo sarebbe terribile. Ma io
sono arrivato a capirlo come non mi era mai successo
prima: Dio ha un'altra luce, una luce che ci può guidare attraverso le tenebre della mezzanotte. Vi sentite
delusi? Siete confusi riguardo alla vita? Siete frustrati?
I vostri sogni e le vostre speranze più grandi sono stati
infranti? Volete darvi per vinti perché siete disperati?
Allora vi dico: "Non fatelo, perché Dio ha un'altra luce,
una luce capace di splendere nel buio di mille mezzanotti". È questo che ci dice la croce: ci ricorda che
quando le persone spengono la luce del sole, Dio ha la
luce della luna. E non importa se farà buio pesto: Dio
sarà ancora lì con tutta la sua potenza. Il Venerdì Santo
la luce è stata spenta, ma Dio l'ha riaccesa la mattina
di Pasqua. Nel corso della storia la luce è stata spenta
tantissime volte: ho visto imperi, re e governanti spegnere quella luce. Ma Dio ne ha un'altra. Andate per
monti, valli e strade e dite a tutti che Dio ha un'altra

luce. Potete anche spegnere la luce, ma lui ne accenderà un'altra, e scoprirete che è in grado di riaccendere anche quella che si è spenta di nuovo.

Alla fine mi sono messo a pensare che la luce che si era spenta in India era la stessa che si era spenta a Montgomery, in Alabama. Nel momento esatto in cui in India iniziava a far buio, su Montgomery stava nascendo il sole, perché ci sono dodici ore di differenza, nel fuso orario. E la stessa luce che a Montgomery sorgerà e poi tramonterà, sorgerà di nuovo in India. Non è possibile fermare le luci di Dio: è lui a controllarle e a gestirle. E noi non siamo costretti a camminare nelle tenebre, perché Dio ha una luce per la notte e una per il giorno, e le controlla entrambe. È questa la nostra speranza. È di questo che parla la Risurrezione. È di questo che parla la Pasqua. Ed è questo che ho scoperto mentre camminavo su quel suolo sacro e avevo davanti la croce.

Non ubbidite soltanto alle leggi scritte imposte dall'esterno, ma anche a quella legge che portate scritta nel cuore, ubbidite agli obblighi non vincolanti. Ma non solo: siate anche grati a Dio per il suo amore, sapendo che non sarete comunque in grado di ricambiare. Quando vi trovate di fronte quella croce meravigliosa sulla quale è morto il Principe della gloria, qualcosa vi ricorda che dovete considerare una perdita il vostro più grande guadagno e coprire di disprezzo il vostro orgoglio. E anche dopo averlo fatto, vi può capitare di dire: "Se il regno della natura fosse mio, sarebbe poca cosa. Un amore straordinario, divino, reclama la mia

vita, tutto ciò che ho e tutto ciò che sono"[24]. Ma ancora non basta: dobbiamo capire che Dio ha l'universo
intero nelle sue mani. E per questo motivo, un giorno
la segregazione scomparirà. Per questo motivo, tutti i
Paesi africani un giorno saranno liberi. Diversi anni fa,
più o meno quaranta, solo due di questi erano indipendenti, la Liberia e l'Etiopia. Oggi se ne sono aggiunti
già otto e nel 1960 se ne aggiungeranno altri: Nigeria,
Togo, Camerun e Somalia[25]. E prevedo che tra quindici
anni saranno tutti liberi e non ci sarà più neanche una
potenza coloniale al mondo. Come mai? Perché Dio
tiene in mano le redini dell'universo e quando a una
certa ora la luce si spegne, poi si riaccende grazie alla
potenza del Suo essere. E questa è la speranza che ci
aiuterà a vivere e ci impedirà di sentirci frustrati mentre percorriamo il sentiero della vita. Preghiamo. Oh
Dio nostro padre... [*la registrazione si interrompe qui*].

---

[24] King sta parafrasando la prima e ultima strofa dell'inno *When I
Survey the Wondrous Cross* di Isaac Watts (1707).
[25] Oltre a quelle citate da King, nel 1960 ottennero l'indipendenza altre tredici nazioni africane: Benin, Burkina Faso, Repubblica
Centrafricana, Ciad, Congo, Costa d'Avorio, Repubblica Democratica del Congo, Gabon, Madagascar, Mali, Mauritania, Niger
e Senegal.

Martin Luther King: una vita per i diritti civili. Nota biografica

Leggere i sermoni di Martin Luther King Jr. a cinquant'anni dalla sua scomparsa infonde un grande senso di speranza. Ci si stupisce della lucida lungimiranza dell'intellettuale, ma anche e soprattutto della forza che seppe instillare nelle membra di chi ascoltava il suo messaggio: la giustizia è dalla nostra parte – diceva a chi voleva raggiungere l'uguaglianza tra bianchi e neri – ma noi dobbiamo darci da fare affinché si realizzi. Con pragmatismo, organizzazione e l'aiuto di moltissimi collaboratori, Martin Luther King ha incitato migliaia di donne e uomini a cambiare la loro quotidianità di oppressi dal segregazionismo. Per questo ha dimostrato di avere grandi doti di politico ma era e resta un uomo di fede e la sua biografia lo dimostra.

Martin Luther King Jr. nasce il 15 gennaio del 1929 da una famiglia della classe media nera di Atlanta, Georgia, che manterrà uno stile di vita dignitoso anche con l'incedere della Grande Depressione. Un paio di mesi dopo la nascita di Martin, il padre succederà al suocero alla guida della chiesa battista di Ebenezer, in cui King riceverà la sua prima educazione religiosa. Martin è uno studente brillante e, dopo aver frequentato il liceo Booker T. Washington, che il nonno aveva contribuito a fondare, si iscrive con un anno di anticipo, nel 1944, al Morehouse College di Atlanta. Il 25 febbraio 1948 riceve gli ordini del ministero battista, convinto di voler mettere la sua vita a servizio dell'umanità. Dopo la laurea in sociologia, il 14 settembre 1948 entra al seminario teologico Crozer, a Chester, in Pennsylvania, dove lavora per aiutare la famiglia a sostenere le spese degli studi ed entra più profondamente in contatto con la realtà non segregata degli Stati del Nord. Al college, King aveva già letto il saggio di Henry David Thoreau *La disobbedienza civile* e si era convinto che resistere al male fosse necessario quanto fare il bene. Al Crozer si avvicina per la prima volta alla tesi pacifista di A. J. Muste e conosce la vita e la dottrina del Mahatma Gandhi grazie a un sermone di Mordecai Johnson, rimanendo affascinato dal metodo della resistenza nonviolenta. Nei suoi studi King approfondì gli scritti dei grandi filosofi dell'antichità e del pensiero moderno e rifletté sui limiti della dottrina protestante fondamentalista a cui era stato educato in giovane età e che riteneva incapace di fornire le risposte adeguate alle innovazioni della scienza. Si avvicinò quindi all'interpretazione liberale, che tuttavia criticò per l'eccessivo ottimismo riposto nell'uomo. I suoi interessi erano già allora marcatamente etici e sociali e cercò risposte in amplissime letture di natura teologica e laica.

Dopo la laurea in teologia (8 maggio 1951), a settembre dello stesso anno comincia a frequentare la Facoltà di teologia di Boston. Nel gennaio del 1952 conosce a Boston Coretta Scott, che stava cercando di intraprendere la carriera di cantante. È del 7 settembre 1952 il sermone "Un anticonformista trasformato" (cf. p. 39), tenuto da King alla chiesa battista di Ebenezer ad Atlanta, dove dal 1947 aveva ottenuto il permesso di predicare e diventare assistente del padre. Il 18 giugno dell'anno dopo Martin sposa Coretta a Marion, Alabama, città natale di lei, con un matrimonio celebrato da Martin Luther King Sr. Dopo aver terminato le lezioni a Boston, King Jr. decide di trovarsi un impiego, e tra il ministero pastorale e l'insegnamento opta per il primo, dove ritiene di poter essere maggiormente utile alla società. Vagliando tra diverse offerte, il 31 ottobre del 1954 viene insediato dal padre reverendo come ventesimo pastore della chiesa di Dexter Avenue a Montgomery, Alabama. Per Martin e Coretta non fu una scelta facile, dato che significava per entrambi ritornare a vivere nel Sud delle leggi Jim Crow[1].

---

[1] L'insieme di leggi emanate in alcuni Stati americani fino al 1965 che di fatto crearono e mantennero la segregazione razziale nei servizi pubblici, secondo il principio del "separati ma uguali".

Il 5 giugno 1955 King consegue il dottorato in teologia all'Università di Boston e il 26 agosto viene informato che è stato eletto nel comitato esecutivo della sezione di Montgomery della National Association for the Advancement of Colored People (NAACP), allora la più grande e influente associazione per la promozione dei diritti civili negli Stati Uniti, di cui anche il padre era stato presidente nella sezione di Atlanta. Il 17 novembre dello stesso anno nasce la prima dei quattro figli di Martin e Coretta, Yolanda Denise, seguita da Martin Luther III (23 ottobre 1957), Dexter Scott (30 gennaio 1961) e Berenice Albertine (28 marzo 1963).

Il primo dicembre del 1955 Rosa Parks, segretaria della sezione di Montgomery della NAACP, viene arrestata per non aver ceduto il suo posto sull'autobus a un bianco. Il lunedì successivo, 5 dicembre, con l'inizio del processo a Parks, si inaugura il boicottaggio degli autobus da parte della popolazione nera e King viene eletto all'unanimità presidente della neonata organizzazione Montgomery Improvement Association (MIA), che si occuperà della promozione della protesta e della gestione dei servizi alternativi di auto private. Il boicottaggio, non senza tentennamenti da parte della *leadership* del movimento, durerà in modo continuativo e con adesione insperata per più di un anno. Il 26 gennaio del 1956 King viene arrestato con il pretesto di eccesso di velocità in una strada di Montgomery. È la prima di una lunga serie di detenzioni che il reverendo subirà ad ogni protesta nonviolenta a cui si dedicherà.

King vedeva l'arresto come una forma di resistenza civile. Riteneva di dover attraversare quel disagio per dimostrare la sua fermezza e contrarierà alle regole del regime segregazionista e per condividere la sorte delle centinaia di afroamericani che come lui finirono in prigione ad ogni marcia, preghiera pubblica o *sit-in* per la loro opposizione a un sistema antidemocratico. Quattro giorni dopo, mentre King era a un'assemblea del movimento, viene scagliata una bomba contro il porticato della sua casa di Montgomery: Coretta, la figlia e una signora della congregazione rimangono illese. All'azione in strada a Montgomery venne affiancata dalla MIA una battaglia legale con la municipalità: non solo il 4 giugno una corte distrettuale federale stabilì che la segregazione razziale sugli autobus cittadini era incostituzionale ma il 13 novembre la Corte Suprema degli Stati Uniti confermò la sentenza. Soddisfatte le richieste dell'associazione, la MIA decise di interrompere il boicottaggio e King fu uno dei primi passeggeri a salire di nuovo sugli autobus il 21 dicembre successivo, quando poté sedersi anche nella parte anteriore della vettura senza che alcun bianco avesse diritto a recriminare il posto.

Martin uscì molto rinvigorito nelle sue tesi: la resistenza nonviolenta era una tecnica adottata dal movimento, mentre l'amore cristiano ne rimaneva l'ideale normativo. Per la prima volta nella sua vita aveva visto centinaia di afroamericani radunati in unico slancio e con un rinnovato senso di dignità verso se stessi. Risale al periodo dell'enorme protesta di Montgomery anche il sermone "La morte del male sulla riva del mare" (cf. p. 129), pronunciato da King nel 1955 nella sua chiesa di Dexter Avenue. Segno dell'accelerazione che aveva conosciuto la sua dedizione alla guida del movimento di desegregazione razziale è la sua elezione a presidente della Southern Christian Leadership Conference (SCLC), fondata nel febbraio 1957 per coordinare le azioni locali delle Chiese nere degli Stati del Sud. Secondo King la crisi razziale negli Stati Uniti faceva parte della più vasta crisi mondiale che vedeva ribellarsi popoli che erano stati vittima di colonialismo e imperialismo, alla ricerca della libertà e della dignità umana. Per questo, nel marzo del 1957 va in Ghana per assistere alla cerimonia di inaugurazione dello Stato come nazione indipendente dalla Gran Bretagna. Al ritorno si ferma a Roma, Parigi e Londra. A settembre dello stesso anno plaude all'iniziativa del presidente Dwight D. Eisenhower di incaricare la Guardia nazionale dell'Arkansas di scortare nove studenti afroamericani all'interno della scuola di Little Rock che fino ad allora era stata per soli ragazzi bianchi, in ottemperanza della sentenza della Corte Suprema "Brown contro Board of Education" del 1954 che aveva dichiarato incostituzionale la segregazione nelle scuole pubbliche. Seguirà, nel giugno dell'anno successivo, un incontro di King e Roy Wilkins della NAACP con Eisenhower e altri leader del movimento. Nel settembre di quell'anno King viene pugnalato al petto nel quartiere nero di

Harlem a New York da Izola Curry, successivamente dichiarata mentalmente labile, mentre sta autografando il suo primo libro appena pubblicato da Harper & Row, *Stride toward freedom: the Montgomery story*[2]. Dopo molti rinvii, nel febbraio del 1959 King, la moglie e l'amico Lawrence D. Reddick, autore della biografia *Crusader Without Violence. A Biography of Martin Luther King* (edita nello stesso anno), intraprendono un viaggio in India, dove Martin era già stato invitato dal premier Pandit Jawaharlal Nehru. La piccola compagnia ebbe occasione di girare il subcontinente e King di conoscere meglio le criticità del contesto sociale in cui aveva operato il Mahatma Gandhi, la cui figura storica e spirituale fu apprezzata ancora di più dal reverendo, tanto da attribuirgli quasi connotati cristologici. Ripartendo dall'India, King si diresse verso la Terra Santa. Della visita a Ebron, Betlemme, Samaria, Gerico e ai luoghi santi della cristianità di Gerusalemme ci resta il racconto che King fa alla congregazione della chiesa di Dexter Avenue a Montgomery il 29 marzo 1959, nella domenica di Pasqua. Non solo il reverendo ripercorre le strade di quella terra accostandole ai passi della Bibbia e del Vangelo che lì erano ambientati e che i suoi fedeli conoscevano, ma descrive intimamente l'esperienza mistica provata sul Golgota. La meditazione che ne segue porta alla luce una consapevolezza che riaf-

---

[2] *Marcia verso la libertà*, Andò Editori, Palermo 1958.

fiorerà in molte situazioni apparentemente senza via di uscita: essere obbedienti a una forza non attuabile razionalmente, una spinta interiore che travalica le leggi dell'uomo. È la comparsa di Dio, secondo King, che metterà fine alla segregazione razziale e all'oppressione dei popoli del Terzo Mondo. Questo sermone ("Una passeggiata in Terra Santa", cf. p. 275) è uno dei più illuminanti, nella sua struttura retorica, relativamente al modo in cui il pastore di Atlanta declinava la sua fede nel divino alle sofferenze del mondo, che andavano curate e superate, nel compimento del Vangelo sociale che professava da anni.

All'inizio del 1960 King lascia Montgomery per tornare ad Atlanta, dove diventa pastore aggiunto, con il padre, nella chiesa battista di Ebenezer. Pochi giorni dopo iniziano a Greensboro, North Carolina, i *sit-in* nelle tavole calde da parte di giovani addestrati nelle università nere alla resistenza nonviolenta. È il preludio di un movimento che si diffonderà velocemente e che portò, il 15 aprile, al congresso di fondazione dello Student Nonviolent Coordinating Committee (SNCC), a cui King partecipa come oratore. Nel dicembre del 1961 viene invitato a supportare il movimento per i diritti civili di Albany, Georgia. All'indomani del suo arrivo è incarcerato insieme ad altri settecento dimostranti nel corso di una manifestazione pacifica. Durante i giorni del carcere mette per iscritto i sermoni "L'amore in azione" (cf. p. 67), sviluppato da una scaletta dell'anno prima, e "Amate i vostri nemici" (cf. p. 83),

pronunciato alla Central Methodist Church di Detroit
il marzo precedente. Tornerà ad Albany in seguito ai
tafferugli divampati nel luglio dell'anno successivo,
per guidare una veglia di preghiera a seguito di una
Giornata di Penitenza come riparazione alla violenza.
Nell'ottobre del 1962 ha un incontro con il presidente
John F. Kennedy, eletto nel novembre del 1960, e che
aveva già avuto modo di incontrare durante la campagna presidenziale. Il 1963 è per lo più dedicato da
King al sostegno, a fianco della SCLC, alla campagna
di proteste a Birmingham, Alabama. King viene arrestato il 12 aprile di quell'anno e in carcere scrive una
"Lettera dalla prigione di Birmingham" in risposta alla
dichiarazione dei ministri di culto bianchi della città
che gli chiedevano di rinunciare alle manifestazioni
nonviolente perché giudicate imprudenti e tendenzio-
se. La lunga missiva è l'occasione per Martin di esprimere la sua delusione verso le congregazioni e i mo-
derati bianchi da cui si aspettava comprensione per le
tribolazioni degli afroamericani e collaborazione nella
lotta. L'efficacia della protesta di Birmingham intanto
pone i maggiorenti della città al tavolo con i leader del
movimento e l'aiuto nella trattativa di un delegato del
Governo federale. Il giorno seguente, a un primo accordo per la desegregazione nei luoghi pubblici e nelle
industrie locali, vengono compiuti attentati dinamitar-
di contro l'hotel dove era stato alloggiato il quartier generale della SCLC e contro la casa del fratello di King.
Sarà la Corte Suprema a decretare poco dopo la vittoria

formale del movimento dichiarando incostituzionali le ordinanze che stabilivano la separazione tra bianchi e neri in città. A giugno Kennedy annuncia nuove proposte di legge per i diritti civili, mentre nell'estate, per sancire le conquiste ottenute, i leader afroamericani si preparano alla prima manifestazione su scala nazionale: la marcia per l'occupazione e la libertà a Washington del 28 agosto, quando King pronuncia davanti a una platea interrazziale il celebre discorso "I have a dream", seguito dai *media* di tutto il mondo. Quasi un anno dopo, il 2 luglio del 1964, King assiste alla firma del Civil Rights Act da parte di Lyndon B. Johnson, diventato presidente dopo l'assassinio di Kennedy a Dallas il 22 novembre 1963. Nel frattempo il reverendo si era impegnato per dare il suo contributo alla campagna per i diritti civili e la registrazione dei neri al voto in Mississippi in vista delle presidenziali, la cosiddetta "Freedom Summer" organizzata dallo SNCC insieme ad altre sigle. A settembre King visita Berlino Ovest su invito del sindaco Willy Brandt ed è accolto in udienza da papa Paolo VI in Vaticano. Il 10 dicembre 1964 è insignito del Premio Nobel per la pace a Oslo, in Norvegia. In patria il diritto di voto agli afroamericani, senza le clausole restrittive imposte negli Stati del Sud, era diventato il principale obiettivo politico di King, persuaso che ci fosse bisogno di una prova di forza per convincere il Governo. La cosiddetta "Bloody Sunday" di Selma, Mississippi, del 7 marzo 1965, quando centinaia di manifestanti neri vennero picchiati dalle forze di polizia mentre tentavano di attraversare l'Edmund Pettus Bridge per raggiungere Montgomery, gettò sconcerto in tutto il Paese. Pochi giorni dopo Johnson rivolse un messaggio alla nazione e al Congresso in cui descriveva il disegno di legge sul diritto di voto che avrebbe depositato due giorni dopo. Il 25 marzo King poté guidare la marcia da Selma a Montgomery protetta dalle truppe federali e portare la richiesta del voto fino alla capitale dello Stato. Il 6 agosto del 1965 Johnson firmò il Voting Rights Act.

Nel febbraio del 1966 King si stabilisce in un appartamento nel ghetto nero di Chicago. Si era infatti reso conto che dopo le battaglie nel Sud, in continua evoluzione, i ministri si sarebbero dovuti occupare anche della segregazione occulta del Nord, che era principalmente economica e abitativa. Nel luglio di quell'anno infatti il reverendo lancia una campagna per fare di Chicago una "città aperta" in fatto di alloggi. A segnalare il malcontento e la rabbia degli afroamericani del Nord erano anche le rivolte razziali nei ghetti scoppiate nell'estate del 1964 a New York, in New Jersey e in Pennsylvania e che si ripeterono nell'agosto del 1965 a Watts (un quartiere di Los Angeles dove King fu chiamato a intervenire da gruppi locali) e nelle due estati successive in moltissime città. King, insieme ad altri leader, lancerà nel 1967 un appello per la fine delle rivolte che si erano dimostrate dannose alla causa dei diritti civili. Nel 1966 si espose anche su un altro fronte che stava infuocando l'attivismo giovanile di bianchi e neri nel Paese. In maggio, durante una manifestazione a Washington contro la guerra in Vietnam, viene letta una sua dichiarazione. Di fatto da anni, nei suoi sermoni, criticava il militarismo e l'imperialismo della nazione. La sua condanna verso il dispiegamento di uomini e armi nel Sud-Est asiatico viene ripetuta di persona anche nel 1967. Negli ultimi mesi dell'anno King lancia la Poor People's Campaign della SCLC, iniziativa interraziale tesa a farsi portavoce delle necessità economiche di migliaia di persone degli Stati del Sud e delle più grandi città del Nord. Era in linea con questa nuova battaglia per la piena cittadinanza il suo ultimo viaggio. King si trovava a Memphis, Tennessee, per portare il suo sostegno allo sciopero dei lavoratori della nettezza urbana, quando venne ucciso nel suo motel da un cecchino il 4 aprile del 1968.

Marta Gara
Storica

Bibliografia essenziale

Testi di Martin Luther King

In inglese
Strength to Love, Harper & Row Publishers, New York 1963
Stride Toward Freedom: The Montgomery Story, Harper & Row Publishers, New York 1958
The Trumpet of Conscience, Harper & Row Publishers, New York 1968
Where Do We Go From Here: Chaos or Community?, Beacon Press, Boston 1967
Why We Can't Wait, Harper & Row Publishers, New York 1963

In italiano
Dove stiamo andando: verso il caos o la comunità?, SEI, Torino 1970
Il fronte della coscienza, SEI, Torino 1968
La forza di amare, SEI, Torino 1963
Marcia verso la libertà, Andò, Palermo 1958

Oltre il Vietnam, La Locusta, Vicenza 1968
Perché non possiamo aspettare, Andò, Palermo 1968

Testi su Martin Luther King

In inglese

Baldwin Lewis, *Never to leave us alone: the prayer life of Martin Luther King, jr.*, Fortress Press, Minneapolis 2010

Carson Clayborne (ed.), *The autobiography of Martin Luther King, Jr.*, IPM in association with Warner Books, New York 1998

Finley Mary Lou, LaFayette Bernard Jr., Ralph James R. Jr., Smith Pam (edd.), *The Chicago Freedom Movement: Martin Luther King Jr. and civil rights activism in the North*, University Press of Kentucky, Lexington 2016

Garrow David J., *Bearing the cross. Martin Luther King, jr. and the Southern Christian Leadership Conference*, William Morrow & Company, New York 1986

Harding Vincent, *Martin Luther King: the inconvenient hero*, Orbis Books, Maryknoll-NY 2008

Jackson Thomas F., *From civil rights to human rights: Martin Luther King, Jr. and the struggle for economic justice*, University of Pennsylvania Press, Philadelphia 2009

King Coretta Scott, *My life with Martin Luther King, jr.*, Henry Holt and Company, New York 1969 (1993)

King Mary, *Mahatma Gandhi and Martin Luther King Jr.: the power of nonviolent action*, Unesco, Paris 1999

Kirk John A. (ed.), *Martin Luther King, Jr. and the civil rights movement: controversies and debates*, Palgrave Macmillian, Basingstoke 2007

Oates Stephen B., *Let the trumpet sound: the life of Martin Luther King, Jr.*, Harper & Row, New York 1982

Reddick Lawrence D., *Crusader Without Violence. A Biography of Martin Luther King*, Haddam House, Inc., New York 1959

Washington James M. (ed.), *The essential writings of Martin Luther King, Jr.*, Harper & Row Publishers, New York 1986

In italiano

Abernathy Ralph David, *...E le mura crollarono: le molte vite di Martin Luther King*, SugarCo, Milano 1990

Carson Clayborne (a cura di), *"I have a dream". L'autobiografia del profeta dell'uguaglianza*, Mondadori, Milano 2000

Lavina Gabriella, *Serpente e colomba: la ricerca religiosa di Martin Luther King*, La città del sole, Napoli 1994

Naso Paolo, *Il sogno e la storia: il pensiero e l'attualità di Martin Luther King (1929-1968)*, Claudiana, Torino 2007

Naso Paolo, *L' "altro" Martin Luther King*, Claudiana, Torino 1993